Rechtsschutz bei überlangen steuerprozessualen Verfahren

Bochumer Schriften zum Steuerrecht

Herausgegeben von Roman Seer

Band 33

PETER LANG

Dominik Wedel

Rechtsschutz bei überlangen steuerprozessualen Verfahren

Das Gesetz über den Rechtsschutz bei überlangen Gerichtsverfahren und strafrechtlichen Ermittlungsverfahren auf dem (steuer-) verfassungsrechtlichen Prüfstand

PETER LANG

Bibliografische Information der Deutschen Nationalbibliothek
Die Deutsche Nationalbibliothek verzeichnet diese Publikation in der Deutschen Nationalbibliografie; detaillierte bibliografische Daten sind im Internet über http://dnb.d-nb.de abrufbar.

Zugl.: Bochum, Univ., Diss., 2017

D 294
ISSN 1613-933X
ISBN 978-3-631-76062-8 (Print)
E-ISBN 978-3-631-76243-1 (E-PDF)
E-ISBN 978-3-631-76244-8 (EPUB)
E-ISBN 978-3-631-76245-5 (MOBI)
DOI 10.3726/b14429

Peter Lang – Berlin · Bern · Bruxelles · New York · Oxford · Warszawa · Wien

Diese Publikation wurde begutachtet.

www.peterlang.com

Meiner Mutter zum Dank,
meinem Vater zum Gedenken.

Vorwort

Die vorliegende Arbeit wurde im Sommersemester 2017 von der Juristischen Fakultät der Ruhr-Universität Bochum als Dissertation angenommen. Die mündliche Prüfung fand am 23. November 2017 statt. Ich habe das Manuskript im Mai 2017 abgeschlossen. Später veröffentlichte Rechtsprechung und Literatur habe ich zum Teil noch berücksichtigen können.

Mein herzlicher Dank gilt zuallererst meinem verehrten Doktorvater Herrn *Prof. Dr. Roman Seer*. Ihm bin ich nicht nur für die Betreuung und Begutachtung der Arbeit ganz besonders zu Dank verpflichtet, sondern darüber hinaus auch für fünf unvergessene Jahre, die ich am Lehrstuhl für Steuerrecht verbringen durfte. Mein Dank gilt außerdem Herrn *Prof. Dr. Matthias Loose* für die zügige Erstellung des Zweitgutachtens. Genauso bedanken möchte ich mich bei Herrn *Prof. Dr. Marcel Krumm* und Frau *Prof. Dr. Andrea Lohse*. Auch von Ihnen habe ich vieles lernen können.

Dank schulde ich auch *meiner Freundin*, die mich während des Promotionsvorhabens verständnisvoll unterstützt hat. Den größten Dank schulde ich allerdings *meiner Mutter*. Ihr danke ich von Herzen für alles, was sie mir ermöglicht und für mich geleistet hat. Ihr und meinem bereits verstorbenen Vater sei diese Arbeit gewidmet.

Haltern am See, im Dezember 2017 Dominik Wedel

Inhaltsverzeichnis

§ 1 Zielsetzung und Gang der Untersuchung

„Remember that TIME is Money."[1] Der von Benjamin Franklin geäußerte Ratschlag ist auch heutzutage noch stets präsent. Geht Zeit verloren, so ist der Verlust *unwiederbringlich*. Das gilt auch für die Dauer eines Gerichtsverfahrens. Ein Gerichtsverfahren, das überlange dauert, begründet einen unwiederbringlichen Zeitverlust.[2] Wie aber soll sich der nach Rechtsschutz suchende Bürger gegenüber diesem Verlust zur Wehr setzen können? Diese Frage ist gewiss nicht neu.[3] Sie hat aber in letzter Zeit (wieder) an Relevanz gewonnen. Seit Ende 2011 ist das Gesetz über den Rechtsschutz bei überlangen Gerichtsverfahren und strafrechtlichen Ermittlungsverfahren in Kraft.[4] Die maßgebliche Intention dieser Neuregelung erschließt sich aus der Lektüre der Entwurfsbegründung:

> *„Der in diesem Entwurf vorgesehene Entschädigungsanspruch gegen den Staat soll eine Rechtsschutzlücke schließen, die sowohl den Anforderungen des Grundgesetzes als auch denen der Konvention zum Schutz der Menschenrechte und Grundfreiheiten widerspricht. Das deutsche Verfassungsrecht und das Konventionsrecht garantieren einen gerichtlichen Rechtsschutz in angemessener Zeit. Bei Gefährdungen und Verletzungen dieses Anspruchs müssen Betroffene eine Möglichkeit haben, ihr Recht auf ein zügiges Gerichtsverfahren durchzusetzen und im Falle bereits eingetretener Verzögerungen einen Ausgleich für erlittene Nachteile erhalten. An einer solchen Möglichkeit fehlt es bislang."*[5]

Auch der Gesetzgeber erkennt also an: Zeit ist Geld und geht sie verloren, so muss sie ersetzt werden. *Ziel* der vorliegenden Untersuchung ist es, der Frage nachzugehen, ob der Gesetzgeber die identifizierte Rechtsschutzlücke auf einfach-gesetzlicher Ebene in Übereinstimmung mit höherrangigen Vorgaben geschlossen hat. Zieht man die Begründung zurate, ergeben sich für eine solche Überprüfung zwei maßgebliche Anknüpfungspunkte; namentlich das *Recht* auf Rechtsschutz in angemessener Zeit sowie dessen *Durchsetzung*. Ausweislich des Titels verfolgt die hiesige Untersuchung dabei keine kommentatorische

---

1 Advice to a Young Tradesman, 21. Juli 1748. Abrufbar unter: http://franklinpapers.org.

2 *Kirchhof*, DStJG 18 (1995), 17, 35.

3 S. die historische Nachzeichnung bei: *Otto*, Der Anspruch auf ein Verfahren innerhalb angemessener Zeit, Diss., 1995, S. 4 ff.

4 Gesetz über den Rechtsschutz bei überlangen Gerichtsverfahren und strafrechtlichen Ermittlungsverfahren vom 2.12.2011, BGBl. I 2011, 2302.

5 Entwurf eines Gesetzes über den Rechtsschutz bei überlangen Gerichtsverfahren und strafrechtlichen Ermittlungsverfahren vom 17.11.2010, BT-Drucksache 17/3802, 15.

Aufarbeitung sämtlicher Einzelprobleme, die die neue Rechtsschutzzone in sich trägt.[6] Ebenso wenig verfolgt sie eine global verfahrensartübergreifende Analyse. Stattdessen will sie eine Antwort auf die Frage geben, ob die Rechtsschutzlücke mit Blick auf das steuerprozessuale Verfahren in Übereinstimmung mit *(steuer-) verfassungsrechtlichen* Vorgaben geschlossen wurde. Dabei wird auch das Konventionsrecht eine Rolle spielen. Der Schwerpunkt der Untersuchung liegt jedoch auf der Ebene des Verfassungsrechts unter Berücksichtigung steuerspezifischer Wertungen sowie dessen einfach-gesetzlicher Ausgestaltung.[7] Um auf die zuvor gestellte Frage eine Antwort geben zu können, ist es erforderlich, die verfassungsrechtliche Rechtsschutzgarantie *steuerspezifisch* zu hinterfragen. Auf diesem Weg kann die vorliegende Untersuchung allgemein verfassungs- wie auch speziell steuerverfassungsrechtliche Themen aufgreifen, diese miteinander verbinden und *Ergebnisse* liefern, die nicht nur für den Untersuchungsgegenstand dieser Arbeit von Bedeutung sind. Exemplarisch sei hier auf die Ausgestaltung von Rechtsschutzzonen im Allgemeinen wie mit Blick auf das Steuerrecht im Besonderen hingewiesen. Hierzu wird die Untersuchung in zwei Teile untergliedert. Der *erste Teil* widmet sich den Grundkoordinaten des Themas. Im Zentrum steht dabei

6 Dies leisten z. B.: *Steinbeiß-Winkelmann/Ott*, Rechtsschutz bei überlangen Gerichtsverfahren; *Marx/Roderfeld*, Rechtsschutz bei überlangen Gerichts- und Ermittlungsverfahren; *Stahnecker*, Entschädigung bei überlangen Gerichtsverfahren. Sowie die einschlägigen Kommentierungen in den jeweiligen Verfahrensordnungen. Exemplarisch für das Steuerrecht: *Brandis*, in: Tipke/Kruse, § 155 FGO Rn. 10 ff., Stand 5/2015.

7 Mit unterschiedlicher Schwerpunktsetzung haben sich in jüngerer Zeit insbesondere folgende Arbeiten mit dem vorliegenden Untersuchungsgegenstand umfassend auseinandergesetzt: *Niesler*, Angemessene Verfahrensdauer im Verwaltungsprozeß, Diss., 2005; *Steger*, Überlange Verfahrensdauer bei öffentlich-rechtlichen Streitigkeiten vor deutschen und europäischen Gerichten, Diss, 2008; *Brett*, Verfahrensdauer bei Verfassungsbeschwerdeverfahren im Horizont der Rechtsprechung des EGMR zu Art. 6 Abs. 1 S. 1 EMRK, Diss., 2009; *Tiwisina*, Rechtsfragen überlanger Verfahrensdauer nach nationalem Recht und der EMRK, Diss., 2010; *Pickenpack*, Rechtsschutz bei Verletzung von Verfahrensgrundrechten und bei Untätigkeit der Gerichte, Diss., 2012; *Gerhardinger*, Die Umsetzung der Anforderungen an einen effektiven Rechtsbehelf gegen überlange Verfahren in der deutschen Rechtsordnung, Diss., 2014; *Ohrloff*, Der Rechtsschutz bei überlangen Gerichtsverfahren, Diss., 2014; *Plankemann*, Überlange Verfahrensdauer im Strafverfahren, Diss., 2015; *Pietron*, Die Effektivität des Rechtsschutzes gegen überlange Verfahrensdauer, Diss., 2016; *Hofmarksrichter*, Rechtsschutz bei überlangen Gerichtsverfahren im Lichte der Vorgaben des EGMR, Diss., 2017. Naturgemäß konnten dabei nur die jüngsten Untersuchungen das neue Rechtsschutzgesetz bereits mit verarbeiten. Spezifisch steuerrechtliche Monographien sind bisher nicht verfasst worden. Diese Lücke will die vorliegende Untersuchung schließen.

die Frage nach der (steuer-) verfassungsrechtlichen Einordung des Justizgewährleistungsanspruchs und dessen Positionierung im Mehrebenensystem. Der *zweite Teil* der Untersuchung nimmt den eigentlichen Untersuchungsgegenstand auf und führt die (steuer-) verfassungsrechtliche Überprüfung unter Verwendung der zuvor herausgearbeiteten Strukturen durch.

Teil 1: Grundkoordinaten des Themas

§ 2 Durchsetzung subjektiv-öffentlicher Grundrechtspositionen gegenüber der deutschen Staatsgewalt mit Hilfe des nationalen grundrechtlichen Justizgewährleistungsanspruchs

A. Struktur des Justizgewährleistungsanspruchs

Das papierende Recht allein ist wertlos; erst die Macht zu seiner Durchsetzung befördert es in die soziale Lebenswirklichkeit.[8] Indem der Rechtsstaat die bürgerliche Selbsthilfe als das Mittel der Wahl zur Durchsetzung der Rechte zurückgedrängt hat, ist er fortan in der Pflicht, staatliche Fremdhilfe bereitzustellen.[9] Im gewaltengeteilten Rechtsstaat ist diese Aufgabe der Judikative zugewiesen. Die Verpflichtung hierzu besteht nicht nur bei Auseinandersetzungen im Verhältnis der Bürger untereinander sondern auch im Verhältnis des Bürgers zum Staat.[10] In einem Rechtsstaat ist der Bürger gegenüber der „Selbstherrlichkeit des Staates" nicht schutzlos; er tritt ihm in einer staatlich abgesicherten prozessualen Rechtsposition gegenüber.[11]

Das Institut „Justizgewährleistungsanspruch" weist zwei Strukturmerkmale auf. Das *Recht des Bürgers* und die *staatliche Fremdhilfe* zu dessen Durchsetzung. Übersetzt man diese Merkmale normativ, erhält das Institut im Verhältnis des Bürgers zum Staat folgende „wenn-dann-Struktur": Wenn sich der Bürger in einem ihm gegenüber dem Staat zustehenden Recht durch den Staat verletzt fühlt, dann kann er dieses Recht mit staatlicher Fremdhilfe gegenüber dem Staat durchsetzen.

Diese Struktur ist *doppelt subjektiv-rechtlich* gekennzeichnet. Das gegenüber dem Staat durchzusetzende Recht muss ein solches des Bürgers sein, das ihm als Individuum auch diesem gegenüber zusteht (= *subjektiv-öffentliches Recht*). Nur derjenige, der durch das Recht „berechtigt" ist, hat ein „berechtigtes" Interesse

8 *Lorenz*, Der Rechtsschutz des Bürgers und die Rechtsweggarantie, Habil., 1973, S. 12.

9 *Schilken*, Gerichtsverfassungsrecht, 4. Auflage, § 3 Rn. 32. In bestimmten Ausnahme-Konstellationen erlaubt das Gesetz aber auch weiterhin die Inanspruchnahme der bürgerlichen Selbsthilfe, so z. B. in § 229 BGB.

10 *Lorenz*, Der Rechtsschutz des Bürgers und die Rechtsweggarantie, Habil., 1973, S. 12.

11 *Seer*, StuW 2001, 3.

an dessen Durchsetzung. Ein System des Individualrechtsschutzes ist vorgezeichnet.[12] Eine weitere subjektiv-rechtliche Kennzeichnung erfährt das Institut durch die Verpflichtung zur staatlichen Fremdhilfe. Diese resultiert aus der Zurückdrängung der bürgerlichen Selbsthilfe als Mittel der Wahl zur Durchsetzung eines individuellen Rechts. Indem der Rechtsstaat die bürgerliche Selbsthilfe zurückgedrängt hat, ist er nicht nur zu staatlicher Fremdhilfe verpflichtet, sondern der Bürger seinerseits auch zur Inanspruchnahme „berechtigt" (=*subjektiv-öffentliches justizielles Recht*).[13]

B. Struktur subjektiv-öffentlicher Grundrechtspositionen

Um einen Überblick über die subjektiv-öffentlichen Grundrechtspositionen geben zu können, die gegenüber dem Staat mit Hilfe des Justizgewährleistungsanspruchs durchgesetzt werden können, soll hier ein *ganzheitliches außentheoretisches*[14] *Grundrechtsmodell* nachgezeichnet werden.[15] Ein solches Modell will ausgehend von der textlich fixierten Grundrechtsaussage einen umfassenden Blick auf das im grundrechtlichen Gewährleistungssatz innewohnende *subjektiv-öffentliche „Rechtebündel"*[16] liefern, das es gegenüber dem Staat durchzusetzen gilt.

I. Die Normstruktur der Grundrechte

Die im Grundgesetz niedergelegten Grundrechte[17] sind keine bloßen Programmsätze. Sie sind mit Rechtsverbindlichkeit (s. Art. 1 III GG) ausgestattete *objektive*

---

12 *Wolf*, Gerichtsverfassungsrecht, 6. Auflage, § 27 S. 264.

13 *Schilken*, Gerichtsverfassungsrecht, 4. Auflage, § 6 Rn. 88.

14 Die außentheoretische Konstruktionsmöglichkeit des Grundrechts fußt auf der Unterscheidung von prima facie-Recht und definitiv-Recht. Wird dem prima facie-Recht eine Schranke gezogen, entsteht das definitive Recht. Dazu: *Borowski*, Grundrechte als Prinzipien, Diss., 2. Auflage, 2007, S. 34 ff.

15 Einen ähnlichen Vorschlag unterbreitet auch *Borowski*, Grundrechte als Prinzipien, Diss., 2. Auflage, 2007, passim. *Borowski* folgt dabei der Dreiteilung von Abwehr-, Leistungs-, und Gleichheitsfunktion. Die vorliegende Untersuchung folgt einer Zweiteilung, die sich an den Kategorien des positiven Handelns und des negativen Unterlassens orientiert.

16 Dazu: *Sachs*, in: Stern, Staatsrecht, Band III/1, § 65 V 1, S. 587 f.; *Alexy*, Theorie der Grundrechte, Habil., 1985, S. 224 ff.

17 Findet der Terminus Grundrechte Verwendung, beschränkt sich dieser nicht auf die im ersten Abschnitt befindlichen Grundrechte, sondern umfasst auch die gleichgestellten grundrechtsgleichen Rechte.

Rechtsnormen.[18] Als objektive Rechtsnormen, die in grundsätzlich abstrakter und genereller Fassung Geltungsanordnungen in Bezug auf unterschiedliche Rechtswirkungen treffen, lassen sich die Grundrechte mit dem klassischen Normmodell als konditionales Programm dem Grunde nach erfassen.[19] Das konditionale „wenn..., dann...-Programm" wird mit Hilfe der Elemente Tatbestand und Rechtsfolge normativ übersetzt. Dabei ist eine Programmierung erforderlich, die das subjektiv-öffentliche Rechtebündel mit dem außentheoretischen Grundrechtsverständnis verbindet. Ohne den nachfolgenden Ausführungen inhaltlich vorzugreifen, bedarf es hierzu einer Auffächerung des Tatbestandes, die das subjektiv-öffentliche Rechtebündel auf der Rechtsfolgenseite strukturiert und eine Abschichtung vom prima facie-Recht zum definitiv-Recht nachzeichnet.[20]

II. Der Schutzgut-Tatbestand als Grundlage des prima facie-Rechts

Die Entwicklung eines ganzheitlichen außentheoretischen Grundrechtsmodells knüpft an die *Rechtsstellung* des Bürgers gegenüber dem Staat an. Diese soll hier als *Schutzgut* bezeichnet werden.[21] Das Schutzgut ist anhand der verfassungstextlichen Niederlegung des grundrechtlichen Gewährleistungssatzes grundsätzlich persönlich und sachlich zu konkretisieren und gegenüber anderen (selbständigen) Schutzgütern abzugrenzen.[22] Das grundrechtsspezifisch konkretisierte Schutzgut aktualisiert die Verbindlichkeitsanordnung des Art. 1 III GG im Verhältnis des Bürgers gegenüber dem Staat zugunsten einer (strikt verbindlichen) *staatlichen Hauptpflicht.*[23] Diese lässt sich in zwei Dimensionen unterteilen; in eine positive und in eine negative. Die *positive* Dimension umschreibt eine staatszugewandte Zone. In dieser ist der Staat zur Anerkennung einer Rechtsstellung des Bürgers

18 Eingehend: *Sachs,* in: Stern, Staatsrecht, Band III/1, § 65 I, S. 477 ff.

19 Eingehend: *Sachs,* in: Stern, Staatsrecht, Band III/2, § 77 I, S. 3 ff.

20 Dazu: *Alexy,* Theorie der Grundrechte, Habil., 1985, S. 272 ff.; *Borowski,* Grundrechte als Prinzipien, Diss., 2. Auflage, 2007, S. 234 ff.

21 Dieser umfassende auf den Status des Bürgers abstellende Ansatz ermöglicht es, für sämtliche Grundrechtskonstellationen einen Schutzgut-Tatbestand zu bilden. Nur auf diesem Wege lässt sich ein ganzheitliches Strukturmodell entwickeln. Legt man den Fokus hingegen allein auf die objektive Ausprägung des Schutzgutes, dessen Integrität es sicherzustellen gilt, ist eine unterschiedliche Strukturierung vorgegeben. S. dazu: *Sachs,* in: Stern, Staatsrecht, Band III/2, § 78 VI 1, S. 219 ff.

22 Zur Abgrenzung verschiedener Berechtigungskomplexe: *Sachs,* in: Stern, Staatsrecht, Band III/1, § 65 V 3, S. 590 ff.; Band III/2, § 77 III 1 c), S. 50 ff.

23 Allgemein zur Verpflichtungswirkung der Grundrechte gegenüber dem Staat: *Sachs,* in: Stern, Staatsrecht, Band III/1, § 65 I 3 c), S. 486 ff.

verpflichtet, die staatliche Einflussnahme gebietet. Die *negative* Dimension umschreibt eine staatsabgewandte Zone. In dieser ist der Staat zur Anerkennung einer Rechtsstellung des Bürgers verpflichtet, die staatliche Einflussnahme verbietet. Die Ausgangsstruktur des grundrechtlichen Gewährleistungssatzes manifestiert sich also in der Konditionalität von Schutzgut und Hauptpflicht des Staates.

Die Hauptpflicht des Staates ist sodann die Grundlage für das *Hauptrecht des Bürgers.*[24] Das Recht, von einem anderen ein Tun oder Unterlassen zu verlangen[25], setzt voraus, dass der andere zu einem Tun oder Unterlassen verpflichtet ist. Ist also der Staat zur Anerkennung einer bestimmten Rechtsstellung des Bürgers verpflichtet, korrespondiert dem das Recht des Bürgers auf Anerkennung eben dieser Rechtsstellung. Vorstehendes ist die wesentliche Überlegung die hinter jedem subjektiv-öffentlichen Grundrecht steht. Eine objektive Rechtsnorm, die den Staat verpflichtet, begünstigt den Bürger, wenn dessen Rechtsstellung gegenüber dem Staat positiv oder negativ im o.g. Sinne angesprochen wird.[26]

Hauptpflicht und Hauptrecht bilden den inneren Kern des grundrechtlichen Gewährleistungssatzes. Sie stehen in der engsten Beziehung zur verfassungstextlichen Niederlegung. Die Wirkung des Schutzguts endet hier jedoch noch nicht. Neben Hauptpflicht und Hauptrecht erstreckt sich die Wirkung auf zusätzliche Hilfspflichten und Hilfsrechte. Die auf der Ebene des Schutzgut-Tatbestands zu identifizierenden Hilfspflichten und Hilfsrechte sollen als ergänzende Hilfspflichten und ergänzende Hilfsrechte bezeichnet werden.[27] Hierbei handelt es sich um v. a.

---

24 Eingehend: *Sachs,* in: Stern, Staatsrecht, Band III/1, § 65 II, S. 508 ff.

25 So die Legaldefinition des Anspruchs in § 194 I BGB. S. zur Verwendung der Definition im Öffentlichen Recht und zur Gleichsetzung mit dem subjektiven-öffentlichen Recht bei *Sachs,* in: Stern, Staatsrecht, Band III/1, § 65 III 1, S. 554 f.

26 Dies entspricht der von *Ottmar Bühler* in seiner Schrift zu den subjektiv öffentlichen Rechten aus dem Jahr 1914 auf den Seiten 223 ff. formulierten Schutznormtheorie. Als dritte Voraussetzung neben der objektiv-rechtlichen Verpflichtung des Staates und der individuellen Begünstigungsintention wird die Intention der Durchsetzungsmöglichkeit eingefordert. Die Antwort auf die Frage nach der Intention der Durchsetzungsmöglichkeit wurde dabei bereits unter A. vorbereitet. Einer Bestimmung, die den einzelnen Bürger begünstigt, ist sie rechtsstaatlich indiziert. Eingehend zur Abstrahierung eines subjektiv-öffentlichen Grundrechts mit Hilfe der Schutznormtheorie: *Sachs,* in: Stern, Staatsrecht, Band III/1, § 64 II 4, S. 541 ff. Zu rein objektiv-rechtlichen Grundrechtswirkungen ohne korrespondierendes Recht, s. *Stern,* in: ders. Staatsrecht, Band III/1, § 68 I 1 u. § 69 I 1, S. S. 754 f. u. S. 890 f.

27 Ein prominentes Beispiel sind die sog. Schutzpflichten, die im Kontext der abwehrrechtlichen Dogmatik entwickelt wurden. Dazu: *Epping,* Grundrechte, 6. Auflage, Kapitel 3 Rn. 122 ff.

teleologisch indizierte interpretatorische Erweiterungen der verfassungstextlichen Niederlegung, die sich auf das grundrechtsspezifisch konkretisierte Schutzgut beziehen.[28] *Ergänzende Hilfspflichten* des Staates sind nicht als unverbindliche Programmsätze zu deklarieren. Gelingt eine interpretatorische Erweiterung der verfassungstextlichen Niederlegung im Rahmen der methodologischen Grenzen, ist auch diese ein Teil der objektiv-rechtlichen Grundrechtsnorm und damit der Verbindlichkeitsanordnung in Art. 1 III GG unterstellt.[29] Eine Abschwächung der Verbindlichkeitsanordnung ist gleichwohl angezeigt, um dem Unterschied zum inneren Kern des grundrechtlichen Gewährleistungssatzes gerecht zu werden. Die Hauptpflicht lässt sich der Kategorie „strikter Verbindlichkeit“ und die ergänzende Hilfspflicht der Kategorie „grundsätzlicher Verbindlichkeit“ zuweisen.[30] Übersetzt man diese Begriffe, steht dem Staat bei der Konkretisierung der ergänzenden Hilfspflicht ein Spielraum zu, dessen Reichweite sich in Abhängigkeit von der Beziehung zur verfassungstextlichen Niederlegung bestimmt. Der Spielraum gereicht freilich nicht so weit, dass die im Rahmen methodologischer Grenzen identifizierte ergänzende Hilfspflicht der Aushöhlung preisgegeben wird. Eine äußerste Grenze sichert ihren Bestand ab. Auch die ergänzenden Hilfspflichten adressieren den Staat sodann entweder positiv oder negativ; sie sind dabei nicht an die Struktur der Hauptpflicht gebunden.[31] Korrespondierende *ergänzende Hilfsrechte* sind in der Folge ebenso möglich. Die abgeschwächte Verbindlichkeit steht dem nicht entgegen. In der Konkretisierung des ergänzenden subjektiv-öffentlichen Hilfsrechts wirkt diese schlichtweg fort.[32]

III. Der Beeinträchtigungs-Tatbestand als (triadische) Ergänzung des prima facie-Rechts

Die auf der Ebene zuvor identifizierten Rechte beziehen sich auf die Anerkennung einer Rechtsstellung des Bürgers gegenüber dem Staat. Praktische Konsequenzen

---

28 *Sachs,* in: Stern, Staatsrecht, Band III/1, § 65 V 2, S. 588 ff; Band III/2, § 77 III 1 c), S. 51 f.

29 Eingehend: *Sachs,* in: Stern, Staatsrecht, Band III/1, § 65 I 4 c), S. 502 ff.

30 S. die Einteilung sowie die Kritik an der terminologischen Erfassung des Phänomens bei *Sachs,* in: ders, GG, 7. Auflage, Vor Art. 1 Rn. 27 ff.

31 Im Kontext der negativen staatsabgewandten Zone ist z. B. eine positive auf ergänzenden Schutz gerichtete Handlungspflicht denkbar, s. *Sachs,* in: Stern, Staatsrecht, Band III/1, § 65 V 2, 3, S. 588 ff.

32 *Sachs,* in: Stern, Staatsrecht, Band III/1, § 65 II 4 b), S. 545 f.

zeitigen sie damit noch nicht.[33] Erst das Hinzutreten eines pflichtwidrigen staatlichen Verhaltens *„aktiviert“* das subjektiv-öffentliche Recht des Bürgers. In der Ausgangssituation des Schutzgut-Tatbestands stehen sich die Pflicht des Staates und das Recht des Bürgers im Gleichgewicht gegenüber. Es herrscht ein Zustand völliger Konformität. Das Hinzutreten eines pflichtwidrigen staatlichen Verhaltens zerstört dieses Gleichgewicht. Um das Gleichgewicht und damit den Zustand der Konformität wieder herzustellen, bedarf es der *Korrektur* des pflichtwidrigen staatlichen Verhaltens einschließlich der hierdurch verursachten Nebenfolgen, ebenfalls durch staatliches Verhalten. Das Recht des Bürgers auf Anerkennung einer Rechtsstellung gegenüber dem Staat in der unter II. dargestellten Art und Weise wird damit von einem (zusätzlichen) Recht des Bürgers auf Korrektur pflichtwidrigen staatlichen Verhaltens abgesichert.[34] Dieses auf der Ebene des Beeinträchtigungs-Tatbestands zu identifizierende Recht soll als *repressives Hilfsrecht* bezeichnet werden.[35]

Das repressive Hilfsrecht kann dabei sowohl an das Hauptrecht wie auch an die ergänzenden Hilfsrechte anknüpfen. Das repressive Hilfsrecht wird strukturell von dem ihm zugrunde liegenden Recht angeleitet. Die positive staatszugewandte Zone wird durch negatives staatliches Verhalten (= Unterlassen) pflichtwidrig angesprochen. Um den pflichtwidrigen Zustand zu korrigieren, bedarf es also eines positiven staatlichen Verhaltens (= Handeln). Damit ist das repressive Hilfsrecht in dieser Situation als *Recht auf staatliches Handeln* ausgeformt. Die negative staatsabgewandte Zone wird durch positives staatliches Verhalten (= Handeln) pflichtwidrig angesprochen. Um diesen pflichtwidrigen Zustand zu korrigieren, bedarf es folglich eines negativen staatlichen Verhaltens (= Unterlassen).[36] In dieser Situation ist das repressive Hilfsrecht daher als *Recht auf staatliches Unterlassen* ausgeformt.

---

33 Isoliert für die Abwehrrechte *Sachs*, in: Stern, Staatsrecht, Band III/1, § 66 I 2, S. 621 f.; § 66 III 1, S. 671 ff.; Band III/2, § 78 I 1, S. 76 f. Zum umfassenderen Ansatz der vorliegenden Untersuchung s. bereits Fn. 21.

34 Eingehend zu sog. wesensnotwendigen Hilfsrechten der Abwehrrechte: *Sachs*, in: Stern, Staatsrecht, Band III/1, § 66 III 1, S. 671 ff.

35 Dogmatisch handelt es sich auch hierbei zunächst um eine Pflicht des Staates, dem sodann ein Recht des Bürgers korrespondiert. Wenn in der Folge vom Recht des Bürgers die Rede ist, liegt dem stets diese Korrespondenz im unter II. dargestellten Sinne zugrunde.

36 In dieser Konstellation gilt es zu beachten, dass das zur Korrektur erforderliche negative staatliche Verhalten nicht auf Unterlassen im engeren Sinne beschränkt ist. Die Korrektur des positiven staatlichen Verhaltens kann darüber hinaus die Beseitigung sämtlicher Folgen einfordern, die ihrerseits durch das positive staatliche Verhalten

Die aufgezeigte Grundstruktur gereicht jedoch an zwei Grenzen und erfordert deshalb zwei Ergänzungen.[37] Erstens dort, wo der vom repressiven Hilfsrecht intendierte Absicherungseffekt zugunsten der Rechtsstellung des Bürgers gegenüber dem Staat leerzulaufen droht, wenn das bevorstehende pflichtwidrige staatliche Verhalten tatsächlich eintreten würde. Hiermit sind Konstellationen angesprochen, in denen ein faktisch nicht mehr korrigierbarer Zustand bevorsteht. Um dem zu begegnen, bedarf es einer Ergänzung des bisher dargestellten repressiven Hilfsrechts um ein *präventives Hilfsrecht*.[38] Zweitens dort, wo der Absicherungseffekt leerzulaufen droht, weil das pflichtwidrige staatliche Verhalten tatsächlich eingetreten ist und sich bereits so weit zu Lasten des Bürgers verdichtet hat, dass dessen Korrektur entweder faktisch überhaupt nicht oder jedenfalls nicht mehr ausreichend möglich ist. Ein Ausgleich wird erforderlich. Um dem zu begegnen, bedarf es einer Ergänzung des bisher dargestellten repressiven Hilfsrechts um ein *kompensatorisches Hilfsrecht*.[39]

IV. Der Begrenzungs-Tatbestand als Instrument zur Abschichtung vom prima facie zum definitiv-Recht

Der bisher identifizierte Rechtekanon ist (nur) mit *prima facie-Wirkung* behaftet. Der Charakteristik eines ganzheitlichen außentheoretischen Grundrechtsmodells wird erst mit der Abschichtung zur *definitiv-Wirkung* Rechnung getragen. Der Abschichtungsvorgang ist als Kollisionssystem zu erfassen. Etwas potentiell Überschießendes wird im Rahmen einer Abwägung auf etwas Definitives begrenzt, um widerstreitende kollidierende Positionen auszugleichen.[40] Anknüpfungspunkt ist das Verletzungsverhalten des Staates. In der staatszugewandten Zone unterliegt es folglich einem *Unterlassungsvorbehalt*, im Rahmen dessen der

---

begründet wurden und noch beseitigungsfähig sind. S. dazu bei: *Sachs*, in: Stern, Staatsrecht, Band III/1, § 66 III 1 b), S. 671 ff.

37 Eine triadische Systematisierung von grundrechtlichen Reaktionsansprüchen findet sich auch bei *Höfling*, VVDStRL 61 (2002), 260, 274.

38 S. zur Anerkennung von präventiven Unterlassungsansprüchen auch bei *Sachs*, in: Stern, Staatsrecht, Band III/1, § 66 III 1 b), S. 680 ff. Auch diese können sowohl an das Hauptrecht als auch an die ergänzenden Hilfsrechte anknüpfen.

39 S. zur Anerkennung sog. nicht wesensnotwendiger Hilfsrechte mit Kompensationselement auch bei *Sachs*, in: Stern, Staatsrecht, Band III/1, § 66 III 2 a), S. 683 ff. Auch diese können sowohl an das Hauptrecht als auch an die ergänzenden Hilfsrechte anknüpfen.

40 Eingehend zur Konstruktionsmöglichkeit von Rechten im Allgemeinen und im Besonderen für das Referenzgebiet der Grundrechte: *Borowski*, Grundrechte als Prinzipien, Diss., 2. Auflage, 2007, S. 34 ff., S. 68 ff., S. 135 ff.

Staat kollidierende Positionen zu seinen Gunsten für sich in Anspruch nehmen kann. In der staatsabgewandten Zone sodann einem *Handlungsvorbehalt*, im Rahmen dessen der Staat kollidierende Positionen zu seinen Gunsten für sich in Anspruch nehmen kann. Daraus folgt, dass ein staatliches Unterlassen erst dann den Bürger mit den dargestellten Rechten definitiv ausstattet, wenn der Staat den ihm zustehenden Unterlassungsvorbehalt unterschreitet. Beziehungsweise, dass ein staatliches Handeln erst dann den Bürger mit den dargestellten Rechten definitiv ausstattet, wenn der Staat den ihm zustehenden Handlungsvorbehalt überschreitet.[41] Die *Reichweite des Vorbehalts* zugunsten des Staates als das Spiegelbild des bisher zugunsten des Bürgers identifizierten Rechtekanons ist folgerichtig ebenfalls in Abhängigkeit seiner Beziehung zur verfassungstextlichen Niederlegung zu bestimmen. Einem *unmittelbar* im Verfassungstext niedergeschriebenen Vorbehalt ist die Wertung indiziert, dass eine Begrenzung des prima-facie Gewährleistungsgehalts grundsätzlich möglich ist. Der Staat kann hiervon Gebrauch machen und die im Vorbehalt aufgeführten Positionen für den Abschichtungsvorgang nutzen. Einem *nicht unmittelbar* (= immanent) im Verfassungstext niedergeschriebenen Vorbehalt ist hingegen die Wertung indiziert, dass eine Begrenzung grundsätzlich nicht möglich ist. Der Staat kann daher nur gleichrangige verfassungsrechtliche Positionen für den Abschichtungsvorgang nutzen.

Die *kollisionsauflösende Abwägung* als wesentliches Element des Abschichtungsvorgangs erfährt damit eine entscheidende *Vorprogrammierung*, die sich in Abhängigkeit von der Beziehung zur verfassungstextlichen Niederlegung bestimmt. In einem *ersten Schritt* ist hierzu die Beziehung des Rechtekanons des Bürgers zur verfassungstextlichen Niederlegung zu ermitteln. In einem *zweiten Schritt* ist sodann die Beziehung des Vorbehalts des Staates zur verfassungstextlichen Niederlegung zu ermitteln. Der Abwägungsvorgang wird so anhand der verfassungsrechtlichen Wertungen vorprogrammiert. Der Unterscheidung von Hauptrecht und ergänzendem Hilfsrecht wird damit ebenso Rechnung getragen, wie der Unterscheidung von unmittelbaren und immanenten Vorbehalten.[42] Gleichzeitig werden beide Ebenen miteinander verbunden, um Wertungswidersprüche

---

41 Dabei gilt es Unterlassungs- und Handlungsvorbehalt strikt voneinander zu trennen. Die traditionell im Zusammenhang mit der negativen staatsabgewandten Zone im Zusammenhang stehenden Handlungsvorbehalte i.S.v. Gesetzesvorbehalten sind nicht zugleich auch Unterlassungsvorbehalte. Die positive staatszugewandte Zone ist grds. nicht mit ausdrücklichen Vorbehalten bestückt. S. dazu: *Spielmann*, Konkurrenz von Grundrechtsnormen, Diss., 2008, S. 262 f.

42 Die Aktualität dessen zeigt sich v.a. im Zusammenhang mit der staatszugewandten Zone, deren positive Seite grds. keinem ausdrücklichen Unterlassungsvorbehalt

zu vermeiden. Eine dementsprechend (vor-) programmierte Abwägung kann dann in eine sog. *Verhältnismäßigkeitsprüfung* übersetzt werden. In der staatszugewandten Zone wird hierzu das sog. *Untermaßverbot* bemüht, um die Reichweite des vom Vorbehalt gedeckten staatlichen Unterlassens zu bestimmen. Ist diese Grenze unterschritten, ist die Abschichtung zum definitiv-Rechtekanon des Bürgers vollzogen. In der staatsabgewandten Zone wird hierzu das sog. *Übermaßverbot* bemüht, um die Reichweite des vom Vorbehalt gedeckten staatlichen Handelns zu bestimmen. Ist diese Grenze überschritten, ist die Abschichtung zum definitiv-Rechtekanon des Bürgers ebenso vollzogen.

C. Rekonstruktion eines grundrechtlichen Justizgewährleistungsanspruchs

Die Rekonstruktion eines grundrechtlichen Justizgewährleistungsanspruchs zur Durchsetzung subjektiv-öffentlicher Grundrechtspositionen gegenüber der deutschen Staatsgewalt *verbindet* die unter A. und B. dargestellten Strukturen miteinander. Die einzelne den Bürger begünstigende subjektiv-öffentliche Grundrechtsposition wird hierzu mit der Macht zu ihrer Rechtsdurchsetzung verknüpft. Der modernen Rechtsstaatlichkeit kommt dabei eine doppelte Bedeutung zu. Zum einen ist ihr die Notwendigkeit immanent, dem Bürger als Ausgleich für die Zurückweisung seines Selbsthilferechts eine wirkungsvolle Alternative zu gewähren, die der Durchsetzung seiner Rechte gegenüber dem Staat dient. Dem entspricht die inhaltliche Prägung des Justizgewährleistungsanspruchs, wie sie bereits unter A. nachgezeichnet wurde. Zum anderen erhebt sie den Justizgewährleistungsanspruch in den Verfassungsrang eines Grundrechts. Dem Bürger wird eine (weitere) subjektiv-öffentliche Position zugesagt, mittels derer er sich gegenüber dem Staat, durch den er sich in seiner (dem zugrunde liegenden) subjektiv-öffentlichen Position verletzt fühlt, zur Wehr setzen kann. Damit aktualisiert der Justizgewährleistungsanspruch die Verbindlichkeitsanordnung des Art. 1 III GG, wenn die dem zugrunde liegende subjektiv-öffentliche Position grundrechtlicher Natur ist.[43] (Jedenfalls) Insoweit qualifiziert sich der Justizgewährleistungsanspruch für eine *grundrechtliche* Modellierung.[44]

---

untersteht. Nur durch eine Steuerung durch die Beziehung zur verfassungstextlichen Niederlegung gelingt hier eine differenzierte Betrachtung.

43 *Starck*, in: v. Mangoldt/Klein/ders., GG, Band 1, 6. Auflage, Art. 1 III Rn. 261.

44 Dementsprechend ist es folgerichtig im Privatrechtsstreit, den verfassungsrechtlichen Anknüpfungspunkt in Art. 20 III GG (ggf. i.V.m. Art. 2 I GG) zu suchen (sog. allgemeiner rechtsstaatlicher Justizgewährleistungsanspruch). Dieser ist die Basis sämtlicher

Es kommen sodann *zwei Modelle* zur Rekonstruktion eines grundrechtlichen Justizgewährleistungsanspruchs in Betracht. Das erste Modell soll als *formelles Grundrecht* den Justizgewährleistungsanspruch abbilden. Die Besonderheiten eines formellen Grundrechts liegen darin, dass ihm der Bezug auf ein spezifisches Interesse bzw. eine Position fehlt.[45] Der Justizgewährleistungsanspruch als formelles Grundrecht ist daher in seiner Wirkung nicht auf eine bestimmte subjektiv-öffentliche Grundrechtsposition limitiert. Folgerichtig kann er sich aufgrund seiner Offenheit dann aber auch nicht den jeweiligen unterschiedlichen Spezifika einzelner subjektiv-öffentlicher Grundrechtspositionen verpflichten und diesen jeweils Rechnung tragen. Gleichzeitig erfordert diese bezugslose Offenheit auch eine eigene verfassungstextliche Niederlegung eines entsprechenden Schutzguts. Dieses muss die Rechtsstellung abbilden, in der sich der Bürger gegenüber dem Staat zur Wehr setzen kann, wenn er sich in seinen subjektiv-öffentlichen Grundrechtspositionen verletzt fühlt. Das positive Hauptrecht des Bürgers ist sodann auf die Inanspruchnahme des staatlichen Rechtsprechungsmonopols zur Durchsetzung der zugrunde liegenden subjektiv-öffentlichen Grundrechtsposition gerichtet. Das zweite Modell soll hingegen seinen Ursprung im *materiellen Grundrecht* haben. Der Bezug auf ein spezifisches Interesse bzw. eine Position ist hier also vorgegeben. Die Wirkung ist folglich auf diese eine bestimmte subjektiv-öffentliche Grundrechtsposition limitiert. Deren Spezifika ist ein solches Modell verpflichtet; es trägt ihnen uneingeschränkt Rechnung. Dementsprechend bedarf es hierzu nicht notwendigerweise einer eigenen verfassungstextlichen Niederlegung. Stattdessen kann an ein bereits verfassungstextlich niedergelegtes Schutzgut angeknüpft werden. Dieses wird im Wege einer rechtsstaatlich indizierten interpretatorischen Erweiterung um positive Hilfsrechte ergänzt, die der Durchsetzung des dem Schutzgut zuzuordnenden subjektiv-öffentlichen Rechtebündels unter Zuhilfenahme des staatlichen Rechtsprechungsmonopols dienen. Diese Rechte sollen als *justizielle Hilfsrechte* bezeichnet werden.[46]

---

justizieller Verbürgungen. Er findet sodann ausschnittsweise verfassungsrechtliche Konkretisierungen z. B. in Art. 19 IV GG, Art. 101 und Art. 103 GG. S. dazu bei: *Spielmann*, Konkurrenz von Grundrechtsnormen, Diss., 2008, S. 260 ff.

45 Zur Unterscheidung formeller und materieller Rechte unter diesem Aspekt, s. *Sachs*, in: Stern, Staatsrecht, Band III/1, § 64 II 2 b), S. 403 f.

46 Dem entspricht der sog. Argumentationstopos der Grundrechtswirkung für Organisation und Verfahren in seiner justiziellen Ausprägung. S. dazu: *Stern*, in: ders., Staatsrecht, Band III/1, § 69 V 6 u. 7, S. 965 ff. u. S. 970 ff. *Jarass*, AöR 120 (1995), 345, 353 f. ordnet den Argumentationstopos sodann auch als „querliegende Grundrechtsdimension" ein.

D. Bestandsaufnahme im Grundgesetz

Die vorstehend erörterten Rekonstruktionsmodelle sollen nun auf ihren Bestand im Grundgesetz hin untersucht werden. Es entspricht hier dem Untersuchungsgegenstand, wenn in Ansehung der materiellen Grundrechte das *Referenzgebiet des Steuerrechts* aufgegriffen wird.

I. Das formelle Hauptgrundrecht in Art. 19 IV GG

Am Ende des (materiellen) Grundrechtekatalog platziert findet sich das sog. *„formelle Hauptgrundrecht“*[47] in Art. 19 IV GG. Greift man dessen verfassungstextliche Niederlegung auf, verkörpert es die Struktur eines Justizgewährleistungsanspruchs par excellence.[48] Das Schutzgut aktualisiert zunächst eine Rechtsstellung des Bürgers gegenüber dem Staat, in der er sich *„durch die öffentliche Gewalt in seinen Rechten verletzt“* fühlt.[49] Damit verwirklicht Art. 19 IV 1 GG die Systementscheidung zugunsten des Individualrechtsschutzes umfassend.[50] Darüber hinaus bedient Art. 19 IV 1 GG auch die zweite subjektiv-rechtliche Prägung des Justizgewährleistungsanspruchs. Indem *„der Rechtsweg offen“* steht, statuiert Art. 19 IV 1 GG seinerseits ein positives *Hauptrecht* des Bürgers auf Eröffnung des Rechtswegs; mithin auf Inanspruchnahme des staatlichen Rechtsprechungsmonopols zur Durchsetzung der dem zugrundeliegenden subjektiv-öffentlichen Rechte gegenüber dem Staat.[51] Flankiert wird das Hauptrecht auf Rechtswegeröffnung sodann von einem positiven *ergänzenden Hilfsrecht*, dass

---

47 *Klein*, in: VVDStRL 8 (1950), 67, 87 f.

48 *Sachs*, in: Stern, Staatsrecht, Band III/1, § 67 II 2 a), S. 707; *Dietlein*, in: Stern, Staatsrecht, Band IV/2, § 123 II 4, S. 1875 f.

49 Der Schutz von Art. 19 IV GG würde konterkariert, würde dieser nur bei einer tatsächlichen Verletzung greifen. Vielmehr bezweckt der Justizgewährleistungsanspruch gerade die Überprüfung eines möglicherweise rechtsverletzenden staatlichen Verhaltens auf dessen tatsächliche Rechtsverletzung hin. S. *Huber*, in: v. Mangoldt/Klein/Starck, GG, Band 1, 6. Auflage, Art. 19 IV Rn. 417.

50 Seer, StuW 2001, 3. Für die Zwecke der vorliegenden Untersuchung, verbleibt der Fokus auf den subjektiv-öffentlichen Grundrechtspositionen, als *„seine Rechte“*, die *„durch die öffentliche Gewalt“* möglicherweise verletzt sind. Zum Umfang i.Ü. s. bei *Sachs*, in: ders., GG, 7. Auflage, Art. 19 Rn. 127.

51 Vorbehaltlich zwingender verfassungsrechtlicher Vorgaben (s. etwa Art. 10 II 2 GG) ist der Rechtsprechungsauftrag durch staatliche Gerichte der Bundesrepublik Deutschland, die den Anforderungen der Art. 92 und Art. 97 GG entsprechen, einzulösen, s. *Huber*, in: v. Mangoldt/Klein/Starck, GG, Band 1, 6. Auflage, Art. 19 IV Rn. 445.

an den eröffneten Rechtsweg anknüpft und ihn qualitativ ausgestaltet.[52] Dieser Befund wird namentlich mit dem wertungsoffenen und konkretisierungsfähigen *Effektivitätspostulat* beschrieben.[53] Ihm liegt nachfolgende Überlegung zugrunde. Das rechtsstaatliche Programm erschöpft sich nicht in der alleinigen Rechtswegeröffnung. Hierbei handelt es sich lediglich um eine erste Stufe. Die sich anschließende zweite Stufe bedient das geordnete Verfahren, indem das staatliche Verhalten auf eine Rechtsverletzung hin geprüft wird. Das Ergebnis der Prüfung wird in der abschließenden dritten Stufe in eine verbindliche Entscheidung übersetzt, deren Verwirklichung (notfalls mit Zwang) zu sichern ist.[54] Erst nach Durchlaufen aller drei Stufen ist das rechtsstaatliche Programm des Justizgewährleistungsanspruchs *vollständig* umgesetzt. Innerhalb dieser drei Stufen aktualisiert sich die *Gesamtheit* der (formellen) Justizgrundrechte des Bürgers[55], wenn er sich mit Hilfe des Rechtsprechungsmonopols zur Wehr setzt, um seine (materiellen) Grundrechte gegenüber dem Staat durchzusetzen.

II. Die materiellen Hauptgrundrechte des Steuerrechts[56]

1. Identifizierung der materiellen Hauptgrundrechte des Steuerrechts

Steuern knüpfen regelmäßig entweder an den Erwerb von Eigentum, seinen Bestand oder seine Verwendung an.[57] Beginnend bei der Auswahl des Steuergegenstandes durch den Gesetzgeber, bis zur konkret-individuellen Umsetzung unter Ausnutzung der verfahrensrechtlichen Direktiven durch die Exekutive, ist eine Vielzahl grundrechtlicher Berührungspunkte denkbar.[58] Als *materielles Hauptgrundrecht* sollen sich hingegen nur die Grundrechte qualifizieren, die

52 *Epping*, Grundrechte, 6. Auflage, Kapitel 18 Rn. 919 f.

53 Zur inhaltlichen „Leere" des Begriffs s. *Lorenz*, AöR 105 (1980), 623, 636 f.: *„Effektivität als Leerformel"*.

54 S. hierzu auch die systematische Dreiteilung von *Dietlein*, in: Stern, Staatsrecht, Band IV/2, § 123 V 1 c), S. 1936.

55 Speziell geregelte Konkretisierungen formeller Justizgrundrechte finden sich etwa in Art. 101 GG und Art. 103 GG. S. dazu bereits in Fn. 44.

56 Der Begriff des „materiellen Hauptgrundrechts" stammt ebenfalls von *Klein*, a.a.O. Dieser reserviert den Gewährleistungsgehalt des Art. 2 I GG für die Begriffsbildung. In Übereinstimmung mit dem unter B. nachgezeichneten ganzheitlichen Grundrechtsmodell wird auch an dieser Stelle keine Unterteilung nach Abwehr-, Leistungs- und Gleichheitsrecht vorgenommen, s. bereits bei Fn 21.

57 *Hey*, in: Tipke/Lang, Steuerrecht, 22. Auflage, § 3 Rn. 55 f., Rn. 190.

58 *Hey*, in: Tipke/Lang, Steuerrecht, 22. Auflage, § 3 Rn. 110 ff., Rn. 106 f., Rn. 162 ff., Rn. 180 ff.

unabhängig von der Auswahl des Steuergegenstandes und dessen Umsetzung *stets* zur Verfügung stehen. Wesensmerkmal einer Steuer ist die Auferlegung einer Geldleistungspflicht (s. § 3 I AO). Ein nicht selbst wirtschaftender Steuerstaat, der zur Deckung des Finanzbedarfs zur Erhebung von Steuern berechtigt ist (s. Art. 105 – Art. 108 GG), ist nicht zugleich berechtigt, Steuern willkürlich bzw. regellos zu erheben.[59] Die Erhebung einer Steuer kann überhaupt erst dann auf Akzeptanz hoffen, wenn sie sich zur gerechten Verteilung der Gesamtsteuerlast eignet.[60] Die Gerechtigkeitsidee leitet den Steuerstaat als Rechtsstaat an.[61] Tradiertes Fundamentalprinzip der Steuergerechtigkeit und demzufolge oberster Vergleichsmaßstab gerechter Verteilung steuerlicher Lasten ist das Leistungsfähigkeitsprinzip.[62] Die Steuergerechtigkeit wird vornehmlich aus dem allgemeinen Gleichheitsgrundsatz des Art. 3 I GG abgeleitet.[63] Als gleichheitsrelevante Gerechtigkeitswertung ist sodann der steuerspezifische Vergleichsmaßstab in Form des Leistungsfähigkeitsprinzips in das Blankett des Art. 3 I GG einzusetzen.[64] Damit leitet der *allgemeine Gleichheitssatz* in seiner steuerspezifischen Ausgestaltung den Steuerstaat bei jeglicher Besteuerungsaktivität an. Ein erstes materielles Hauptgrundrecht des Steuerrechts ist identifiziert.

Neben der inhaltlichen Anleitung des Besteuerungsvorgangs ist das Ergebnis dieses Vorgangs in den Blick zu nehmen, namentlich die Geldleistungspflicht des Bürgers. Der Bürger wird nicht von Natur aus mit Geldmitteln ausgestattet. Geldmittel müssen zunächst erwirtschaftet werden. Sie sind das Ergebnis eigener Leistung und Teil des erwirtschafteten Einkommens.[65] Damit der Bürger die steuerlichen Geldleistungspflichten erfüllen kann, muss er auf sein gespeichertes Einkommen zurückgreifen.[66] Übersetzt man diesen Vorgang in die Kategorien der Grundrechte, rückt zwangsläufig die *Eigentumsfreiheit* des Art. 14 I GG samt der These des nicht geschützten Vermögens als solches in den Fokus.[67]

---

59 Zur Rechtsfertigung von Steuern als solche sowie zur Rechtfertigung einzelner Steuern, s. *Tipke*, Steuerrechtsordnung I, 2. Auflage, S. 228 ff.

60 *Tipke*, Steuerrechtsordnung I, 2. Auflage, S. 232.

61 *Tipke*, Steuerrechtsordnung I, 2. Auflage, S. 239.

62 *Hey*, in: Tipke/Lang, Steuerrecht, 22. Auflage, § 3 Rn. 40.

63 *Hey*, in: Tipke/Lang, Steuerrecht, 22. Auflage, § 3 Rn. 110. Eingehend zum Verhältnis von Gerechtigkeit und Gleichheit: *Tipke*, Steuerrechtsordnung I, 2. Auflage, S. 284 ff.

64 *Hey*, in: Tipke/Lang, Steuerrecht, 22. Auflage, § 3 Rn. 121.

65 *Seer*, Verständigungen in Steuerverfahren, Habil., 1996, S. 308.

66 *Tipke*, Steuerrechtsordnung I, 2. Auflage, S. 450.

67 Zu den „unversöhnlichen Fronten" hinsichtlich der Bedeutung von Art. 14 GG für das Steuerrecht: *Hey*, Steuerplanungssicherheit als Rechtsproblem, Habil., 2002, S. 141 ff. Gleichwohl kann es im Ergebnis mittlerweile als gesichert geltem, dass Steuern in den

Will sich Art. 14 I GG als wirtschaftliche Ausprägung der allgemeinen Handlungsfreiheit des Art. 2 I GG behaupten, so kann sein Schutz jedoch nicht dort enden, wo noch kein bereits zur Eigentumsfähigkeit verdichtetes Objekt aus dem Vermögen ausgesondert wurde. Vielmehr gebietet eine wirtschaftlich indizierte Handlungsfreiheit bereits eine selbstbestimmte Aussonderungsentscheidung, mit Hilfe derer die abstrakte Geldleistungspflicht im Ergebnis erfüllt wird.[68] Der Steuerbürger ist gegenüber dem Steuerstaat frei in der Auswahl, ob er vorhandene liquide Geldmittel einsetzt oder z. B. einen anderen Vermögensgegenstand zunächst liquidiert. Dieser Vorgang wohnt jeder Besteuerung, die auf eine Geldleistungspflicht hinausläuft, inne. Das zweite materielle Hauptgrundrecht des Steuerrechts ist identifiziert.

2. *Der steuerspezifische Bestand in Art. 3 I GG*

Die verfassungstextlich niedergelegte Wendung *„Alle Menschen sind vor dem Gesetz gleich"* gibt das modale Schutzgut des allgemeinen Gleichheitssatzes zu erkennen. Das damit angesprochene individuelle Gleichbehandlungsinteresse ist notwendigerweise auf einen Vergleich angelegt. Als steuerspezifischer Vergleichsmaßstab wurde bereits unter 1. das Leistungsfähigkeitsprinzip identifiziert. Auf dieser Grundlage verdichtet sich Art. 3 I GG zugunsten eines negativen *Hauptrecht* des Steuerbürgers, das dem Steuerstaat verbietet, dem Leistungsfähigkeitsprinzip (in nicht gerechtfertigt Weise) widersprechende Besteuerungsfolgen ins Werk zu setzen.[69] Hieran knüpft sodann das *justizielle Hilfsrecht* des Art. 3 I GG an. Inhaltlich bedient ein solches Recht als rechtsstaatlich indizierte Erweiterung des (primär) materiell gekennzeichneten Art. 3 I GG zunächst die selben Aspekte wie das formelle Hauptgrundrecht des Art. 19 IV GG. Es aktualisiert sich von der Eröffnung des gerichtlichen Rechtswegs bis zum verbindlichen Abschluss des Verfahrens einschließlich dessen Verwirklichung. Wirkung entfaltet es jedoch allein in Bezug auf die Anknüpfung an das Hauptrecht aus Art. 3 I GG sowie dessen Hilfsrechte. Demzufolge fließt die steuerspezifische Prägung in das justizielle Hilfsrecht mit ein. Insbesondere die Organisation und der Ablauf des

Schutzbereich von Art. 14 I GG fallen. So ausdrücklich: *Hey*, in: Tipke/Lang, Steuerrecht, 22. Auflage, § 3 Rn. 121.

68 *Seer*, Verständigungen in Steuerverfahren, Habil., 1996, S. 308.

69 Ergänzende Hilfsrechte sind nicht ausgeschlossen. Deren Existenz und Ausgestaltung soll an dieser Stelle jedoch nicht final beschieden werden. S. hierzu die Darstellung bei *Sachs*, in: Stern, Staatsrecht, Band IV/2, § 120 II 11, S. 1578 ff.

gerichtlichen Verfahrens erfahren so eine *steuerspezifische Konkretisierung* durch den (primär) materiell gekennzeichneten Gehalt des Art. 3 I GG.[70]

3. *Der steuerspezifische Bestand in Art. 14 I GG*

Das anhand der verfassungstextlichen Niederlegung zu identifizierende Schutzgut erschließt sich primär aus der Wendung, dass das *„Eigentum [...] gewährleistet"* wird und sekundär aus der Wendung, dass sein *„Gebrauch [...] zugleich"* dem Wohle der Allgemeinheit dienen soll. Der Eigentumsbestand sowie eine darauf ausgerichtete prinzipielle Nutzungsfreiheit werden erfasst.[71] Auf dieser Grundlage verdichtet sich Art. 14 I GG zugunsten eines negativen *Hauptrechts* des Steuerbürgers, das dem Steuerstaat verbietet, eine auf eine nicht gerechtfertigte (z. B. erdrosselnde) steuerliche Geldleistungspflicht hinauslaufende Besteuerungsfolge ins Werk zu setzen.[72] Das aufgezeigte negative Hauptrecht wird dabei von einem *ergänzenden Hilfsrecht* auf *Dispositionsschutz*[73] flankiert. Dem liegt nachfolgende Überlegung zugrunde.[74] Der Steuerbürger sieht sich einer oder auch mehreren steuerliche(n) Geldleistungspflicht(en) gegenüber. Das Ausmaß der zu erwartenden Steuerbelastung bestimmt, wie viel des gespeicherten Einkommens weiterhin für Zwecke außerhalb der steuerlichen Geldleistungspflicht(en) zur Verfügung steht. Das identifizierte Schutzgut würde jedenfalls hinsichtlich seiner prinzipiellen Nutzungsfreiheit Gefahr laufen, der Nutzlosigkeit preisgegeben

70 Abzugrenzen ist diese Wirkung, die als Gleichheit durch (gerichtliche) Organisation und (gerichtliches) Verfahren bezeichnet werden kann, von der Wirkung unmittelbar im Verfahren. S. hierzu bei *Eckhoff*, Rechtsanwendungsgleichheit im Steuerrecht, Habil., 1999, S. 246.

71 *Depenheuer*, in: v. Mangoldt/Klein/Starck, GG, Band 1, 5. Auflage, Art. 14 Rn. 169.

72 Das zentrale und bisher nicht abschließend bewältigte Problem in Ansehung des steuerspezifischen Gehalts von Art. 14 I GG ist auf der Rechtfertigungsebene anzusiedeln. Mit der Aufgabe des sog. Halbteilungsgrundsatzes hat das BVerfG v. 18.1.2006, 2 BvR 2194/94, BVerfGE 115, 97 verbindlichen Belastungsobergrenzen eine Absage erteilt. Der hiesige Untersuchungsgegenstand fordert eine Entscheidung in der Sache nicht heraus. Eingehend: *Tipke*, Steuerrechtsordnung I, S. 438 ff., s. dort insbesondere auf S. 449 ff.

73 Ein solches Recht kann den Staat negativ als Dispositionsfreiheit wie auch positiv als Dispositionsschutz adressieren. Zu weiteren denkbaren interpretatorischen Erweiterungen, die hier nicht final beschieden werden sollen, s. die Darstellung bei *Dietlein*, in: Stern, Staatsrecht, Band IV/1, § 113 VIII, S. 2289 ff.

74 S. hierzu insbesondere die Ausführungen von *Seer*, Verständigungen in Steuerverfahren, Habil., 1996, S. 305 ff. sowie *Hey*, Steuerplanungssicherheit als Rechtsproblem, Habil., 2002, S. 133 ff.

zu werden, wenn der Steuerbürger vom Steuerstaat über die ihm aufzuerlegende steuerliche Geldleistungspflicht im Unklaren gelassen wird. Der Steuerbürger wäre stets gezwungen, eine „Rückstellung“ für unbestimmte Besteuerungsfolgen in nicht bestimmbarer Höhe einzustellen. Die Nutzungsmöglichkeit des gespeicherten Einkommens wäre erheblich eingeschränkt. Als wirtschaftliche Ausprägung der allgemeinen Handlungsfreiheit fordert die Eigentumsfreiheit deshalb einen Dispositionsschutz in Bezug auf die Verwendung des gespeicherten Einkommens zum Zweck der *Erfüllung* steuerlicher Geldleistungspflicht(en) ein. Daraus folgt zugleich ein Dispositionsschutz in Bezug auf die Verwendung des gespeicherten Einkommens für Zwecke *außerhalb* der Erfüllung steuerlicher Geldleistungspflicht(en). Erst der Dispositionsschutz befähigt den Steuerbürger seine wirtschaftlich ausgeprägte Handlungsfreiheit tatsächlich zu entfalten, indem er ihm Planungssicherheit hinsichtlich der Verwendung des gespeicherten Einkommens für steuerliche bzw. außersteuerliche Zwecke gewährt. Im Ergebnis wird dadurch das Vertrauen des Steuerbürgers in die Verwendung des gespeicherten Einkommens geschützt. Der Dispositionsschutz *konkretisiert* hier also den allgemeinen Vertrauensschutzgedanken in Bezug auf das steuerspezifische Schutzgut des Art. 14 I GG. Im Anwendungsbereich des staatlichen Steuerzugriffs nimmt der steuerspezifische Dispositionsschutz demzufolge den aus dem rechtsstaatlichen Rechtssicherheitsgebot abgeleiteten Vertrauensschutz in sich auf.[75] Das *justizielle Hilfsrecht* des Art. 14 I GG knüpft sodann an das Hauptrecht sowie an dessen Hilfsrechte an. Das bereits zuvor unter 2. Beschriebene gilt hier sodann mit Blick auf Art. 14 I GG entsprechend. Demzufolge fließt die steuerspezifische Prägung auch hier in das justizielle Hilfsrecht mit ein. Insbesondere die Organisation und der Ablauf des gerichtlichen Verfahrens erfahren so ebenfalls eine *steuerspezifische Konkretisierung* durch den (primär) materiell gekennzeichneten Gehalt des Art. 14 I GG.

---

75 Der hier vorgetragene Gedanke entspricht damit im Kern der bereits zuvor unter D. I. und sodann im Anschluss zu den hiesigen Ausführungen unter D. III. zu erörternden Problematik. Hier wie dort geht es um die Frage des Verhältnisses eines abstrakten rechtsstaatlichen Grundsatzes zu einem konkreten grundrechtlichen Schutzgut. Die Ausführungen zeigen, dass die Anwendung rechtsstaatlicher Grundsätze im Anwendungsbereich eines konkreten grundrechtlichen Schutzguts eine besondere Wechselwirkung mit sich bringt, die keiner schematischen Lösung zugänglich ist. S. speziell zur Grundrechtsorientierung des Vertrauensschutzes: *Hey*, Steuerplanungssicherheit als Rechtsproblem, Habil., 2002, S. 113 ff. u. 178 ff.

III. Interpretatorische Glättung des Konkurrenzverhältnisses

Die Ausführungen unter I. und II. geben zu erkennen, dass das auf Rechtsdurchsetzung abzielende Begehren des Steuerbürgers gegenüber dem Steuerstaat in den aufgezeigten Konstellationen sowohl mit Hilfe des formellen Hauptgrundrechts in Art. 19 IV GG wie auch mit Hilfe der justiziellen Erweiterungen in Art. 3 I GG und Art. 14 I GG verfolgt werden kann.[76] Die nachfolgende Darstellung widmet sich daher der (praktikablen) *Auflösung des Konkurrenzverhältnisses.*[77] In einem ersten Schritt ist der Anknüpfungspunkt für eine Auflösung zu bestimmen. Hierzu ist die Beziehung zur verfassungstextlichen Niederlegung in den Blick zu nehmen. In Ansehung der hier interessierenden Justizgrundrechte weist Art. 19 IV 1 GG eine ausdrücklich im Verfassungstext angelegte und deshalb *überlegene Normstruktur* aus.[78] Der Anknüpfungspunkt ist damit gefunden. In einem zweiten Schritt ist sodann die Bezugslosigkeit des Art. 19 IV 1 GG zu hinterfragen. Bisher wurde dargelegt, dass gerade diese Bezugslosigkeit einer Berücksichtigung (steuer-) spezifischer Anforderungen des durchzusetzenden materiellen Grundrechts entgegensteht. Es besteht die Gefahr, dass der Rechtsfall nicht vollständig gewürdigt wird. Denkbar sind hier Konstellationen, in denen der Rechtsfall verfahrensrechtliche Fragen aufwirft, für die es auf den sachlichen Gehalt des als verletzt gerügten materiellen Grundrechts ankommt.[79] Der Vorteil, der aus der überlegenen Normstruktur resultiert, bleibt erhalten, wenn man die *(steuer-) spezifischen Anforderungen* der materiellen Grundrechte in eben diese Struktur des Art. 19 IV 1 GG *integriert.*

Der in der Wendung *„Wird jemand durch die öffentliche Gewalt in seinen Rechten verletzt“* zum Ausdruck kommende Tatbestand ist hierzu steuerspezifisch zu konkretisieren. Eine steuerspezifische Konkretisierung trägt die gedachte Wendung in sich: *„Wird der Steuerbürger durch den Steuerstaat in seinen steuerspezifischen Rechten aus Art. 3 I GG und Art. 14 I GG verletzt“*. Die in der Wendung *„so steht ihm der Rechtsweg offen“* zum Ausdruck kommende Rechtsfolgenanordnung erfährt dadurch die entscheidende steuerspezifische Anleitung. Dies

---

76 *Spielmann*, Konkurrenz von Grundrechtsnormen, Diss., 2008, S. 260 f., S. 268 f., S. 277 ff.

77 Hierbei handelt es sich um eine vielfach diskutierte Fragestellung, die im Folgenden einer praktikablen Lösung zugänglich gemacht werden soll. S. hierzu allein die Nachweise bei *Spielmann*, Konkurrenz von Grundrechtsnormen, Diss., 2008, S. 277 in Fn. 132.

78 *Sachs*, in: Stern, Staatsrecht, Band III/1, § 67 II 2 a), S. 706 f.

79 *Spielmann*, Konkurrenz von Grundrechtsnormen, Diss., 2008, S. 278.

schlägt sodann insbesondere auf das wertungsoffene und konkretisierungsfähige *Effektivitätspostulat* und damit auf die qualitative Ausgestaltung des zu eröffnenden (Steuer-) Rechtswegs durch.[80] Steuerspezifische Anforderungen, vor allem an die Organisation und die Ausgestaltung des Verfahrens, sind zu berücksichtigen. Der aufgezeigte Weg verbindet die modale Normstruktur des formellen Hauptgrundrechts in Art. 19 IV 1 GG mit (steuer-) spezifischen Anforderungen materieller Grundrechte, die der Bürger gegenüber dem Staat durchsetzt.[81] Das Ergebnis ist eine *steuerspezifische Konkretisierung* des formellen Hauptgrundrechts in Art. 19 IV GG. Die Gefahr einer unvollständigen Würdigung des Rechtsfallausschnitts besteht nicht mehr. Die interpretatorische Glättung führt dazu, dass die Konkurrenzfrage deutlich an Aktualität verliert und sich in der hier interessierenden Konstellation überhaupt nicht mehr stellt.[82]

E. Durchsetzung des grundrechtlichen Justizgewährleistungsanspruchs in Art. 19 IV GG

Die primäre Funktion des grundrechtlichen Justizgewährleistungsanspruchs steht im Zusammenhang mit der Kompetenzverteilung im gewaltengeteilten Rechtsstaat. Als unabhängiges Staatsorgan (s. Art. 97 GG) soll die Judikative ein neutrales Verfahren gewährleisten, dessen Gegenstand die Überprüfung eines staatlichen Verhaltens ist.[83] Der Prüfungsgegenstand bestimmt sich in Abhängigkeit vom Begehren des Bürgers und dem dazu vorgetragenen Lebenssachverhalt. Er bildet den sog. *Streitgegenstand* ab. In der hier interessierenden Konstellation setzt sich der Streitgegenstand sodann aus dem potentiell rechtsverletzenden Verhalten des Steuerstaates und der Behauptung des Steuerbürgers zusammen, dadurch in

80 *Cremer*, Freiheitsgrundrechte, Habil., 2003, S. 407 ff. spricht von einer Variabilität des in Art. 19 IV 1 GG verbürgten Effektivitätsgebots nach Maßgabe des betroffenen Grundrechts.

81 Die Programmierung des Art. 19 IV 1 GG entspricht damit im Wesentlichen der bereichsspezifischen Konkretisierung, die den Gewährleistungsgehalt des modalen Art. 3 I GG anleitet.

82 Ein solcher Mittelweg scheint auch nicht gänzlich gegen Judikate des BVerfG zu streiten. In den Entscheidungen v. 20.4.1982, 2 BvL 26/81, BVerfGE 60, 253 und v. 27.10.1999, 1 BvR 385/90, BVerfGE 101, 106 erklärt es zumindest, dass den materiellen Grundrechten Gewährleistungen zu entnehmen sein können, die über die des Art. 19 IV GG hinausgehen und diese erforderlichenfalls auch Geltung erlangen könnten.

83 Eingehend zur Rechtsprechung als Modell des „Neutralen Verfahrens“: *Voßkuhle,* Rechtsschutz gegen den Richter, Diss., 1993, S. 94 ff.

seinen Rechten aus Art. 3 I GG und Art. 14 I GG verletzt zu sein.[84] Diesen Streitgegenstand nimmt die Judikative auf und überprüft ihn in tatsächlicher und rechtlicher Hinsicht. Das Ergebnis der Prüfung wird in die verbindliche gerichtliche Entscheidungsform überführt. Was aber passiert, wenn das zur Prüfung berufene Gericht während des Prüfverfahrens *selbst* eine potentielle Rechtsverletzung gegenüber dem Bürger begründet? Im Kern geht es hierbei um die Frage, ob eine *erneute* Prüfung in der Sache, im Gewand einer Überprüfung der ersten gerichtlichen Entscheidung durch ein (zweites) Gericht, *rechtsstaatlich indiziert* ist.[85]

Die Lösungslinie gibt das Rechtsstaatsprinzip sodann auch selbst vor. Das Rechtsstaatsprinzip ist kein singuläres Einzelelement. Es ist ein Konglomerat vieler einzelner Elemente.[86] Eines dieser Elemente ist der *Justizgewährleistungsanspruch*. Ein weiteres ist das Rechtsfrieden stiftende Prinzip der *Rechtssicherheit*. Ein jeder Rechtsstreit muss um des Rechtsfriedens willen ein Ende finden. Justizgewährleistungsanspruch und Rechtssicherheit lösen in der angesprochen Konstellation einen *Widerstreit* aus.[87] Auf der einen Seite will der Rechtsstaat dem Bürger Rechtsschutz gewähren, auf der anderen will er aber auch dafür Sorge tragen, dass Rechtssicherheit eintritt. Je nachdem, welchem der beiden Widerparte das größere Gewicht in der jeweiligen Konstellation eingeräumt wird, wird das Rechtsstaatsprinzip entweder eine Entscheidung zugunsten des Justizgewährleistungsanspruchs oder der Rechtssicherheit indizieren. Die Abwägungsentscheidung gewinnt an Struktur, wenn der Streitgegenstand in den Blick genommen wird. Über den Streitgegenstand wird in der gerichtlichen Entscheidung verbindlich entschieden. Diese repräsentiert das Ergebnis der judikativen Überprüfung in Bezug auf das staatliche Ausgangsverhalten. Zugleich ist die gerichtliche Entscheidung aber auch *selbst* staatliches Verhalten. Wenn und soweit diese gerichtliche Entscheidung innerhalb der von Verfassungs wegen vorgezeichneten rechtsstaatlichen Rahmenbedingungen ergangen ist, überwiegt die Rechtssicherheit. Eine erneute Überprüfung der gerichtlichen Entscheidung

---

84 Zum verfassungsprozessualen Streitgegenstandsbegriff im Allgemeinen wie im Speziellen im Zusammenhang mit der Durchsetzung subjektiv-öffentlicher Grundrechtspositionen i.R.d. Verfassungsbeschwerde, s. bei *Benda/Klein*, Verfassungsprozessrecht, 3. Auflage, § 9 Rn. 213 u. § 19 Rn. 491 ff.

85 Eingehend zur Problematik: *Voßkuhle*, Rechtsschutz gegen den Richter, Diss., 1993, passim.

86 Zur normativ-methodischen Bewältigung des Phänomens „Rechtsstaatsprinzip“, s. *Schnapp*, in: von Münch/Kunig, GG, Band 1, 6. Auflage, Art. 20 Rn. 32 ff.

87 BVerfG v. 30.4.2003, 1 PBvU 1/02, BVerfGE 107, 395, 408.

ist grundsätzlich nicht angezeigt.[88] Etwas anderes gilt, wenn der rechtsstaatliche Rahmen nicht bedient wird. Hat die Entscheidungsfindung durch die Judikative *außerhalb* dieses Rahmens stattgefunden, dann begründet dieser Umstand einen neuen bzw. zusätzlichen Streitgegenstand, der neben den bisherigen Streitgegenstand tritt. In dieser Konstellation hat das Gericht nicht bloß über den bereits durch staatliches Verhalten ausgelösten Streitgegenstand befunden, sondern selbst durch staatliches Verhalten einen *„eigenen"* Streitgegenstand ausgelöst, auf dessen Grundlage die Entscheidungsfindung stattgefunden hat. Dieser setzt sich aus dem potentiell rechtsverletzenden Verhalten des zur Prüfung berufenen Gerichts und der Behauptung des Bürgers zusammen, dadurch in seinem Recht aus Art. 19 IV GG[89] verletzt zu sein. In Ansehung *dieses* Streitgegenstandes überwiegt der Justizgewährleistungsanspruch, denn insoweit liegt ein bisher gänzlich *unkontrollierter* Streitgegenstand vor. In einem Rechtsstaat hat der Bürger einen Anspruch darauf, dass ein Streitgegenstand mindestens einmal durch ein unabhängiges Gericht im Rahmen eines rechtsstaatlichen Verfahrens geprüft wird (s. dazu unter A.). Das führt dazu, dass in diesen Konstellationen nicht nur allein der „Neu-Streitgegenstand" zu kontrollieren ist, sondern mittelbar auch eine erneute Prüfung in der Sache (d.h. in Ansehung des „Alt-Streitgegenstandes") angezeigt sein kann, indem ein zweites Gericht die diesbezügliche gerichtliche Entscheidung in Ansehung des aufgezeigten „Neu-Streitgegenstandes" und dessen mögliche Auswirkungen auf den Inhalt der getroffenen Entscheidung überprüft (s. dazu noch unter § 4 B. I. 4.).[90]

Die terminologische Eingrenzung in Bezug auf ein *zweites* Gericht ist ebenfalls rechtsstaatlich indiziert. Die vom Justizgewährleistungsanspruch avisierte Entscheidung durch ein unabhängiges Gericht gilt in der dargestellten Konstellation entsprechend. Ein zur Entscheidung berufenes Gericht im Sinne des Art. 92 GG ist zwar stets abstrakt unabhängig (s. Art. 97 GG). Wenn es aber, wie in der dargestellten Konstellation, über einen Streitgegenstand zu befinden

88 Ausnahmen sind denkbar in den Fällen ausbrechender v.a. willkürlicher Entscheidungen, die soweit von der gesetzlichen Grundlage entfernt sind, dass von „greifbarer Gesetzeswidrigkeit" gesprochen werden kann. Gleichwohl ließe sich diese Kategorie auch als selbständiger Streitgegenstand rekonstruieren, so dass eine Ausnahme gar nicht erforderlich wäre. S. zu dieser Thematik: *Seer*, in: Tipke/Kruse, vor §§ 115 ff. FGO Rn. 40 m.w.N., Stand 10/2012.

89 Genauer: In seinem steuerrechtsspezifisch konkretisierten Recht aus Art. 19 IV GG.

90 So im Ergebnis auch das BVerfG v. 30.4.2003, 1 PBvU 1/02, BVerfGE 107, 395, 406 f. A.A. *Voßkuhle*, Rechtsschutz gegen den Richter, Diss., 1993, S. 308 ff., der sich für einen sekundären Kontrollanspruch in Bezug auf die Rechtsfrage ausspricht.

hätte, den es selbst erst in die Welt gesetzt hat, könnte von einer Unabhängigkeit in Bezug auf den konkret zur Entscheidung anstehenden Streitgegenstand kaum mehr die Rede sein. Es gilt der Grundsatz, dass niemand Richter in eigener Sache sein darf.[91] Folgerichtig bedarf es zur Aufrechterhaltung eines rechtsstaatlichen Verfahrens in dieser Konstellation der Überprüfung durch ein zweites, anderes Gericht, das auch in Bezug auf den konkreten Streitgegenstand unabhängig ist.[92]

Vorstehendes Ergebnis deckt sich mit dem Befund, dass der Justizgewährleistungsanspruch *selbst* subjektiv-rechtlich gekennzeichnet ist.[93] Der Justizgewährleistungsanspruch stattet den Bürger zur Durchsetzung seiner subjektiv-öffentlichen Grundrechte mit ebenfalls *subjektiv-öffentlichen Justizgrundrechten* aus, die sich von der Eröffnung des gerichtlichen Rechtswegs bis zum Abschluss des Verfahrens aktualisieren. Der Integrationshebel zur Durchsetzung dieser Justizgrundrechte findet sich wiederum im Tatbestand des formellen Hauptgrundrechts in Art. 19 IV 1 GG. Die tatbestandliche Wendung *„wird jemand durch die öffentliche Gewalt in seinen Rechten verletzt"* öffnet den Weg für einen Rechtsschutz gegen den Richter.[94] Die modale Normstruktur des Art. 19 IV 1 GG ist hierzu mit Hilfe der gedachten Wendung *„wird der Rechtsschutzsuchende durch die Judikative in seinen justiziellen Grundrechten verletzt"* zu konkretisieren. Die Rechtsfolgenanordnung des Art. 19 IV 1 GG mit der Wendung *„so steht ihm der Rechtsweg offen"* ebnet sodann den Weg für eine Überprüfung des Verhaltens der Judikative (= Auslöser des „Neu-Streitgegenstandes") im Zusammenhang mit der Prüfung des „Alt-Streitgegenstandes". Die Anforderungen an diese Prüfung aktualisieren sich dabei innerhalb des gesamten Spektrums der von Art. 19 IV 1 GG ausgesprochenen Rechtsfolgenanordnung. Auf die Ausführungen unter D. I. kann daher verwiesen werden. Im Ergebnis wird das formelle Hauptgrundrecht in der hier interessierenden Fallkonstellation also *zweimal nacheinander* angesprochen. *Erstens* zur

---

91 S. bereits BVerfG v. 29.4.1954, 1 BvR 328/52, BVerfGE 3, 377, 381.

92 Anders das BVerfG v. 30.4.2003, 1 PBvU 1/02, BVerfGE 107, 395, 412, wonach die Anrufung des iudex a quo als die mit der Sache schon vertraute Instanz angezeigt sei. Zur Ausgestaltung als Selbstkontrollverfahren daher zurecht kritisch *Seer/Thulfault*, BB 2005, 1085.

93 S. dazu unter A.

94 Das BVerfG v. 30.4.2003, 1 PBvU 1/02, BVerfGE 107, 395, 403 f. hat nachgewiesen, dass die Entstehungsgeschichte einer positiven Subsumtion der richterlichen Gewalt nicht entgegensteht. Gleichwohl hält das BVerfG an einer engen Auslegung des Begriffs der öffentlichen Gewalt beschränkt auf die Exekutive fest und bemüht stattdessen den allgemeinen rechtsstaatlichen Justizgewährungsanspruch auf der Grundlage von Art. 20 III GG i.V.m. den Grundrechten. Zurecht kritisch zu dieser Konstruktion als „dogmatischer Eiertanz": *Voßkuhle*, NJW 2003, 2193, 2196. S. dazu noch unter F. III.

Durchsetzung eines (steuerspezifischen) materiellen Grundrechts, *zweitens* zur Durchsetzung eines bereichsspezifisch konkretisierten justiziellen Grundrechts; mithin zur Durchsetzung seiner selbst.[95] In der Folge wird hier daher von einer *Doppelwirkung* des Art. 19 IV GG gesprochen.

F. Ausgewählte Problemstellungen im Zusammenhang mit der Auslegung des grundrechtlichen Justizgewährleistungsanspruchs in Art. 19 IV GG

Unabhängig von der zuvor herausgearbeiteten steuerspezifischen Konkretisierung des formellen Hauptgrundrechts ist Art. 19 IV GG mit diversen Problemstellungen belegt. Ziel dieser Arbeit ist keine vollständige Aufarbeitung sämtlicher hier anzutreffender Fragestellungen. Vielmehr sollen ausgewählte Fragestellungen näher beleuchtet werden, die eine besondere thematische Nähe zu den bisherigen Erkenntnissen aufweisen und für die Zielsetzung dieser Untersuchung von Bedeutung sind.

I. Das Erfordernis einer gesetzlichen (Ausgestaltungs-) Grundlage

Art. 19 IV GG ist ein *normgeprägtes* Grundrecht.[96] Rechtsschutz ist eine staatliche Leistung, deren Voraussetzungen erst geschaffen, deren Art näher bestimmt und deren Umfang im Einzelnen festgelegt werden müssen.[97] Als Leistungsgrundrecht unterliegt Art. 19 IV GG der Ausgestaltung durch den Gesetzgeber.[98] Dieser hat bei der Ausgestaltung einen beträchtlichen Spielraum.[99] Rechtsbehelfe müssen in der geschriebenen Rechtsordnung geregelt und in ihren Voraussetzungen für den Bürger erkennbar sein.[100] Vorstehende Sätze stehen alle im Zusammenhang mit dem Erfordernis einer gesetzlichen (Ausgestaltungs-) Grundlage. Nachfolgend soll dieses Erfordernis in die allgemeine Grundrechtsdogmatik übersetzt und die Funktionen der gesetzlichen (Ausgestaltungs-) Grundlage herausgearbeitet werden. Dass Art. 19 IV GG der staatszugewandten Zone zuzuweisen ist, wurde bereits dargelegt. Als Inkorporation des rechtsstaatlich indizierten Justizgewährleistungsanspruchs

---

95 Einen ähnlichen Ansatz verfolgen *Pickenpack*, Rechtsschutz bei Verfahrensgrundrechten und bei Untätigkeit der Gerichte, Diss., 2012, S. 182; *Barczak*, AöR 138 (2013), 536, 581.

96 *Pieroth/Schlink/Kingreen/Poscher*, Grundrechte, 31. Auflage, § 26 Rn. 1122.

97 BVerfG v. 27.10.1999, 1 BvR 385/90, BVerfGE 101, 106, 123.

98 *Epping*, Grundrechte, 6. Auflage, Kapitel 18 Rn. 927.

99 BVerfG v. 27.10.1999, 1 BvR 385/90, BVerfGE 101, 106, 123.

100 BVerfG v. 30.4.2003, 1 PBvU 1/02, BVerfGE 107, 395, 416.

verpflichtet Art. 19 IV GG den Staat positiv zur Handlung. Dem korrespondiert das Recht des Bürgers auf staatliche Handlung; mithin auf staatliche (Justizgewähr-) Leistung. Dem Erfordernis einer gesetzlichen (Ausgestaltungs-) Grundlage lassen sich sodann vier Funktionen[101] zuweisen.

Die erste Funktion ist eine *Erlaubnisfunktion* zugunsten des Staates. Der staatliche Leistungsauftrag wird erfüllt, indem die erforderliche Ausgestaltung durch den Gesetzgeber unter Ausnutzung des Spielraums in abstrakter Hinsicht vorgenommen wird. Im Ergebnis handelt es sich hierbei um einen (ungeschriebenen) Unterlassungsvorbehalt des Gesetzgebers, der in der positiven Leistungssituation zum Tragen kommt. Er ist das Pendant zum geschriebenen Handlungsvorbehalt des Gesetzgebers (= Gesetzesvorbehalt), der in der negativen Abwehrsituation zum Tragen kommt.[102] Der ungeschriebene Unterlassungsvorbehalt des Gesetzgebers statuiert eine Erlaubnis zur Passivität; mithin zum Nicht-Handeln. Dies jedoch nur soweit wie der Unterlassungsvorbehalt reicht. Der geschriebene Handlungsvorbehalt statuiert hingegen eine Erlaubnis zur Aktivität; mithin zum Handeln. Dies jedoch ebenfalls nur soweit wie der Handlungsvorbehalt reicht.

Die zweite Funktion ist eine *Verbotsfunktion* zulasten des Staates und dient dem Schutz des *Berechtigten*. Die Judikative als Inhaberin des Rechtsprechungsmonopols darf die Leistung nur dann unterlassen, wenn die konkrete Nichterfüllung auf eine abstrakte gesetzliche Grundlage zurückzuführen ist. Dies entspricht der sog. Wesentlichkeitstheorie. Hiernach muss der Gesetzgeber in grundlegenden normativen Bereichen alle wesentlichen Entscheidungen selbst treffen.[103] Hierfür ist vor allem die Grundrechtsrelevanz eines staatlichen Verhaltens von Bedeutung.[104] Das hier in Rede stehende staatliche Verhalten der Justizgewähr weist eine fundamentale Grundrechtsrelevanz auf. Als formelles Hauptgrundrecht verhilft Art. 19 IV GG dem gesamten Bestand materieller Grundrechte zur Durchsetzung. Die Grundrechtsrelevanz des staatlichen Verhaltens im Zusammenhang mit der Justizgewährleistung ist daher nicht bloß singulärer, sondern potentiell allumfassender Natur. Auch in der negativen Abwehrsituation gelangt grundsätzlich die Wesentlichkeitstheorie zur Geltung. Die Grundrechtsrelevanz folgt dort aus dem staatlichen Handeln (= Eingriff). Dieser

---

101 Von drei Funktionen ausgehend: *Spielmann*, Konkurrenz von Grundrechtsnormen, Diss., 2008, S. 262 ff.

102 Eine Korrelation besteht jedoch nur in Bezug auf den Gesetzgeber als Staatsorgan. Die in der verfassungstextlichen Niederlegung des Handlungsvorbehalts zum Ausdruck kommende und bereits aufgezeigte Wertung ist freilich nicht übertragbar.

103 BVerfG v. 26.6.1991, 1 BvR 779/85, BVerfGE 84, 212, 226 m.w.N.

104 Dazu: *Detterbeck*, Allgemeines Verwaltungsrecht, 14. Auflage, § 7 Rn. 264 ff.

Ausschnitt der Wesentlichkeitstheorie wird in der negativen Abwehrsituation jedoch bereits vom Vorbehalt des Gesetzes abgedeckt.

Die dritte Funktion ist ebenfalls eine *Verbotsfunktion* zulasten des Staates. Sie dient sodann dem Schutz eines *Dritten*. Die staatszugewandte Zone des Berechtigten kann sich mit der staatsabgewandten Zone eines Dritten überschneiden. Indem der Staat die Leistungshandlung zugunsten des Berechtigten ausführt, kann er zugleich einen Eingriff zulasten des Dritten auslösen. In dieser Situation dient die gesetzliche (Ausgestaltungs-) Grundlage nicht allein als Unterlassungsvorbehalt im Verhältnis zum Berechtigten, sondern auch als Handlungsvorbehalt im Verhältnis zum Dritten.

Die vierte Funktion dient sodann primär dem Schutz des Berechtigten. Sie repetiert und konkretisiert die Verpflichtung des Staates zur Ausgestaltung durch den Gesetzgeber unter Zuhilfenahme des Rechtsstaatsprinzips. Ein wesentlicher Bestandteil dessen ist die Rechtssicherheit. Diese wird wiederum (auch) dadurch verwirklicht, dass dem Rechtsschutzsuchenden der Weg zur Überprüfung einer staatlichen Maßnahme in der Rechtsordnung klar vorgezeichnet wird. Die dortige Ausgestaltung soll dem Bürger insbesondere die Prüfung ermöglichen, ob und unter welchen Voraussetzungen eine Überprüfung möglich ist.[105] Ihrem Schutzgedanken entsprechend, kann das damit umschriebene Postulat der *Rechtsmittelklarheit* jedoch nicht zulasten des Bürgers ausschlagen.[106]

---

105 BVerfG v. 30.4.2003, 1 PBvU 1/02, BVerfGE 107, 395, 416 f.

106 Dementsprechend ist das Postulat der Rechtsmittelklarheit vornehmlich im Zusammenhang mit dem Erfordernis der Rechtswegerschöpfung und der Subsidiarität der Verfassungsbeschwerde in Erscheinung getreten. Das BVerfG v. 25.11.2008, 1 BvR 848/07, BVerfGE 122, 190 hat sodann auch entschieden, dass nicht im geschriebenen Recht verankerte außerordentliche Rechtsbehelfe nicht aufgrund eines Verstoßes gegen den Grundsatz der Rechtsmittelklarheit unstatthaft sind. Das Fehlen einer Kodifizierung im geschriebenen Recht und das daraus resultierende rechtsstaatliche Defizit schließt es aus, ihre vorherige Einlegung zur Voraussetzung für die Zulässigkeit der Verfassungsbeschwerde zu machen. Von dem Verzicht auf die vorherige Einlegung kann jedoch nicht auf die verfassungsrechtliche Unzulässigkeit selbst geschlossen werden. Gleichzeitig ist damit gesagt, dass der Grundsatz der Rechtsmittelklarheit nicht auf Rechtsmittel im engeren Sinne beschränkt ist, sondern für sämtliche Rechtsbehelfe gilt.

II. Das Verhältnis von Primär- und Sekundärrechtsschutz

Hat Primärrechtsschutz Vorrang vor Sekundärrechtsschutz? Welche Bedeutung hat der Vorrang?[107] Der Schlüssel zur Beantwortung dieser Fragen liegt in der Struktur der subjektiv-öffentlichen Grundrechtspositionen. Der materielle Gehalt[108] des Grundrechts aktualisiert sich auf der Ebene des Beeinträchtigungs-Tatbestands nach dem Grad der Beeinträchtigung: Bevorstehend – Eingetreten – Unwiederbringlich. Jeder Stufe entspricht sodann das zugehörige subjektiv-öffentliche Recht auf Prävention, auf Repression und auf Kompensation. Diese Rechte sind *materieller* Natur. Zu ihrer Durchsetzung ist je ein *formelles* Recht erforderlich, das an das jeweilige materielle Recht anknüpft. Die Terminologie vom Primär- und Sekundärrechtsschutz ist für das formelle Recht zu reservieren.

Deutlicher wird der Zusammenhang, wenn man von Folgendem ausgeht. Es gibt je ein materielles Recht auf Prävention, Repression und Kompensation, an das je ein formelles Recht auf Durchsetzung des jeweiligen Rechts auf Prävention, Repression und Kompensation anknüpft. Die Durchsetzung des Rechts auf Prävention wie auch des Rechts auf Repression verhindert den Eintritt bzw. korrigiert das eingetretene pflichtwidrige staatliche Verhalten. Der Zustand der völligen Konformität bleibt bestehen bzw. wird wieder hergestellt. Die präventiven und repressiven Primärrechte, gerichtet auf völlige Konformität, werden mit Hilfe des Primärrechtsschutzes durchgesetzt. Übersetzt man diese Verbindung in ein konditionelles „wenn…, dann…-Programm", entsteht folgendes *Primärrechtsschutzsystem*: Wenn die primären Rechte (potentiell) verletzt sind, dann kann der Betroffene mit Hilfe des Primärrechtsschutzes ihre prozessuale Durchsetzung begehren.[109] Die Durchsetzung des Rechts auf Kompensation gleicht den Umstand aus, der daraus folgt, dass die durch Korrektur bezweckte Rückkehr zum Zustand der völligen Konformität nicht mehr möglich ist. Das eingetretene pflichtwidrige staatliche Verhalten hat sich hier bereits zulasten des Bürgers verdichtet, ein Ausgleich ist erforderlich. Das kompensatorische Sekundärrecht

---

107 Eingehend zum Verhältnis: *Erbguth*, VVDStRL 61 (2002), 221; *Höfling*, VVDStRL 61 (2002), 260; *Axer*, DVBl. 2001, 1322.

108 Der Fall, indem die Doppelwirkung des Art. 19 IV GG (s. dazu unter E. am Ende) eintritt, liegt anders. In diesem Fall wird sozusagen ein formelles justizielles Recht mit Hilfe eines formellen justiziellen Rechts durchgesetzt.

109 Hierbei gilt es zu beachten, dass eine Verletzung dieser Rechte stets vorliegt, wenn und soweit diese tatsächlich durch Hinzutreten eines pflichtwidrigen staatlichen Verhaltens entstanden sind und der hierdurch begründete Pflichtwidrigkeits-Zustand noch andauert (s. hierzu unter B. III.).

wird mit Hilfe des Sekundärrechtsschutzes durchgesetzt. Das *Sekundärrechtsschutzsystem* lautet also: Wenn das sekundäre Recht (potentiell) verletzt ist, dann kann der Betroffene mit Hilfe des Sekundärrechtsschutzes dessen prozessuale Durchsetzung begehren.[110]

Auf der Grundlage vorstehender Struktur sind die eingangs gestellten Fragen wie folgt zu beantworten. Erstens ist von einem natürlichen *Vorrang des Primärrechtsschutzes* vor einem etwaigen Sekundärrechtsschutz auszugehen. Prävention und Repression sind der Kompensation zwingend vorgelagert. Einem staatlichen Verhalten, das eine Kompensation auslöst, wohnt auch immer ein staatliches Verhalten inne, das bereits eine Repression ausgelöst hat. Ein so bezeichneter Vorrang statuiert eine logische Rangordnung im Rechtsschutzsystem.[111] Für den *Staat* folgt hieraus die Pflicht zur Ausgestaltung eines gestuften Rechtsschutzsystems. Diese Vorgabe ist zwingend. Sie ist der Struktur des grundrechtlichen Gewährleistungssatzes immanent. Für den *Bürger* folgt hieraus ein prinzipielles Wahlrecht. Grundsätzlich ist er in seiner Entscheidung frei, ob er sich bereits zur Repression oder erst zur Kompensation entscheidet. Dies entspricht der Freiheit, die der Bürger stets für sich gegenüber dem Staat in Anspruch nehmen kann (s. jedenfalls Art. 2 I GG).[112] Er kann selbstbestimmt entscheiden, ob er das pflichtwidrige staatliche Verhalten abwehrt oder einen Ausgleich hierfür verlangt. Ein ungeschriebener allumfassender Grundsatz im Sinne eines *Verbots des Dulde und Liquidiere* existiert hingegen nicht. Geht man dennoch von einer materiellen Anfechtungslast des Bürgers aus, würde man diesen entgegen Art. 1 III GG aus seinen subjektiv-öffentlichen Grundrechtspositionen unmittelbar selbst verpflichten.[113] Etwas anderes kann nur dort gelten, wo

110 Das in der Fn. zuvor Beschriebene gilt hier entsprechend.

111 *Axer*, DVBl. 2001, 1322.

112 Für die Eigentumsfreiheit *Axer*, DVBl. 2001, 1322, 1328.

113 Eingehend zur Problematik sog. Grundpflichten: *Stern,* in: ders., Staatsrecht, Band III/2, § 88 III, S. 1017 ff. Will man eine sog. Grundpflicht anerkennen, so bedarf diese einer verfassungstextlichen Legitimation. Eine solche besondere Grundpflicht findet sich z. B. in Artt. 6 II, 12 II und 14 II 1 GG. Abseits dessen werden z. T. auch sog. allgemeine Grundpflichten anerkannt, wie z. B. die Friedenspflicht, die Gesetzesgehorsamspflicht, die Verfassungstreuepflicht, die Nichtstörungspflicht und die Wehrpflicht. Auch die zuletzt genannten Pflichten bedürfen eines verfassungstextlichen Anknüpfungspunktes. Jedenfalls ist mit ihrer Begründung Zurückhaltung geboten. Schließlich wurde Art. 19 des Herrenchiemseer-Entwurfs zum GG, der eine verfassungsrechtlich determinierte Grundpflichten-Generalklausel enthielt, explizit nicht in den Verfassungstext des GG übernommen.

überhaupt eine ausdrückliche Regelung existiert, die das Wahlrecht zurückweist (s. z. B. § 839 III BGB) und überdies dessen Zurückweisung gerechtfertigt ist.[114]

Zweitens gibt die Struktur zu erkennen, dass ein (materielles) Kompensationsrecht[115] *stets* dem grundrechtlichen Gewährleistungssatz innewohnt, womit ein sekundärer Rechtsschutz ebenfalls erforderlich wird. Hat sich das pflichtwidrige staatliche Verhalten bereits so weit zulasten des Bürgers verdichtet, dass ein Ausgleich dafür erforderlich wird, dass eine Rückkehr zum Zustand völliger Konformität nicht oder nicht mehr ausreichend möglich ist, gewährt der grundrechtliche Gewährleistungssatz stets selbst das (materielle) Kompensationsrecht. Zu finaler Rechtswirkung gelangt das grundrechtlich gekennzeichnete Kompensationsrecht sodann in Verbindung mit und durch ergänzende Normen des einfachen Rechts.[116] Letztere bestimmen die Modi der zu leistenden Kompensation.[117] Gleiches gilt sodann folgerichtig auch für das (formelle) Recht zur Durchsetzung, indem es an das Kompensationsrecht anknüpft.[118]

Drittens gibt die Struktur zu erkennen, dass das Recht zur Durchsetzung der Kompensation *ebenfalls* dem formellen Hauptgrundrecht des Art. 19 IV GG zuzuordnen ist. Wie aufgezeigt, knüpft Art. 19 IV GG als das formelle Hauptgrundrecht (auch) an alle materiellen subjektiv-öffentlichen Grundrechtspositionen an. Demzufolge ist Art. 19 IV GG nicht bloß für den Primärrechtsschutz zur Durchsetzung des Primärrechts reserviert. Auch der Sekundärrechtsschutz zur Durchsetzung des sekundären Kompensationsrechts ist von Art. 19 IV GG erfasst. Das Kompensationsrecht ist genauso wie das Präventions- bzw. Repressionsrecht subjektiv-öffentliche Grundrechtsposition innerhalb des grundrechtlichen Gewährleistungssatzes.[119] Kompensation knüpft ebenso wie Prävention

---

114 *Höfling*, VVDStRL 61 (2002), 262, 279 f. m.w.N. auch zur a.A.

115 Ein materielles Kompensationsrecht ist dabei nicht mit dem allgemeinen Staatshaftungsrecht gleichzusetzen. Das materielle Kompensationsrecht knüpft allein an pflichtwidriges – also rechtswidriges – staatliches Verhalten an. S. dazu: *Höfling*, VVDStRL 61 (2002), 262, 264 f.

116 *Höfling*, VVDStRL 61 (2002), 262, 273.

117 S. hierzu z. B. die Verschuldensabhängigkeit die der Amtshaftungsanspruch über § 839 I BGB vermittelt bekommt.

118 Dies entspricht der Normprägung des Art. 19 IV GG, der auch hier die maßgebliche verfassungsrechtliche Direktive stellt (s. dazu nachfolgende unter drittens).

119 Hieran vermag auch die u.a. haftungsbeschränkende Norm des Art. 34 GG nichts zu verändern. Art. 34 GG regelt seinerseits zwar spezielle Kautelen im Zusammenhang mit der Staatshaftung. Gleichwohl beinhaltet sie keine originär formelle Rechtsschutzgarantie zur Durchsetzung materieller subjektiv-öffentlicher Grundrechtspositionen. Dies leistet allein Art. 19 IV GG.

und Repression an ein pflichtwidriges staatliches Verhalten gegenüber einer subjektiv-öffentlichen (Grund-) Rechtsposition an und dient damit gleichfalls dem Individualrechtsschutz.[120]

III. Der Begriff der öffentlichen Gewalt

Bei unbefangener Lektüre des Art. 19 IV GG darf die Frage gestellt werden, weshalb überhaupt eine nähere Auseinandersetzung mit der Reichweite des Begriffs der *„öffentliche[n] Gewalt"* erforderlich ist. Eine Antwort scheint die Historie zu liefern.[121] Art. 19 IV GG ist auf Art. 138 des Herrenchiemseer Entwurf zum Grundgesetz zurückzuführen. Dieser enthielt in Anlehnung an dessen Vorgängervorschriften (§ 182 Paulskirchenverfassung und Art. 107 der Weimarer Verfassung) die Formulierung:

> *„Wer sich durch eine Anordnung oder durch die Untätigkeit einer Verwaltungsbehörde in seinen Rechten verletzt oder mit einer ihm nicht obliegenden Pflicht beschwert glaubt, kann gerichtliche Hilfe in Anspruch nehmen."*

Diese Formulierung entstammt der historischen Erfahrung in Ansehung des Machtmissbrauchs durch die *Exekutive*. Dementsprechend ist sie *singulär* auf die staatliche Exekutivgewalt ausgerichtet und spart sowohl die staatliche Judikativ- als auch die staatliche Legislativgewalt aus. Der Blick in Art. 19 IV GG zeigt jedoch, dass diese Formulierung gerade nicht übernommen wurde. Stattdessen findet sich die Bezugnahme auf die öffentliche Gewalt *ohne* eine Eingrenzung.

Das BVerfG stellt ebenfalls auf die Historie ab und erkennt einen Spielraum für unterschiedliche Auslegungen an. Diesen Spielraum nutzt das BVerfG im Zusammenhang mit der Frage nach dem *Rechtsschutz gegen den Richter* und postuliert eine *enge* Auslegung des Begriffs der öffentlichen Gewalt in Art. 19 IV GG, der die richterliche Gewalt nicht umfasst.[122] Die Problematik des Rechtsschutzes gegen den Richter wurde bereits unter E. angesprochen. Dort wurde herausgearbeitet, dass auch die richterliche Gewalt nicht frei von Kontrolle ist. Erkennt man dies an (wie es i. ü. auch das BVerfG tut), drängt sich die Frage geradezu auf, warum der Auslegungsspielraum dann nicht auch zugunsten einer *weiten* Interpretation der

---

120 *Axer*, DVBl. 2001, 1322, 1328 f. m.w.N. auch zur a.A.

121 Eingehend zur historischen Auslegung des Art. 19 IV GG bei *Voßkuhle,* Rechtsschutz gegen den Richter, Diss., 1993, S. 151 ff.

122 BVerfG v. 30.4.2003, 1 PBvU 1/02, BVerfGE 107, 395, 405 f. Eine Ausnahme erkennt das BVerfG für den Fall, dass das Gericht außerhalb seiner spruchrichterlichen Tätigkeit aufgrund eines ausdrücklich normierten Richtervorbehalts tätig wird.

öffentlichen Gewalt in Art. 19 IV GG genutzt wird.[123] Der Rekurs auf den allgemeinen rechtsstaatlichen Justizgewährleistungsanspruch vermag hiervon jedenfalls nicht zu suspendieren. Dies muss auch dann gelten, wenn der potentielle Gewährleistungsgehalt identisch ist.[124] Es wurde bereits aufgezeigt, dass Art. 19 IV GG aufgrund seiner überlegenen Normstruktur in sämtlichen Rechtsschutzfragen der erste Adressat sein muss.[125] Die vom BVerfG statuierte inhaltliche Parallelität von Art. 19 IV GG und dem allgemeinen rechtsstaatlichen Justizgewährleistungsanspruch ist jedenfalls dogmatisch zweifelhaft.[126] Richtig ist zwar, dass der allgemeine rechtsstaatliche Justizgewährleistungsanspruch die alles umfassende Grundlage sämtlicher Justizgewähr ist. Richtig ist auch, dass Art. 19 IV GG eine ausschnittsweise Konkretisierung dessen ist. Der *Unterschied* liegt jedoch in der ausdrücklichen verfassungstextlichen Niederlegung in Art. 19 IV und seiner überlegenen Normstruktur. Ein allgemeiner rechtsstaatlicher Justizgewährleistungsanspruch ist hingegen *nicht* ausdrücklich im Verfassungstext niedergelegt.[127] Art. 19 IV GG war, ist und bleibt damit der *erste Adressat* in Rechtsschutzfragen im Verhältnis des Bürgers zum Staat. Wenn und soweit eine Kontrolle der richterlichen Gewalt erforderlich ist, dann ist diese auch anhand dieser Norm durchzuführen. Damit bleibt festzuhalten, die öffentliche Gewalt in Art. 19 IV GG erfasst jedenfalls neben der staatlichen Exekutiv- auch die Judikativgewalt.[128]

Es verbleibt sodann bei der Frage nach der *staatlichen Legislativgewalt*. Auch insoweit wird der Begriff der öffentlichen Gewalt in Art. 19 IV GG namentlich vom BVerfG eng ausgelegt, um die staatliche Legislativgewalt auszusparen.[129] Vergegenwärtigt man sich an dieser Stelle die Intention der Verfassungsgeber, die die Grundrechte nicht (mehr) als bloße Programmsätze verstanden wissen wollten, ist es nur folgerichtig, die staatliche Legislativgewalt auch in den Anwendungsbereich des Art. 19 IV GG mit einzubeziehen. Die Verbindlichkeitsanordnung

---

123 S.a. *Voßkuhle*, NJW 2003, 2193, 2196 f.

124 So aber BVerfG v. 30.4.2003, 1 PBvU 1/02, BVerfGE 107, 395, 403.

125 S. dazu unter D. III.

126 *Huber*, in: v. Mangoldt/Klein/Starck, GG, Band 1, 6. Auflage, Art. 19 IV Rn. 355 u. Rn. 438 ff. m.w.N. auch zur a.A.

127 Allgemein zum Problem der Verortung des Rechtsstaatsprinzips im Verfassungstext: *Schnapp*, in: von Münch/Kunig, GG, Band 1, 6. Auflage, Art. 20 Rn. 32 ff.

128 Die staatliche Judikativgewalt wird dabei auf der zweiten Stufe der Doppelwirkung des Art. 19 IV GG angesprochen, s. dazu noch unter VI.

129 BVerfG v. 25.6.1968, 2 BvR 251/63, BVerfGE 24, 33, 49; v. 18.12.1968, 1 BvR 638/64 u.a., BVerfGE 24, 367, 401; v. 23.4.1969, 2 BvR 552/63, BVerfGE 25, 352, 365; v. 27.7.1971, 2 BvR 443/70, BVerfGE 31, 364, 367 f.

in Art. 1 III GG ist die entscheidende Weichenstellung. Sie ist eine Absage an die Grundrechte als bloße Programmsätze, die der Gesetzgeber nach eigenem Ermessen aktualisiert oder auch nicht aktualisiert.[130] Die Verfassung muss sodann aber auch ihrerseits dafür Sorge tragen, dass Art. 1 III GG nicht selbst bloßer Programmsatz bleibt. Das kann sie nur gewährleisten, indem sie die staatliche Legislativgewalt in das Individual-Kontrollsystem des Art. 19 IV GG integriert.[131] Auch dem Gesetzgeber sind über Art. 1 III GG subjektiv-öffentliche Grundrechtspositionen vorgegeben, über deren prinzipielle Existenz er nicht zu disponieren vermag.[132] Dies allein kann mit einer auf objektive Überprüfung ausgerichteten Normenkontrolle (s. Art. 93 Nr. 2, 2a GG und Art. 100 I GG)[133] nicht erreicht werden. Folgerichtig ist die auf Individualrechtsschutz ausgerichtete Verfassungsbeschwerde (s. Art. 93 Nr. 4a GG) auch als Rechtsweg im Sinne des Art. 19 IV GG zu erfassen.[134]

IV. Der Primat der Fachgerichtsbarkeit

Unter III. wurde aufgezeigt, dass die staatliche Exekutiv-, Judikativ- wie auch Legislativgewalt jeweils als tatbestandlicher Adressat des Art. 19 IV GG angesprochen werden kann. Demgemäß kann eine subjektiv-öffentliche Grundrechtsposition auch von allen drei Gewalten potentiell verletzt werden, so dass sich das auf Rechtsdurchsetzung zielende Begehren auch gegenüber allen drei Gewalten aktualisieren kann. Der hier interessierende verfassungsrechtliche Streitgegenstand ist in Ansehung der Durchsetzung subjektiv-öffentlicher Grundrechtspositionen also stets in Abhängigkeit zur staatlichen Gewalt zu bestimmen, der das potentielle Verletzungsverhalten in concreto zuzurechnen ist. Art. 19 IV GG gewährleistet sodann eine in richterlicher Unabhängigkeit zu treffende verbindliche Entscheidung über eben diesen Streitgegenstand. Das zur Entscheidung berufene Gericht muss in Bezug auf diesen eine (unmittelbare) Prüfungs- und Verwerfungskompetenz besitzen. Dies vorausgeschickt postuliert das BVerfG sodann aber:

---

130 *Starck*, in: v. Mangoldt/Klein/ders., GG, Band 1, 6. Auflage, Art. 1 III Rn. 261.

131 *Krebs*, in: von Münch/Kunig, GG, Band 1, 6. Auflage, Art. 19 Rn. 62. Eingehend hierzu: *Schenke*, Rechtsschutz bei normativen Unrecht, Habil., 1979, S. 28 ff.

132 *Schenke*, Rechtsschutz bei normativen Unrecht, Habil., 1979, S. 61 f.; *Huber*, in: v. Mangoldt/Klein/Starck, GG, Band 1, 6. Auflage, Art. 19 IV Rn. 434.

133 S. zur Charakterisierung als prinzipales objektives Verfahren bei: *Benda/Klein*, Verfassungsprozessrecht, 3. Auflage, § 21 Rn. 660; § 22 Rn. 662; § 24 Rn. 759.

134 *Schenke*, Rechtsschutz bei normativen Unrecht, Habil., 1979, S. 297 ff.; *Detterbeck*, in: Sachs, GG, 7. Auflage, Art. 93 Rn. 78.

„Rechtsschutz […] ist in erster Linie in der Fachgerichtsbarkeit zu gewähren. Dies gilt grundsätzlich auch insoweit, als die Bürger ihre Rechte zusätzlich mit einer Verfassungsbeschwerde verfolgen können.“[135]

Das BVerfG geht in Ansehung der rechtsprechenden Gewalt in Art. 92 GG vom *Primat der Fachgerichtsbarkeit* und demzufolge von einer Reservefunktion der Verfassungsgerichtsbarkeit als „Hüter der Verfassung“ aus. Dies hat zur Folge, dass der Rechtsschutzsuchende zunächst stets auf den „Umweg“ über die Fachgerichtsbarkeit verpflichtet wird. Gleichzeitig qualifiziert es die Verfassungsbeschwerde als einen außerordentlichen Rechtsbehelf. Diesen erkennt es nicht als Rechtsweg im Sinne des Art. 19 IV GG an. Das BVerfG will Art. 19 IV GG scheinbar allein für die Fachgerichtsbarkeit reservieren.[136] Damit steht der Ansatz des BVerfG dem Befund unter III. entgegen. Gerade dieser sieht sich jedoch in der Pflicht, die umfassende Bindung des Art. 1 III GG zu verteidigen. Geht man hingegen mit dem BVerfG und nimmt die Verfassungsbeschwerde aus dem Anwendungsbereich des Art. 19 IV GG heraus, fällt das einzige Mittel des Individualrechtsschutzes (auch) unmittelbar gegenüber der Legislative aus. In der Folge würde also der Streitgegenstand, der unmittelbar an das Verhalten der Legislative anknüpft, nicht den rechtsstaatlichen Forderungen des Art. 19 IV GG unterworfen. Hierfür ist kein (verfassungsrechtlicher) Grund ersichtlich. Dagegen lassen sich weder der richterrechtlich geprägte Grundsatz der Subsidiarität der Verfassungsbeschwerde noch die Annahmevoraussetzungen des § 93a II BVerfGG ins Feld führen. Vielmehr müssen auch sie sich an Art. 19 IV GG messen lassen.[137]

Akzeptiert man sodann, dass auch die Verfassungsbeschwerde einen Rechtsweg im Sinne des Art. 19 IV GG darstellt, ist dem seitens des BVerfG postulierten Primat der Fachgerichtsbarkeit wie folgt zu begegnen. Erforderlich ist stets eine in richterlicher Unabhängigkeit zu treffende Entscheidung *unmittelbar* in Bezug auf den jeweiligen verfassungsrechtlichen Streitgegenstand. Eine inzidente Prüfung reicht nicht aus. Diese betrifft den Streitgegenstand nur mittelbar, z. B. als Vorfrage. Art. 19 IV GG fordert hingegen eine unmittelbare Befassung.[138] Nur so wird der rechtsstaatlichen Forderung des Art. 19 IV GG in Ansehung aller drei

---

135 BVerfG v. 30.4.2003, 1 PBvU 1/02, BVerfGE 107, 395, 411.

136 S. hierzu: *Huber,* in: v. Mangoldt/Klein/Starck, GG, Band 1, 6. Auflage, Art. 19 IV Rn. 448.

137 Ebenfalls kritisch: *Huber,* in: v. Mangoldt/Klein/Starck, GG, Band 1, 6. Auflage, Art. 19 IV Rn. 448.

138 *Sachs,* in: ders., GG, 7. Auflage, Art. 19 Rn. 135. Zurückhaltender im Zusammenhang mit einer prinzipalen Normenkontrollmöglichkeit: *Schenke,* Rechtsschutz bei normativen Unrecht, Habil., 1979, S. 159 ff.

Gewalten Rechnung getragen. Anderenfalls würde man die Verbindlichkeitsanordnung in Art. 1 III GG, die sich über Art. 19 IV aktualisiert, partiell zugunsten einer staatlichen Gewalt und damit zulasten des Bürgers einschränken. Wird der Streitgegenstand sodann allein von der *Legislative* ausgelöst, greift der Primat der Fachgerichtsbarkeit *nicht.* Der Fachgerichtsbarkeit fehlt hier die Verwerfungskompetenz, die für eine verbindliche Entscheidung erforderlich ist (s. die Wertung in Art. 100 I GG). Die rechtsstaatlich indizierte Aufgabe, über den Streitgegenstand mit Verbindlichkeit zu befinden, ist dem BVerfG zuzuweisen. Der Streitgegenstand kann zudem von der *Exekutive* oder *Judikative* ausgelöst werden, indem diese das abstrakte legislative Verhalten im konkreten Einzelfall umsetzen. Hierbei sind zwei Konstellationen zu unterscheiden. Zunächst kann der Exekutive oder Judikative ein *eigener Spielraum* zustehen, den sie im Rahmen der Umsetzung autonom nutzt. Der Primat der Fachgerichtsbarkeit greift in Ansehung des Umsetzungsspielraums ein. Sie besitzt in diesem Umfang neben der Prüfungs- auch die erforderliche Verwerfungskompetenz (s. den Umkehrschluss aus der Wertung in Art. 100 I GG). Folglich ist die rechtsstaatlich indizierte Aufgabe auch insoweit der Fachgerichtsbarkeit zu zuweisen. Die verschiedenen Streitgegenstände stehen hier nebeneinander. Ist hingegen ein Verhalten der Exekutive oder Judikative *determiniert*, greift der Primat der Fachgerichtsbarkeit nicht ein. Hier geht es im Kern allein um den Streitgegenstand, der losgelöst vom jeweiligen Einzelfall an das Verhalten der Legislative anknüpft. Der Fachgerichtsbarkeit fehlt wiederum die Verwerfungskompetenz. Ein (zwingender) „Umweg" über die Fachgerichtsbarkeit ist verfassungsrechtlich *nicht* vorgegeben. Ein solcher ist stattdessen verfassungsrechtlich zu *rechtfertigen.*

Methodisch lässt sich das Verhältnis von Fach- und Verfassungsgerichtsbarkeit in den aufgezeigten Konstellationen mit den Instituten der verfassungskonformen Auslegung und verfassungskonformen Rechtsfortbildung konturieren. In der Gesamtschau ermöglichen beide Institute einen *verfassungskonformen Rechtsfindungsprozess* durch die Fachgerichtsbarkeit im Einzelfall. Ein solcher Rechtsfindungsprozess findet seine *Grenze* – unabhängig davon, ob er noch innerhalb oder bereits außerhalb der Wortsinngrenze stattfindet – jedenfalls dort, wo das Ergebnis des Prozesses eine *bewusste* (im Ergebnis) verfassungswidrige Entscheidung der Legislative korrigiert.[139] Zur Korrektur eines solchen verfassungswidrigen legislativen Verhaltens ist allein das BVerfG berechtigt und (wie aufgezeigt) über Art. 19 IV GG auch individual-rechtsschützend verpflichtet. Der ggf. zudem von Exekutive oder Judikative im Rahmen der Umsetzung im

139 S. dazu noch unter § 5 D. I.

Einzelfall ausgelöste Streitgegenstand verliert an Bedeutung. Er teilt das (verfassungswidrige) Schicksal des abstrakten legislativen Verhaltens. Ein Primat der Fachgerichtsbarkeit ist hier ausgeschlossen. Bewegt sich der Rechtsfindungsprozess hingegen *innerhalb* dieser Grenze, kann das abstrakte legislative Verhalten grundsätzlich als (im Ergebnis) verfassungskonformes Gesamtprodukt unangetastet bleiben.[140] Es interessiert dann allein der von Exekutive oder Judikative ausgelöste Streitgegenstand und dessen potentielle Verfassungswidrigkeit im Einzelfall. Es verbleibt hier beim Primat der Fachgerichtsbarkeit.

V. Die Vorwirkung in das Verwaltungsverfahren

Die Rechtsfolgenanordnung des formellen Hauptgrundrechts des Art. 19 IV GG entfaltet ihre Zentralwirkung im (öffentlich-rechtlichen) *gerichtlichen* Verfahren.[141] Neben diese Zentralwirkung tritt eine Vorwirkung für das *behördliche* Verfahren. Die unter diesem Topos diskutierten Fragestellungen lassen sich auf den Grundgedanken zurückführen, dem behördlichen Verfahren ein Procedere abzusprechen, dass den (öffentlich-rechtlichen) gerichtlichen Rechtsschutz vereitelt oder unzumutbar erschwert.[142] Art. 19 IV GG entfaltet seine zentrale Wirkung im (öffentlich-rechtlichen) gerichtlichen Verfahren, wenn sich der Bürger durch den Staat in seinen subjektiv-öffentlichen Rechten verletzt fühlt. Der Hauptanwendungsbereich dieser Situation wurzelt im behördlichen Verfahren. Der Bürger fühlt sich durch eine Maßnahme der Exekutive in seinen Rechten verletzt. Das (öffentlich-rechtliche) gerichtliche Kontrollverfahren und der behördliche Auslöser stehen also in einem gewissen Abhängigkeitsverhältnis zueinander. Dort wo das behördliche Verfahren eine Kontrolle erforderlich macht, muss es zugleich dafür Sorge tragen, dass es auch tatsächlich zu dieser Kontrolle kommen kann. Anderenfalls würde die Hauptwirkung des Art. 19 IV GG leerlaufen. Dementsprechend ist die Vorwirkung des Art. 19 IV GG auf das behördliche Verfahren keine eigene Rechtsfigur, sondern nichts anderes, als ein Ausschnitt

---

140 Der Grundsatz erfordert jedoch eine Ausnahme für die Fälle verfassungskonformer Rechtsfortbildung. Die vorgefundene Regelungslücke konnte zwar verfassungskonform ausgefüllt werden, dennoch besteht sie fort. Deshalb interessiert der von der Legislative ausgelöste Streitgegenstand auch neben dem der Exekutive oder Judikative weiterhin.

141 Art. 19 IV GG wird dementsprechend auch als Zentralnorm des Verwaltungsprozesses bezeichnet. So ausdrücklich bei: *Schmidt-Aßmann/Schenk*, in: Schoch/Schneider/Bier, VwGO, Einleitung Rn. 2, Stand 1/2012.

142 Dazu: *Huber*, in: v. Mangoldt/Klein/Starck, GG, Band 1, 6. Auflage, Art. 19 IV Rn. 489 ff.

des Effektivitätspostulats (s. zu dessen Herleitung unter D. I.). Die Vorwirkung ist damit auch nicht auf das behördliche Verfahren beschränkt. Vielmehr wirkt Art. 19 IV GG überall dorthin vor, wo sich der Bürger durch den Staat in seinen Rechten verletzt fühlt; also auch in Verfahren der *Legislative*.

VI. (Verfassungs-) Prozessuale Integration des Art. 19 IV GG in den Kontrollmechanismus

Unter E. wurde aufgezeigt, dass Art. 19 IV GG zweimal nacheinander angesprochen werden kann und auch *seinerseits* kontrollfähig ist (= Doppelwirkung). Der Aspekt der *Doppelwirkung* soll an dieser Stelle erneut aufgegriffen und weiter strukturiert werden. Auf der *ersten Stufe* der Doppelwirkung wird Art. 19 IV GG angesprochen, um ein (materielles) *subjektives Recht* gegenüber der Legislative oder der Exekutive durchzusetzen. Die (ebenfalls) subjektiv- (grund-) rechtliche Rechtsfolgenanordnung des Art. 19 IV GG wird ausgelöst. Aufgrund der Normprägung des Art. 19 IV GG ist zuvorderst die Legislative zu einer einfach-gesetzlichen Ausgestaltung verpflichtet, die den Anforderungen des Art. 19 IV GG in abstrakt-genereller Hinsicht gerecht wird. Die Judikative ist sodann verpflichtet, den Anforderungen des Art. 19 IV GG in konkret-individueller Hinsicht gerecht zu werden, wie sie die einfach-gesetzliche Ausgestaltung anwendet. Neben dieser originär justiziellen Wirkung wirkt Art. 19 IV GG insbesondere auch in das Verwaltungsverfahren vor (s. hierzu unter V.). Dementsprechend ist auch hier zuvorderst die Legislative verpflichtet, eine einfach-gesetzliche Ausgestaltung zu treffen, die in abstrakt-genereller Hinsicht den Anforderungen des Art. 19 IV GG insoweit gerecht wird. Sodann ist auch die Exekutive verpflichtet, den Anforderungen des Art. 19 IV GG insoweit in konkret-individueller Hinsicht gerecht zu werden, wie sie diese einfach-gesetzliche Ausgestaltung anwendet. Auf der *zweiten Stufe* der Doppelwirkung wird Art. 19 IV GG erneut angesprochen, um ein *subjektiv-rechtliches Justizgrundrecht* gegenüber der Legislative oder Judikative bzw. im Rahmen der Vorwirkung auch gegenüber der Exekutive durchzusetzen, das seinerseits auf der ersten Stufe der Rechtsfolgenanordnung des Art. 19 IV GG entnommen wurde. Die subjektiv- (grund-) rechtliche Rechtsfolgenanordnung des Art. 19 IV GG wird dadurch erneut ausgelöst.

Die *Integration* in den Kontrollmechanismus findet sodann auf der *zweiten Stufe* nach folgender Maßgabe statt. Das auf der ersten Stufe der Rechtsfolgenordnung des Art. 19 IV GG entnommene Justizgrundrecht adressiert den Staat in positiver Hinsicht. Die jeweils hierüber angesprochene staatliche Gewalt ist zu einer aktiven Handlung verpflichtet, mittels derer das positive Recht des Bürgers auf justizielle Leistung bedient wird. Der *verfassungsrechtliche Streitgegenstand* setzt sich aus dem potentiell rechtsverletzenden Unterlassen der Legislative oder der Judikative bzw. im Rahmen der Vorwirkung auch der Exekutive und der Behauptung des Bürgers zusammen, dadurch in dem Justizgrundrecht aus Art. 19 IV GG verletzt zu sein. Hinsichtlich des Unterlassens wird eine Differenzierung nach *„echtem“* (= völlige Untätigkeit) und *„unechtem“* (= unzureichende Tätigkeit) Unterlassen angeboten.[143] Der Umstand einer unzureichenden Tätigkeit darf jedoch nicht darüber hinwegtäuschen, dass es sich weiterhin um eine positive Handlungspflicht des Staates handelt, die das korrespondierende Recht des Bürgers bedient. Daher ist auch in dem Fall, dass bereits etwas – wenn auch unzureichendes – existiert, weiterhin von einem jedenfalls partiellen Unterlassen auszugehen. Das unzureichende Tun ist nicht Teil des Streitgegenstandes. Allein das Unterlassen vermag eine potentielle Verletzung des Justizgrundrechts aus Art. 19 IV GG auszulösen und ist deshalb der Anknüpfungspunkt für den Individualrechtsschutz. Die Kassation des unzureichenden staatlichen Tuns befriedigt das Begehren des Bürgers nicht. Dies leistet allein die Erfüllung der Handlungsverpflichtung.[144]

Sind die in Frage kommenden Streitgegenstände sodann identifiziert, ist in Abhängigkeit von der Prüfungs- und Verwerfungskompetenz der *interessierende Streitgegenstand* auszuwählen. Das zu IV. herausgearbeitete Vorgehen gilt hier entsprechend. Wenn ein verfassungskonformer Rechtsfindungsprozess durch die Fachgerichtsbarkeit nicht möglich ist, interessiert allein der durch die *Legislative* ausgelöste Streitgegenstand. Dieser unterfällt nicht dem Primat der Fachgerichtsbarkeit. Dementsprechend steht dem BVerfG hier (d.h. auf der zweiten Stufe der Doppelwirkung) die rechtsstaatlich indizierte Aufgabe zu, über den interessierenden Streitgegenstand in richterlicher Unabhängigkeit mit Verbindlichkeit zu befinden. Ist ein verfassungskonformer Rechtsfindungsprozess durch die Fachgerichtsbarkeit hingegen möglich, interessiert grundsätzlich allein der durch die *Judikative bzw. Exekutive* ausgelöste Streitgegenstand. Der Fachgerichtsbarkeit kommt hier (d.h. auf der zweiten Stufe der Doppelwirkung) die rechtsstaatlich indizierte Aufgabe zu, über den interessierenden Streitgegenstand in richterlicher Unabhängigkeit mit Verbindlichkeit zu befinden. Die Zuständigkeit der jeweiligen Fachgerichtsbarkeit bestimmt sich dabei nach der jeweiligen Fachgerichtsbarkeit bzw. -verwaltung, der das potentiell Art. 19 IV GG verletzende Unterlassen zuzurechnen ist.

---

143 So z. B. die Kategorisierung bei *Bethge*, in: Maunz/Schmidt-Bleibtreu/Klein/ders., BVerfGG, § 90 Rn. 219 ff., Stand 10/2013.

144 Ähnlich: *Cremer*, Freiheitsgrundrechte, Habil., 2003, S. 324 ff. A.A. z. B. bei *Benda/Klein*, Verfassungsprozessrecht, 3. Auflage, § 19 Rn. 564.

§ 3 Der nationale grundrechtliche Justizgewährleistungsanspruch im Mehrebenensystem

A. Das Konkurrenzverhältnis zu Art. 47 I, II GR-Charta

I. Dreistufiges unionales Integrationssystem und Rechtsschutz

Art. 19 IV GG aktualisiert die Verbindlichkeitsanordnung der nationalen Grundrechte in Art. 1 III GG gegenüber der deutschen Staatsgewalt. Der Rechtsprechungsauftrag ist durch nationale Gerichte einzulösen. Sie sind die Inhaber des Rechtsprechungsmonopols im gewaltengeteilten Rechtsstaat. Ist Art. 19 IV GG deshalb für den Rechtsschutz gegenüber der *unionalen Gewalt* (zunächst) ohne Belang?[145] Das BVerfG erkennt dies in seinen Entscheidungen dem Grunde nach an und nimmt unionale Rechtsakte von einer Kontrolle am Maßstab der nationalen Grundrechte aus:

> *„Solange die Europäischen Gemeinschaften, insbesondere die Rechtsprechung des Gerichtshofs der Gemeinschaften einen wirksamen Schutz der Grundrechte gegenüber der Hoheitsgewalt der Gemeinschaften generell gewährleisten, der dem vom Grundgesetz als unabdingbar gebotenen Grundrechtsschutz im wesentlichen gleichzuachten ist, zumal den Wesensgehalt der Grundrechte generell verbürgt, wird das Bundesverfassungsgericht seine Gerichtsbarkeit über die Anwendbarkeit von abgeleitetem Gemeinschaftsrecht, das als Rechtsgrundlage für ein Verhalten deutscher Gerichte oder Behörden im Hoheitsbereich der Bundesrepublik Deutschland in Anspruch genommen wird, nicht mehr ausüben und dieses Recht mithin nicht mehr am Maßstab der Grundrechte des Grundgesetzes überprüfen; entsprechende Vorlagen nach GG Art. 100 Abs 1 sind somit unzulässig.“*[146]

Darüber hinaus erklärt es jedoch auch:

> *„Im Anwendungsbereich des Art. 23 GG schließt Art. 38 GG aus, die durch die Wahl bewirkte Legitimation und Einflußnahme auf die Ausübung von Staatsgewalt durch die*

---

145 So etwa *Huber*, in: v. Mangoldt/Klein/Starck, GG, Band 1, 6. Auflage, Art. 19 IV Rn. 423. Eingehend zur „Europäisierung“ der öffentlichen Gewalt im Sinne des Art. 19 IV GG auch *Dörr*, Der europäisierte Rechtsschutzauftrag deutscher Gerichte, Habil., 2003, S. 178 ff. u. 243 ff.

146 BVerfG v. 22.10.1986, 2 BvR 197/83, BVerfGE 73, 339, LS 2 („Solange II) und damit verbundenen die Abkehr von der entgegenstehenden Ansicht des BVerfGE v. 29.5.1974, 2 BvL 52/71, BVerfGE 37, 271 („Solange I“). Bestätigt von BVerfG v. 7.6.2000, 2 BvL 1/97, BVerfGE 102, 147 („Bananenmarktordnung“).

Verlagerung von Aufgaben und Befugnissen des Bundestages so zu entleeren, daß das demokratische Prinzip, soweit es Art. 79 Abs 3 in Verbindung mit Art. 20 Abs 1 und 2 GG für unantastbar erklärt, verletzt wird."[147]

Die Judikate des BVerfG lassen damit durchaus den Schluss zu, dass der Begriff der öffentlichen Gewalt prinzipiell auch auf die unionale Gewalt zu *erstrecken* ist, hiervon jedoch nur ausnahmsweise Gebrauch gemacht wird.[148] Dogmatisch lässt sich hingegen auch von einer *Ausgrenzung* der unionalen Gewalt ausgehen. Primär knüpfen die Judikate des BVerfG nämlich an nationale Hoheitsakte an. Hierbei handelt es sich um die nach Art. 23 I GG erteilte Integrationsermächtigung zur Übertragung von Hoheitsrechten durch ein nationales Gesetz (s. Art. 23 I 2 GG, s. die Entscheidung „Maastricht") sowie nationale Rechtsakte, die ihre Grundlage im abgeleiteten Unionsrecht finden (s. die Entscheidung „Solange II"). Auf dieser Grundlage gilt es, den Integrationsprozess als Ganzes in den Blick zu nehmen. Dieser ist in *drei Stufen* unterteilt. Auf der ersten Stufe steht das *nationale Integrationsgesetz* als der Wegbereiter der Integration. Erst dieses ermöglicht es der EU auf der zweiten Stufe ein *unionales Integrationsprogramm* zu formulieren. Das Integrationsgesetz stellt als Rechtsanwendungsbefehl den Geltungsgrund für eben dieses Programm. Zugleich gibt es damit den verbindlichen Rahmen des Integrationsprogramms vor, der nicht überschritten werden darf.[149] Hierbei handelt es sich zunächst um einen relativen Rahmen, der sich in Abhängigkeit zur konkret übertragenden Hoheitsmacht bestimmt. Darüber hinaus existiert ein absoluter Rahmen als Maßgabe eines delegationsfesten Kernbestands des nationalen Grundgesetzes (s. die Wertung in Art. 23 I 3 GG). Innerhalb dieser Grenzziehung kommt der EU ein Spielraum zu, wie sie das Integrationsprogramm mit eigenen unionalen Rechtsakten ausformt. Hierbei hat sie die Möglichkeit, eine verbindliche Direktive an die Mitgliedstaaten auszugeben, die von diesen auf einer dritten Stufe umzusetzen oder anzuwenden ist (= *nationale Integrationsmaßnahme*). Hierzu kann sie zum einen einen determinierten unionalen Rechtsakt vorgeben, so dass dem Mitgliedstaat kein eigener Umsetzungs- bzw. Anwendungsspielraum zusteht. Zum anderen kann sie aber

---

147 BVerfG v. 12.10.1993, 2 BvR 2134/92 u.a., BVerfGE 89, 155, LS 1 („Maastricht"). Bestätigt und konkretisiert durch BVerfG v. 30.6.2009, 2 BvE 2/08 u.a., BVerfGE 123, 267 („Lissabon") u. v. 6.7.2010, 2 BvR 2661/06, BVerfGE 126, 286 („Mangoldt").

148 So wohl auch das BVerfG selbst v. 12.10.1993, 2 BvR 2134/92 u.a., BVerfGE 89, 155, 175 („Maastricht") in Abkehr von BVerfG v. 23.6.1981, 2 BvR 1107/77 u.a., BVerfGE 58, 1, 27 („Eurocontrol").

149 BVerfG v. 30.6.2009, 2 BvE 2/08 u.a., BVerfGE 123, 267, LS 4.

auch einen nicht determinierten unionalen Rechtsakt vorgeben, so dass dem Mitgliedstaat ein eigener Umsetzungs- bzw. Anwendungsspielraum zusteht.

Legt man diese Stufung der Judikatur des BVerfG zugrunde, lässt sich an einer prinzipiellen *Beschränkung* des Begriffes der öffentlichen Gewalt auf die *nationale* öffentliche Gewalt mit folgender Maßgabe festhalten. Innerhalb des von Art. 23 I GG eröffneten *Integrationsprogramms* ist die Union nicht an das nationale Grundgesetz und damit auch nicht an die nationalen Grundrechte gebunden (= Anwendungsvorrang des Unionsrechts). Insoweit entscheidet der EuGH abschließend über die Auslegung des unionalen Integrationsprogramms (s. Art. 267 I AEUV). Dies schließt die Überprüfung des abgeleiteten Unionsrechts auf dessen Übereinstimmung mit dem primären Unionsrecht ein. Zusätzlich hat das BVerfG sodann solche *nationalen Rechtsakte* vom Prüfungsprogramm des nationalen Grundgesetzes und damit auch der Grundrechte zu suspendieren, die *ohne eigenen Spielraum* eine (determinierte) unionale Direktive umsetzen bzw. anwenden. De facto interessiert hier nicht der nationale Rechtsakt, sondern allein der unionale. In Ermangelung eines Umsetzungs- bzw. Anwendungsspielraums teilt der nationale zwangsläufig das Schicksal des unionalen. Ein nationales (Fach-) Gericht legt die Rechtsfrage nach Maßgabe des Art. 267 II bzw. III AEUV und vorbehaltlich der sog. acte-clair Doktrin dem EuGH vor. Das Prüfungsprogramm des nationalen Grundgesetzes und damit auch der nationalen Grundrechte ist hingegen zu aktivieren, wenn es nicht (mehr) um die unionale Ausgestaltung innerhalb der durch das Integrationsprogramm von Art. 23 I GG eröffneten Grenzen geht, sondern wenn und soweit eine Überschreitung dieser Grenzen im Raum steht. Die Prärogative zur Feststellung eines Überschreitens der relativen wie auch absoluten Grenze liegt beim BVerfG. Im Kern geht es hier um die Überprüfung der im *Integrationsgesetz* formulierten Delegationsweite in Ansehung des Art. 23 I GG und damit um die Prüfung legislativen Verhaltens am Maßstab des Grundgesetzes. Insoweit steht die Kompetenz zur verbindlichen Entscheidung (allein) dem BVerfG zu. Das unionale Verhalten tritt dahinter zurück. Dessen Schicksal ist abhängig vom Integrationsgesetz. Ist das unionale Verhalten von einer zulässigen Delegationsweite des Integrationgesetzes gedeckt, ist es seinerseits auch legitimiert, andernfalls nicht. Dem „Kooperationsverhältnis“[150] von BVerfG und EuGH entspricht es sodann aber, dass das BVerfG dem EuGH über Art. 267 AEUV zunächst die Möglichkeit zur

150 BVerfG v. 12.10.1993, 2 BvR 2134/92 u.a., BVerfGE 89, 155, 175.

Stellungnahme gibt. Gleiches gilt auch für die Fachgerichtsbarkeit, bevor sie ein Verfahren nach Art. 100 I GG (analog) anstößt.[151]

Unbeantwortet geblieben ist damit bisher die Frage, ob das Prüfungsprogramm des nationalen Grundgesetzes und damit auch der nationalen Grundrechte gegenüber einem *nationalen Rechtsakt* zur Anwendung kommt, der eine (nicht determinierte) unionale Direktive mit einem *eigenen Umsetzungs- bzw. Anwendungsspielraum* belegt. Damit ließe sich in Ansehung des Umsetzungs- bzw. Anwendungsspielraums prinzipiell das nationale wie auch das unionale Prüfungsprogramm in Stellung bringen.[152] Greift man hingegen die Position der nationalen Integrationsmaßnahme auf und versteht das Kooperationsverhältnis von BVerfG und EuGH nicht nur einseitig zulasten des BVerfG, ist von Folgendem auszugehen. Die nationale Integrationsmaßnahme steht auf der dritten Stufe des Integrationssystems. Sie ist dem nationalen Integrationsgesetz wie auch dem unionalen Integrationsprogramm nachgeordnet. Im Rahmen dieses dreistufigen Systems ist bereits einmal ein Spielraum identifiziert worden; namentlich der Spielraum zugunsten der Union, der ihr über das nationale Integrationsprogramm vermittelt wird. Innerhalb der Grenzen dieses Spielraums entscheidet allein der EuGH über die Auslegung des Integrationsprogramms und damit auch auf die Vereinbarkeit mit unionalem Primärrecht. Überträgt man diesen Gedanken nun auf die nachgeordnete Stufe der nationalen Integrationsmaßnahme, ist es folgerichtig, den dortigen Spielraum allein dem nationalen Prüfungsprogramm zuzuweisen. Hier wie dort ermöglicht das Integrationssystem dem Adressaten einen Spielraum, den er autonom bedient. Wenn das BVerfG sodann auf der einen Seite das nationale Prüfungsprogramm in Ansehung eines determinierten nationalen Aktes nicht ausübt (bzw. in Ansehung des unionalen Integrationsprogramms nicht ausüben kann), wird der EuGH über das ihn mit dem BVerfG verbindende Kooperationsverhältnis dazu angehalten, in Ansehung eines nicht determinierten nationalen Aktes seinerseits das unionale Prüfprogramm nicht auszuüben.[153] Die Zurückdrängung des unionalen Programms gereicht jedoch folgerichtig dort an seine Grenze, wo die nationale

---

151 So geschehen BVerfG v. 14.1.2014, 2 BvE 13/13, BVerfGE 134, 366 – Antwort des EuGH v. 16.6.2015, C-62/14, NJW 2015, 2013 – Sodann die Entscheidung des BVerfG v. 21.6.2016, 2 BvR 2728/13 u.a., NJW 2016, 2473.

152 Für die Charta der Grundrechte der Union als Teil des Primärrechts: *Jarass*, GR-Charta, 3. Auflage, Art. 53 Rn. 28 m.w.N.

153 Mit der Struktur des Integrationssystems ließe sich im nicht determinierten Bereich auch eine Freizeichnung vom Anwendungsvorrang des Unionsrechts unter gleichzeitigem Wegfall der Bindung an das Unionsrecht begründen. Damit könnte der EuGH

Integrationsmaßnahme den Spielraum des unionalen Integrationsprogramms zu übertreten droht.[154] Bei diesbezüglichen Zweifeln legt ein nationales (Fach-) Gericht dem EuGH diese Frage nach Maßgabe des Art. 267 II bzw. III AEUV und vorbehaltlich der sog. acte-clair Doktrin vor.

II. Wesen der Charta der Grundrechte

Die Charta der Grundrechte der Union ist durch die Ratifizierung des Vertrags von Lissabon m. W. z. 1.12.2009 als Teil des Primärrechts (s. Art. 6 I EUV) in Verbindlichkeit erwachsen. Weithin macht die Charta nur die Grundrechte sichtbar, die vorher bereits als allgemeine Rechtsgrundsätze galten.[155] Historisch wurde zur Begründung jener ungeschriebenen Grundsätze auf die gemeinsame Verfassungstradition der Mitgliedstaaten sowie auf völkerrechtliche Verträge zum Schutze der Menschenrechte, insbesondere auf die EMRK, hingewiesen. Infolgedessen ist die inhaltliche Ausgestaltung der Charta in hohem Maße von der EMRK beeinflusst worden. Die EMRK ist deshalb die wichtigste Rechtserkenntnisquelle für die Charta.[156]

III. Der unionale grundrechtliche Justizgewährleistungsanspruch

Art. 47 I, II GR-Charta enthält den *unionalen* grundrechtlichen Justizgewährleistungsanspruch zur Durchsetzung des gesamten Unionsrechts und damit auch der unionalen Grundrechte.[157] Die Charta-Erläuterungen stützen Art. 47

---

insoweit das unionale Prüfprogramm gar nicht erst ausüben. So auch *Kirchhof*, NJW 2011, 3681, 3686.

154 Der dargestellte Mechanismus entspricht einer Übertragung des Gedankens aus der Solange II Entscheidung des BVerfG unter Umkehr der Vorzeichen auf die Rechtsprechungstätigkeit des EuGH. So auch *Kirchhof*, NJW 2011, 3681, 3686.

155 Dazu: *Jarass*, GR-Charta, 3. Auflage, Einleitung, passim. Dort auch zum Verhältnis gegenüber sonstigem Primärecht und deren Abgrenzung im Allgemeinen sowie gegenüber den weiterhin geltenden Rechtsgrundsatz-Grundrechten im Speziellen. Zu Rechtsschutzmöglichkeiten im Zusammenhang mit GR-Charta-Verstößen: *Ehlers*, in: ders., EuGR, 4. Auflage, § 14 Rn. 120 ff.

156 Die Eigenschaft einer echten verbindlichen Rechtsquelle würde ihr zukommen, sobald die Union ihrer Beitrittsverpflichtung aus Art. 6 II EUV nachkommt. Dazu: *Jarass*, GR-Charta, 3. Auflage, Einleitung Rn. 44 ff.

157 *„Jede Person, deren durch das Recht der Union garantierte Rechte oder Freiheiten verletzt worden sind, hat das Recht, nach Maßgabe der in diesem Artikel vorgesehenen Bedingungen bei einem Gericht einen wirksamen Rechtsbehelf einzulegen."* (Abs. 1).

I GR-Charta auf Art. 13 EMRK und Art. 47 II GR-Charta auf Art. 6 I EMRK.[158] Art. 47 I GR-Charta gewährleistet dabei jedoch anders als Art. 13 EMRK stets einen gerichtlichen Rechtsbehelf und Art. 47 II GR-Charta verzichtet auf die in Art. 6 I EMRK enthaltene Beschränkung auf zivilrechtliche Ansprüche/Verpflichtungen bzw. strafrechtliche Anklagen. Dogmatisch sind Art. 47 I, II (und auch III) GR-Charta als einheitliches Grundrecht zu lesen.[159] Die Verknüpfung der Absätze zu einem einheitlichen Grundrecht findet ihre Stütze im Wortlaut. In Art. 47 I GR-Charta heißt es, dass jede Person *„nach Maßgabe der in diesem Artikel vorgesehenen Bedingungen"* bei einem Gericht einen wirksamen Rechtsbehelf einlegen kann. Zu den in diesem Artikel (= Art. 47) vorgesehenen Bedingungen zählen dann folgerichtig auch die in Art. 47 II GR-Charta benannten Einzelrechte. In systematischer Hinsicht gewährleistet Art. 47 I GR-Charta dabei unter dem wertungsoffenen und konkretisierungsfähigen *„Leitbegriff der Wirksamkeit"* einen effektiven gerichtlichen Rechtsschutz.[160] Der Wirksamkeitsbegriff fordert neben dem (expressis verbis) in Art. 47 I GR-Charta aufgeführten Erfordernis der gerichtlichen Rechtswegeröffnung weitere justizielle Rechte. Hierzu sind in Art. 47 II GR-Charta (expressis verbis und nicht abschließend) das allgemeine (seinerseits wertungsoffene und konkretisierungsfähige) Postulat der *Verfahrensfairness* sowie spezielle *Einzelrechte* verbürgt.[161] Ein Rückgriff auf das in Art. 47 I GR-Charta normierte Wirksamkeitspostulat ist außerhalb des ausdrücklichen Regelungskanons in Art. 47 II GR-Charta weiterhin möglich.[162]

„Jede Person hat ein Recht darauf, dass ihre Sache von einem unabhängigen, unparteiischen und zuvor durch Gesetz errichteten Gericht in einem fairen Verfahren, öffentlich und innerhalb angemessener Frist verhandelt wird. Jede Person kann sich beraten, verteidigen und vertreten lassen." (Abs. 2).

158 Die Erläuterungen sind abgedruckt in ABl. 2007 C 303/29 f.

159 *Jarass,* Charta der Grundrechte, 3. Auflage, Art. 47 Rn. 2; *ders.*, NJW 2011, 1393 m.w.N. auch zur a.A.

160 *Blanke,* in: Calliess/Ruffert, EUV/AEUV, 4. Auflage, Art. 47 Rn. 1.

161 *Blanke,* in: Calliess/Ruffert, EUV/AEUV, 4. Auflage, Art. 47 Rn. 1.

162 Darüber hinaus scheint es jedenfalls nicht ausgeschlossen, auch den materiellen Charta-Grundrechten (zusätzlich) bereichsspezifische justizielle Gewährleistungen zu entnehmen, s. bei *Ehlers,* in: ders., EuGR, 4. Auflage, § 14 Rn. 47. Zur Auflösung des Spannungsverhältnisses lässt sich an die im Zusammenhang mit Art. 19 IV GG herausgearbeiteten Überlegungen anknüpfen. Anknüpfungspunkte für die parallele Abbildung materieller Hauptgrundrechte des Steuerrechts finden sich in dem Eigentumsrecht in Art. 17 GR-Charta und in dem Gleichheitssatz des Art. 20 GR-Charta. Eingehend zu deren steuerrechtlichen Bedeutung *Ohlendorf,* Grundrechte als Maßstab des Steuerrechts in der Europäischen Union, Diss., 2015, S. 213 ff. u. 373 ff.

IV. Das Verhältnis zum nationalen Justizgewährleistungsanspruch

Wie Art. 19 IV GG die Verbindlichkeitsanordnung des Art. 1 III GG in Ansehung der deutschen Staatsgewalt zugunsten der nationalen Grundrechte aktualisiert, so aktualisiert Art. 47 I, II GR-Charta die Verbindlichkeitsanordnung in Art. 51 I GR-Charta zugunsten der unionalen Grundrechte. Ein *Konkurrenzverhältnis* des nationalen Justizgewährleistungsanspruchs in Art. 19 IV GG zum unionalen in Art. 47 I, II GR-Charta entsteht sodann, weil die Verbindlichkeitsanordnung der Charta in Art. 51 I 1 GR-Charta neben den Organen, Einrichtungen und sonstigen Stellen der Union auch die Mitgliedsstaaten bei der *„Durchführung des Rechts der Union"* binden. Prinzipiell ist der Mitgliedstaat damit partiell neben den nationalen Grundrechten *zusätzlich* auch an die unionalen Grundrechte gebunden.[163] Gleichwohl konnte unter I. für das gesamte unionale Prüfungsprogramm bereits aufgezeigt werden, dass *nicht determinierte* nationale Integrationsmaßnahmen in Ansehung ihres Umsetzungs- bzw. Anwendungsspielraums vom Prüfungsprogramm des Unionrechts freizustellen sind und allein das nationale grundgesetzliche Prüfungsprogramm in Stellung zu bringen ist. Die Charta-Grundrechte sind als Primärrecht Teil des unionalen Prüfungsprogramms. Die Freistellung gilt folglich auch bereichsspezifisch für die unionalen Grundrechte.[164] *Durchführung* im Sinne des Art. 51 I 1 GR-Charta kommt damit von vorneherein nur im Zusammenhang mit *determinierten* nationalen Integrationsmaßnahmen in Betracht.[165] Allein für diesen Bereich kommt es überhaupt auf die (streitige) Auslegung des Durchführungsbegriffs an.[166]

Vor diesem Hintergrund ist auch die prominente Entscheidung des EuGH in der Rechtssache *Akerberg Fransson*[167] sowie die Reaktion des BVerfG in

---

163 Zu den Problemen einer Doppelbindung für die Adressaten: *Kingreen*, JURA 2014, 295, 302.

164 Die sog. ERT-Rechtsprechung des EuGH v. 18.6.1991, C-260/89, Slg I-2915 (= Berücksichtigung der GR-Charta im Rahmen der Rechtfertigung einer Grundfreiheitenbeschränkung) kann damit nicht übernommen werden. M.E. hätte dieser Gedanke bereits entsprechend im Zusammenhang mit den Rechtsgrundsatz-Grundrechten zur Anwendung kommen müssen. Die sog. ERT-Rechtsprechung knüpft an die Rechtfertigung einer Grundfreiheitenbeschränkung an. Die Berufung auf die Rechtfertigungsgründe der Grundfreiheiten erfolgt jedoch unter Rekurs auf primärrechtlich anerkannte Entscheidungsspielräume der Mitgliedstaaten. Ebenfalls kritisch: *Huber*, NJW 2011, 2385, 2386 f.; *Cremer*, NvWZ 2003, 1452, 1455.

165 So auch *Cremer*, EuGRZ 2011, 545, 550 m.w.N.

166 S. hierzu die Nachweise bei *Ehlers*, in: ders., EuGR, 4. Auflage, § 14 Rn. 64 ff.

167 EuGH v. 26.2.2013, C-617/10, NVwZ 2013, 561.

der Entscheidung zur *Antiterrordatei*[168] zu lesen. In der Rechtssache Akerberg Fransson v. 26.2.2013 hatte der Gerichtshof im Kontext eines Strafverfahrens wegen Umsatzsteuerhinterziehung über die Frage zu befinden, ob der im schwedischen Recht vorgesehene Dualismus von strafrechtlicher Verantwortlichkeit und Festsetzung eines Steuerzuschlags zu einer unzulässigen Doppelbestrafung (s. Art. 50 GR-Charta) führt. Hierzu musste jedoch zunächst über die Anwendungsbestimmung des Art. 51 I 1 GR-Charta befunden werden. Der EuGH führt hier zu der von Art. 51 I 1 GR-Charta geforderten Durchführung von Unionsrecht aus:

> *„Aus der ständigen Rechtsprechung des Gerichtshofs ergibt sich im Wesentlichen, dass die in der Unionsrechtsordnung garantierten Grundrechte in allen unionsrechtlich geregelten Fallgestaltungen, aber nicht außerhalb derselben Anwendung finden. Insoweit hat der Gerichtshof bereits festgestellt, dass er eine nationale Rechtsvorschrift nicht im Hinblick auf die Charta beurteilen kann, wenn sie nicht in den Geltungsbereich des Unionsrechts fällt. Sobald dagegen eine solche Vorschrift in den Geltungsbereich des Unionsrechts fällt, hat der im Rahmen eines Vorabentscheidungsersuchens angerufene Gerichtshof dem vorlegenden Gericht alle Auslegungshinweise zu geben, die es benötigt, um die Vereinbarkeit dieser Regelung mit den Grundrechten beurteilen zu können, deren Wahrung er sichert [m.w.N.].*
>
> *Diese Definition des Anwendungsbereichs der Grundrechte der Union wird durch die Erläuterungen zu Art. 51 der Charta bestätigt, die gemäß Art. 6 Abs. 1 Unterabs. 3 EUV und Art. 52 Abs. 7 der Charta für deren Auslegung zu berücksichtigen sind [m.w.N.]. Gemäß diesen Erläuterungen ‚[gilt d]ie Verpflichtung zur Einhaltung der im Rahmen der Union definierten Grundrechte für die Mitgliedstaaten … nur dann, wenn sie im Anwendungsbereich des Unionsrechts handeln'.*
>
> *[…]*
>
> *Vorliegend ist zunächst festzustellen, dass die gegen Herrn Åkerberg Fransson festgesetzten steuerlichen Sanktionen und das gegen ihn eingeleitete Strafverfahren teilweise im Zusammenhang mit der Nichteinhaltung von Mitteilungspflichten auf dem Gebiet der Mehrwertsteuer stehen.*
>
> *In Bezug auf die Mehrwertsteuer geht zum einen aus den Art. 2, 250 Abs. 1 und 273 der Richtlinie 2006/12/EG*[169] *des Rates vom 28. November 2006 über das gemeinsame Mehrwertsteuersystem […] und zum anderen aus Art. 4 Abs. 3 EUV hervor, dass jeder Mitgliedstaat verpflichtet ist, alle Rechts- und Verwaltungsvorschriften zu erlassen, die geeignet sind, die Erhebung der gesamten in seinem Hoheitsgebiet geschuldeten Mehrwertsteuer zu gewährleisten und den Betrug zu bekämpfen [m.w.N.].*

---

168 BVerfG v. 24.4.2013, 1 BvR 1215/07, BVerfGE 133, 277.

169 Hier muss es richtigerweise heißen: Richtlinie 2006/112/EG.

Außerdem sind die Mitgliedstaaten nach Art. 325 AEUV verpflichtet, zur Bekämpfung von rechtswidrigen Handlungen, die sich gegen die finanziellen Interessen der Union richten, abschreckende und wirksame Maßnahmen zu ergreifen, insbesondere müssen sie zur Bekämpfung von Betrug, der sich gegen die finanziellen Interessen der Union richtet, dieselben Maßnahmen ergreifen wie zur Bekämpfung von Betrug, der sich gegen ihre eigenen finanziellen Interessen richtet [m.w.N.]. Da die Eigenmittel der Union [...] u. a. die Einnahmen umfassen, die sich aus der Anwendung eines einheitlichen Satzes auf die nach den Unionsvorschriften bestimmte einheitliche Mehrwertsteuer-Eigenmittelbemessungsgrundlage ergeben, besteht ein unmittelbarer Zusammenhang zwischen der Erhebung der Mehrwertsteuereinnahmen unter Beachtung des einschlägigen Unionsrechts und der Zurverfügungstellung entsprechender Mehrwertsteuermittel für den Haushalt der Union, da jedes Versäumnis bei der Erhebung Ersterer potenziell zu einer Verringerung Letzterer führt [m.w.N.].

Folglich sind steuerliche Sanktionen und ein Strafverfahren wegen Steuerhinterziehung wegen unrichtiger Angaben zur Mehrwertsteuer, wie im Fall des Angeklagten des Ausgangsverfahrens, als Durchführung von Art. 2, Art. 250 Abs. 1 und Art. 273 der Richtlinie 2006/112 (früher Art. 2 und 22 der Richtlinie 77/388) sowie von Art. 325 AEUV und somit als Durchführung des Unionsrechts im Sinne von Art. 51 Abs. 1 der Charta anzusehen.

Die Tatsache, dass die nationalen Rechtsvorschriften, die den steuerlichen Sanktionen und dem Strafverfahren zugrunde liegen, nicht zur Umsetzung der Richtlinie 2006/112 erlassen wurden, vermag dieses Ergebnis nicht in Frage zu stellen, da durch ihre Anwendung ein Verstoß gegen die Bestimmungen dieser Richtlinie geahndet und damit die den Mitgliedstaaten durch den Vertrag auferlegte Verpflichtung zur wirksamen Ahndung von die finanziellen Interessen der Union gefährdenden Verhaltensweisen erfüllt werden soll.“[170]

Unter Zugrundelegung der zu den allgemeinen Rechtsgrundsatz-Grundrechten entwickelten und auf die Charta-Grundrechte übertragenen Anwendungs-Rechtsprechung spricht der Gerichtshof eine Verpflichtung der Mitgliedstaaten zur Einhaltung der Charta gem. Art. 51 I 1 GR-Charta aus, wenn diese im *Anwendungsbereich des Unionsrechts* handeln.[171] Dabei geht der EuGH in dem entschiedenen Fall davon aus, dass ein innerstaatlicher Rechtsakt bereits dann der durch Art. 51 I 1 GR-Charta ausgesprochenen Bindungswirkung unterliegt, wenn dieser in einem sachlichen Zusammenhang mit Unionsrecht steht. Einen sachlichen Zusammenhang nimmt der Gerichtshof sodann bei verfahrensrechtlichen Maßnahmen an, die dem effektiven Vollzug der sekundärrechtlich harmonisierten Mehrwertsteuer zu dienen bestimmt sind, sowie aufgrund der EU-haushaltsrechtlichen Relevanz derartiger Maßnahmen.[172]

---

170 EuGH v. 26.2.2013, C-617/10, NVwZ 2013, 561.

171 *Ehlers*, in: ders., EuGR, 4. Auflage, § 14 Rn. 69.

172 *Ehlers*, in: ders., EuGR, 4. Auflage, § 14 Rn. 69.

Die Einordnung des Judikats durch das BVerfG musste nicht lange auf sich warten lassen. Im Zusammenhang mit der Entscheidung zur Antiterrordatei vom 24.4.2013 sah sich das BVerfG nicht zur Einleitung eines Vorabentscheidungsverfahrens vor dem EuGH veranlasst, obwohl der streitgegenständliche Legislativakt zur Regelung der Antiterrordatei teilweise Regelungsbereiche des Unionsrechts berührte. Der durch Art. 51 I 1 GR-Charta ausgesprochene Anwendungsbereich wird mit der Maßgabe verneint, dass nicht schon jeder sachliche Bezug einer Regelung zum bloß abstrakten Anwendungsbereich des Unionsrechts oder rein tatsächliche Auswirkungen auf dieses ausreichen. Vielmehr fänden die in der Charta normierten Grundrechte nur in *unionsrechtlich geregelten Fallgestaltungen*, aber nicht außerhalb derselben Anwendung. Bezugnehmend auf die Entscheidung des EuGH äußert sich das BVerfG sodann wie folgt:

> *„Der Europäische Gerichtshof ist danach für die aufgeworfenen – ausschließlich die deutschen Grundrechte betreffenden – Fragen nicht gesetzlicher Richter im Sinne des Art. 101 Abs. 1 GG. Nichts anderes kann sich aus der Entscheidung des EuGH in der Rechtssache Åkerberg Fransson (EuGH, Urteil vom 26. Februar 2013, C-617/10) ergeben. Im Sinne eines kooperativen Miteinanders zwischen dem Bundesverfassungsgericht und dem Europäischen Gerichtshof [m.w.N.] darf dieser Entscheidung keine Lesart unterlegt werden, nach der diese offensichtlich als Ultra-vires-Akt zu beurteilen wäre oder Schutz und Durchsetzung der mitgliedstaatlichen Grundrechte in einer Weise gefährdete (Art. 23 Abs. 1 Satz 1 GG), dass dies die Identität der durch das Grundgesetz errichteten Verfassungsordnung in Frage stellte [m.w.N.]. Insofern darf die Entscheidung nicht in einer Weise verstanden und angewendet werden, nach der für eine Bindung der Mitgliedstaaten durch die in der Grundrechtecharta niedergelegten Grundrechte der Europäischen Union jeder sachliche Bezug einer Regelung zum bloß abstrakten Anwendungsbereich des Unionsrecht oder rein tatsächliche Auswirkungen auf dieses ausreiche. Vielmehr führt der Europäische Gerichtshof auch in dieser Entscheidung ausdrücklich aus, dass die Europäischen Grundrechte der Charta nur in ‚unionsrechtlich geregelten Fallgestaltungen, aber nicht außerhalb derselben Anwendung finden‘ (EuGH, Urteil vom 26. Februar 2013, C-617/10, Rn. 19).“*[173]

Das BVerfG verlangt zurecht mehr als irgendeinen losen sachlichen Zusammenhang bzw. Bezug zum Unionsrecht, indem das Postulat einer unionsrechtlich geregelten Fallgestaltung herausgestellt wird. Anderenfalls bestünde die Gefahr, dass sich ein irgendwie gearteter abstrakter Bezug vielerorts in den Fall hineinlesen ließe.[174] *Erforderlich* ist daher ein konkreter Bezug zu einer normativen

---

173 BVerfG v. 24.4.2013, 1 BvR 1215/07, BVerfGE 133, 277, 316.

174 Dies bestätigt der Fall Akerberg Fransson. Übernimmt man die Argumentation des EuGH, der hier (auch) auf die haushaltsrechtliche Relevanz des Vollzugs der harmonisierten Mehrwertsteuer abstellt, ließe sich letztlich jeder nationale Vollzug dem Durchführungsbegriff zuweisen. Denn jede nationale Vollzugsmaßnahme dient der

Grundlage des unionalen Integrationsprogramms, die die innerstaatliche Integrationsmaßnahme in Bezug auf die konkrete Fallgestaltung determiniert. Hiervon zu *separieren* ist die Konstellation, die als Reflex einen abstrakten Bezug zum Unionsrecht aufweist. Exemplarisch lässt sich dies in Übereinstimmung mit dem BVerfG wie folgt verdeutlichen:

> „*Auch sonst ist die Einrichtung und Ausgestaltung der Antiterrordatei nicht durch Unionsrecht determiniert. Insbesondere gibt es keine unionsrechtliche Bestimmung, die die Bundesrepublik Deutschland zur Einrichtung einer solchen Datei verpflichtet, sie daran hindert oder ihr diesbezüglich inhaltliche Vorgaben macht. Das Antiterrordateigesetz verfolgt vielmehr innerstaatlich bestimmte Ziele, die das Funktionieren unionsrechtlich geordneter Rechtsbeziehungen nur mittelbar beeinflussen können, was für eine Prüfung am Maßstab unionsrechtlicher Grundrechtsverbürgungen nicht genügt [m.w.N.]. Eine Anwendbarkeit der Unionsgrundrechte scheidet damit von vornherein aus.*“[175]

Nach alledem ist damit festzuhalten, dass die Durchführung im Sinne des Art. 51 I 1 GR-Charta ausschließlich *determinierte* nationale Integrationsmaßnahmen anspricht, die das unionale Integrationsprogramm unmittelbar auf nationaler Ebene umsetzen bzw. anwenden.[176]

Für die *Auflösung des Konkurrenzverhältnisses* des nationalen Justizgewährleistungsanspruch in Art. 19 IV GG zum unionalen in Art. 47 I, II GR-Charta ist somit von Folgendem auszugehen. Der Justizgewährleistungsanspruch aktualisiert die Verbindlichkeitsanordnung, indem das Recht an sich mit dem Recht zur Durchsetzung verknüpft wird. Das Konkurrenzverhältnis bedient also zwei Anknüpfungspunkte. Der erste Anknüpfungspunkt ist das Recht an sich. Ob ein solches Recht jedoch im obigen Sinne determiniert oder nicht determiniert ist, spielt für den Justizgewährleistungsanspruch keine Rolle. Er regelt die prozessuale Durchsetzung und ist damit unabhängig von einer etwaigen Determinierung

---

Erhebung und Sicherung der (harmonisierten) Mehrwertsteuer und zeitigt damit über den Mehrwertsteuer-Eigenmittelbeitrag eu-haushaltsrechtliche Relevanz.

175 BVerfG v. 24.4.2013, 1 BvR 1215/07, BVerfGE 133, 277, 315. Auch der EuGH hat sich sodann in seinen Entscheidungen vom 6.3.2014, C-206/13, NVwZ 2014, 575 sowie vom 10.7.2014, C-198/13, EuZW 2014, 795 in Ansehung des Durchführungsbegriffs zugunsten eines hinreichenden Zusammenhangs von einem gewissen Grad, der darüber hinausgeht, dass die fraglichen Sachbereiche benachbart sind oder eine von ihnen mittelbare Auswirkungen auf den anderen haben kann, positioniert. Ob damit jedoch tatsächliche (erneut) eine Kehrtwende vollzogen wurde bleibt abzuwarten.

176 Eine derartige (klare) Abgrenzung macht die Anwendung der sog. Schutzniveau-Klausel des Art. 53 GR-Charta und die damit verbundenen Auslegungsprobleme in diesen Fällen hinfällig. S. hierzu bei: *Jarass*, Charta der Grundrechte, 3. Auflage, Art. 53 Rn. 22 ff.

des Rechts an sich als dessen Verwirklichungsmodus grundsätzlich dem nicht determinierten Bereich zuzuweisen.[177] Eine Ausnahme hiervon greift jedoch dann Platz, wenn die prozessuale Durchsetzung als zweiter Anknüpfungspunkt selbst determiniert ist. Denkbar wäre hier z. B. ein unionaler Rechtsakt, der den Mitgliedstaat ohne eigenen Spielraum zur Implementierung eines bestimmten prozessualen Verfahrens verpflichtet. Dementsprechend ist das Konkurrenzverhältnis grundsätzlich und unter Vorbehalt einer expliziten determinierenden Regelung im unionalen Integrationsprogramm zugunsten des Art. 19 IV GG aufzulösen. Dies entspricht der bereits unter I. herausgearbeiteten Stellung des Art. 19 IV im Mehrebenensystem unter Berücksichtigung eines dreistufigen Integrationssystems.

B. Das Ergänzungs- und Subsidiaritätsverhältnis zu Art. 6 I, 13 EMRK

I. Wesen der EMRK

Die EMRK ist ein multinationaler völkerrechtlicher Vertrag. Im Vertragsstaat BRD bekleidet die EMRK samt ihrer Zusatzprotokolle den Rang eines einfachen Bundesgesetzes, indem der Bundesgesetzgeber durch förmliches Gesetz gem. Art. 59 II GG seine Zustimmung zum Vertrag erteilt hat. Mit den Worten des BVerfG hat der Bundesgesetzgeber die EMRK *„in das deutsche Recht transformiert und einen entsprechenden Rechtsanwendungsbefehl erteilt“*.[178] Die EMRK steht damit rein *rechtlich* nicht über dem einfachen Gesetzesrecht, sondern als einfaches Gesetzesrecht mit dem übrigen prinzipiell auf einer Stufe.[179] Gleichwohl weist das BVerfG der EMRK rein *faktisch* einen Übergesetzesrang zu:

> *„[Die Zuweisung in den Rang eines einfachen Bundesgesetzes] führt dazu, dass deutsche Gerichte die Konvention wie anderes Gesetzesrecht des Bundes im Rahmen methodisch vertretbarer Auslegung zu beachten und anzuwenden haben. Die Gewährleistungen der Europäischen Menschenrechtskonvention und ihrer Zusatzprotokolle sind allerdings in der*

---

177 *Krumm*, ZfZ 2014, 281, 285.

178 BVerfG v. 14.10.2004, 2 BvR 1481/04, BVerfGE 111, 307, 316 f. Zur Diskussion um die Herbeiführung der innerstaatlichen Geltung des Vertragsinhalts sowie um den Gegenstand der Transformation s. *Streinz*, in: Sachs, GG, 7. Auflage, Art. 59 Rn. 60 ff. u. 66 ff.

179 S. hierzu die Nachweise bei *Seer/Krumm*, StuW 2006, 346, 347 in Fn. 4. Nur soweit eine in der EMRK kodifizierte Gewährleistung bereits Bestandteil des Völkergewohnheitsrechts war, kann sie für sich über Art. 25 S. 2 GG einen rechtlichen Übergesetzesrang in Anspruch nehmen.

deutschen Rechtsordnung auf Grund dieses Ranges in der Normenhierarchie kein unmittelbarer verfassungsrechtlicher Prüfungsmaßstab [...]. Die Gewährleistungen der Konvention beeinflussen jedoch die Auslegung der Grundrechte und rechtsstaatlichen Grundsätze des Grundgesetzes. Der Konventionstext und die Rechtsprechung des Europäischen Gerichtshofs für Menschenrechte dienen auf der Ebene des Verfassungsrechts als Auslegungshilfen für die Bestimmung von Inhalt und Reichweite von Grundrechten und rechtsstaatlichen Grundsätzen des Grundgesetzes, sofern dies nicht zu einer – von der Konvention selbst nicht gewollten (vgl. Art. 53 EMRK) – Einschränkung oder Minderung des Grundrechtsschutzes nach dem Grundgesetz führt [m.w.N.].

Diese verfassungsrechtliche Bedeutung eines völkerrechtlichen Vertrages, der auf regionalen Menschenrechtsschutz zielt, ist Ausdruck der Völkerrechtsfreundlichkeit des Grundgesetzes, das die Betätigung staatlicher Souveränität durch Völkervertragsrecht und internationale Zusammenarbeit sowie die Einbeziehung der allgemeinen Regeln des Völkerrechts fördert und deshalb nach Möglichkeit so auszulegen ist, dass ein Konflikt mit völkerrechtlichen Verpflichtungen der Bundesrepublik Deutschland nicht entsteht. [...].“[180]

Damit weist das BVerfG der EMRK und den diesbezüglich ergangenen Judikaten des EGMR einen „quasi verfassungsrechtlichen Rang“ zu.[181] Auch wenn ein rechtlicher Übergesetzesrang ausdrücklich verneint wird, so entsteht dieser rein faktisch dadurch, dass die EMRK bzw. die Judikate des EGMR als *Auslegungshilfe* in die nationalen Grundrechte integriert werden, indem die völkerrechtlichen Werte in das nationale Verfassungsverständnis übersetzt werden, sofern dies nicht zu einer Einschränkung oder Minderung des Grundrechtsschutzes nach dem Grundgesetz führt.

Das verfassungstextlich niedergelegte *Schutzgut* ist der erste Adressat einer solchen Integration. Im Normtext identifizierte Ähnlichkeiten dürfen dabei jedoch nicht über potentielle Unterschiede, die aus der autonomen völkerrechtlichen Begriffsbildung resultieren, hinwegtäuschen. Fällt ein autonom völkerrechtlich gebildeter Begriff bei textlich ähnlichen Garantien inhaltlich anders aus, als der entsprechende Begriff des Grundgesetzes, ist das *Verhältnismäßigkeitsprinzip* als zweiter Integrationsadressat zu bemühen.[182] *Gelingt* die Integration, partizipiert die EMRK bzw. das diesbezügliche Judikat des EGMR mittelbar am rechtlichen Übergesetzesrang der jeweiligen Verfassungsnorm. Der Bürger kann damit die staatliche (Legislativ-) Gewalt mit der Behauptung angreifen, dass diese wegen

---

180 BVerfG v. 14.10.2004, 2 BvR 1481/04, BVerfGE 111, 307, 317. Als Grundlage des Grundsatzes der Völkerrechtsfreundlichkeit benennt das BVerfG sodann in der Entscheidung v. 4.5.2011, 2 BvR 2333/08 u.a., BVerfGE 128, 326, 369 ausdrücklich Art. 1 II i.V.m. Art. 59 II GG.

181 *Ehlers*, in: ders., EuGR, 4. Auflage, § 2 Rn. 15.

182 BVerfG v. 4.5.2011, 2 BvR 2333/08 u.a., BVerfGE 128, 326, 371 f.

der Missachtung der EMRK und der diesbezüglichen Judikate des EGMR die Bedeutung des integrativen Grundrechts verkannt hat.[183] Dementsprechend verpflichtet das BVerfG auch das zur Entscheidungsfindung berufene (Fach-) Gericht im Rahmen der methodischen Grenzen einen Auslegungsspielraum konventionsrechtskonform zu bedienen (= Vorrang konventionsgemäßer Auslegung).[184] Diese Vorrangregel ist jedoch keine genuin eigene, sondern nichts anderes als die Wiederholung der Vorrangregel der verfassungsgemäßen Auslegung unter Berücksichtigung integrierter konventionsrechtlicher Wertungen.

II. Der konventionsrechtliche Justizgewährleistungsanspruch

Der konventionsrechtliche Justizgewährleistungsanspruch speist sich aus den normativen Grundlagen in Art. 6 I EMRK[185] und Art. 13 EMRK[186]. Art. 6 I EMRK gewährt das (wertungsoffene und konkretisierungsfähige[187]) Recht auf ein *faires Verfahren* sowie (expressis verbis) den *Rechtsweg zu Gericht* nebst weiteren *einzelnen* justiziellen Rechten. Die aufgeführten Rechte stehen bei Streitigkeiten in Bezug auf zivilrechtliche Ansprüche und Verpflichtungen oder strafrechtlichen Anklagen zur Verfügung. Art. 13 EMRK gewährt eine (wertungsoffene und

---

183 *Ehlers*, in: ders., EuGR, 4. Auflage, § 2 Rn. 15. Gleichzeitig kann er sich natürlich auch unmittelbar auf die EMRK als einfaches Bundesgesetz z. B. im Rahmen eines Angriffs ggü. der Exekutive berufen.

184 BVerfG v. 14.10.2004, 2 BvR 1481/04, BVerfGE 111, 307, 317.

185 In der verbindlichen englischen Sprachfassung: „*In the determination of his civil rights and obligations or of any criminal charge against him, everyone ist entitled to a fair and public hearing within a reasonable time by an independent and impartial tribunal established by law. […].*" In der unverbindlichen deutschen Übersetzung: „*Jede Person hat ein Recht darauf, dass über Streitigkeiten in Bezug auf ihre zivilrechtlichen Ansprüche oder über eine gegen sie erhobene strafrechtliche Anklage von einem unabhängigen und unparteiischen, auf Gesetz beruhenden Gericht in einem fairen Verfahren, öffentlich und innerhalb angemessener Frist verhandelt wird. […].*"

186 In der verbindlichen englischen Sprachfassung: „*Everyone whose rights and freedoms as set forth in this Convention are violated shall have an effective remedy before a national authority notwithstanding that the violation has been committed by persons acting in an official capacity.*" In der unverbindlichen deutschen Übersetzung: „*Jede Person, die in ihren in dieser Konvention anerkannten Rechten oder Freiheiten verletzt worden ist, hat das Recht, bei einer innerstaatlichen Instanz eine wirksame Beschwerde zu erheben, auch wenn die Verletzung von Personen begangen worden ist, die in amtlicher Eigenschaft gehandelt haben.*"

187 S. dazu bei *Meyer*, in: Karpenstein/Mayer, EMRK, 2. Auflage, Art. 6 Rn. 99 ff.

konkretisierungsfähige[188]) *wirksame innerstaatliche Beschwerde* im Zusammenhang mit der (potentiellen) Verletzung von Konventionsrechten. Der EGMR ging hier zunächst davon aus, dass Art. 6 I EMRK dem Recht aus Art. 13 EMRK vorgehe, weil ersterer eine gerichtliche Kontrolle und nicht nur überhaupt irgendeine – nicht zwangsläufig gerichtliche – Kontrolle fordere. Aufgrund der Überschneidung und der identifizierten geringeren Anforderungen, sprach der EGMR die Absorption des Art. 13 EMRK durch Art. 6 I EMRK aus.[189] In der Rechtssache *Kudla* v. 26.10.2000 griff der EGMR seine bisherige Rechtsprechungspraxis im Zusammenhang mit dem Recht auf angemessene Verfahrensdauer sodann wie folgt wieder auf:

> *„Der Gerichtshof hat es bisher in zahlreichen Fällen, in denen er eine Verletzung von Art. 6 I EMRK festgestellt hat, nicht für notwendig gehalten, auch über die zusätzliche Beschwerde nach Art. 13 EMRK zu entscheiden. In den meisten Fällen hat er angenommen, nach den gegebenen Umständen sei Art. 6 I EMRK lex specialis im Verhältnis zu Art. 13 EMRK. […]. [D]ie Anforderungen von Art. 6 I EMRK, die das ganze Spektrum der Garantien für das gerichtliche Verfahren umfassen [sind] strenger, als die von Art. 13 EMRK und absorbieren sie […]. Dagegen gibt es keine Überschneidung und daher auch keine Absorption, wenn, wie im vorliegenden Fall, die behauptete Konventionsverletzung, die der Bf. vor einer innerstaatlichen Instanz rügen möchte, die Verletzung des Rechts auf Verhandlung innerhalb angemessener Frist i.S. von Art. 6 I EMRK ist. Ob der Bf. in einem bestimmten Fall in einer Streitigkeit in Bezug auf seine zivilrechtlichen Ansprüche und Verpflichtungen oder über eine gegen ihn erhobene strafrechtliche Anklage eine Verhandlung innerhalb angemessener Frist hatte, ist eine andere Rechtsfrage als die, ob er nach staatlichem Recht einen wirksamen Rechtsbehelf zur Prüfung einer darauf gestützten Beschwerde hatte. […] Der Gerichtshof hat in vergleichbaren früheren Fällen dennoch abgelehnt, über eine zusätzliche Beschwerde wegen des Fehlens einer in Art. 13 EMRK garantierten wirksamen Beschwerde zu entscheiden, weil er das angesichts der vorangegangenen Feststellung einer Verletzung des Erfordernisses der ‚angemessenen Frist' nach Art. 6 I EMRK für unnötig hielt [m.w.N.].“*[190]

In Abkehr von seiner vorherigen Rechtsprechung formuliert der EGMR, dass die Erfordernisse von Art. 13 EMRK als Verstärkung der in Art. 6 I EMRK normierten Gewährleistungen angesehen werden müssen und eben nicht als solche, die von der in Art. 6 I EMRK auferlegten Verpflichtung, Personen nicht unangemessenen Verzögerungen gerichtlicher Verfahren auszusetzen, absorbiert

188 S. dazu bei *Grabenwarter/Pabel*, EMRK, 6. Auflage, § 24 Rn. 196 ff.

189 EGMR v. 9.10.1979, 6289/73, EGMR-E 1, 414, 422.

190 EGMR (Große Kammer) v. 26.10.2000, 30210/96 Kudla/Polen, NJW 2001, 2694, 2699.

werden.[191] Art. 13 EMRK bezwecke die Zurverfügungstellung eines Mittels, mit dem Personen im gesamten Geltungsbereich der Konvention Abhilfe von Verletzungen ihrer Konventionsrechte erhalten können, bevor sie den internationalen Überwachungsmechanismus vor dem EGMR in Gang setzen müssen. Art. 13 EMRK akzentuiere den für die EMRK grundlegenden Subsidiaritätsgedanken. Ausweislich der Gründe gibt der EGMR zudem zu erkennen, dass ihn die zunehmende Häufigkeit der Beschwerden, die bei ihm anhängig sind und deren einzige oder wesentliche Rüge die unangemessene Dauer eines gerichtlichen Verfahrens i.S.d. Art. 6 I EMRK ist, zur Überprüfung seiner bisherigen Rechtsprechungspraxis veranlasst habe.

Der EGMR gelangt in der Rechtssache *Kudla* zu der zutreffenden Erkenntnis, dass es sich hier um *zwei separate Streitgegenstände* handelt. Zum einen um den, der an die (potentiell) überlange Verfahrensdauer anknüpft und zum anderen den, der an die (potentiell) nicht vorhandene wirksame innerstaatliche Beschwerde zur diesbezüglichen Überprüfung anknüpft.[192] Gleichwohl scheint ihn vordergründig nicht (allein) diese dogmatische Erkenntnis angeleitet zu haben, sondern vielmehr (auch) die Befürchtung einer übermäßigen Belastung des EGMR mit Länge-Fällen.[193] Wohl auch deshalb beschränkt der EGMR die Verstärkungswirkung des Art. 13 EMRK allein auf das Recht einer angemessenen gerichtlichen Verfahrensdauer des Art. 6 I EMRK. In allen anderen Fällen will er scheinbar an der Absorption festhalten.[194] Dies überzeugt nicht. Zum einen liegen auch hier zwei verschiedene Streitgegenstände vor. Zum anderen erkennt der EGMR selbst an, dass sich weder im Wortlaut noch aus der Entstehungsgeschichte Anhaltspunkte ergeben, aus denen sich der Grundsatz ableiten ließe, dass für die Anwendung von Art. 13 EMRK auf die Aspekte des Art. 6 I EMRK kein Raum sei.[195]

---

191 EGMR (Große Kammer) v. 26.10.2000, 30210/96 Kudla/Polen, NJW 2001, 2694, 2699. Dort auch zum folgenden Text.

192 *Breuer*, in: Karpenstein/Mayer, EMRK, 2. Auflage, Art. 13 Rn. 20. Einen ähnlichen Wandel hat das BVerfG in der Entscheidung v. 30.4.2003, 1 PBuV 1/02, BVerfGE 107, 395 vollzogen, s.a. *Pickenpack*, Rechtsschutz bei Verletzung von Verfahrensgrundrechten und bei Untätigkeit der Gerichte, Diss., 2012, S. 261 ff.

193 *Breuer*, in: Karpenstein/Mayer, EMRK, 2. Auflage, Art. 13 Rn. 20.

194 S. hierzu die ausdrückliche Beschränkung des EGMR in Rz. 147 des Urteils und die negativ Aussage in Bezug auf den in Art. 6 I EMRK garantierten Zugang zu Gericht in Rz. 151 des Urteils, NJW 2000, 2694, 2699.

195 S. hierzu ebenfalls in Rz. 151 des Urteils, NJW 2000, 2694, 2699. Nichtsdestotrotz nimmt der EGMR dann gleichwohl eine „stillschweigende Beschränkung" des Art. 13 EMRK an.

Vor diesem Hintergrund ist die Erkenntnis des EGMR zum Verhältnis von Art. 6 I EMRK und Art. 13 EMRK wie folgt fortzuschreiben. Erstens ist sie dahingehend zu *verallgemeinern*, dass Art. 13 EMRK nicht von Art. 6 I EMRK absorbiert wird, wenn eine Verletzung der in Art. 6 I EMRK aufgeführten justiziellen Rechte im Raum steht. Eine Absorption durch Art. 6 I EMRK lässt sich hier normativ gar nicht erst begründen. Art. 6 I EMRK gewährt justizielle Rechte im Zusammenhang mit zivil- und strafrechtlichen Streitigkeiten. Insoweit ermöglichen diese justiziellen Rechte auch die gerichtliche Durchsetzung der streitentscheidenden zivil- oder strafrechtlichen Normen. Gleichzeitig folgt daraus aber auch, dass die Durchsetzung dieser justiziellen Rechte ihrerseits gar nicht über Art. 6 I EMRK geltend gemacht werden kann. Die justiziellen Rechte sind selbst nämlich keine zivilrechtlichen Ansprüche und Verpflichtungen oder strafrechtrechtliche Anklagen. Der Anwendungsbereich des Art. 6 I EMRK ist insoweit also nicht eröffnet. Stattdessen ist hier der Anwendungsbereich des Art. 13 EMRK eröffnet, der das gesamte Konventionsrecht, also auch die justiziellen Rechte des Art. 6 I EMRK in Bezug auf ihre innerstaatliche Rechtsdurchsetzung, anspricht. Art. 13 EMRK schafft damit die Voraussetzung für die Durchsetzung der Konventionsrechte in Art. 6 I EMRK. Der Gedanke des EGMR, dass Art. 13 EMRK absorbiert wird, weil Art. 6 I EMRK strengere Anforderungen formuliert, kann dann zudem verstärkend im Rahmen der Auslegung des Art. 13 EMRK berücksichtigt werden. Die in Art. 13 EMRK formulierte „wirksame Beschwerde" bei einer innerstaatlichen Instanz ist ein wertungsoffener und konkretisierungsfähiger Begriff, der bereichsspezifische Auslegungsspielräume ermöglicht. In Ansehung der justiziellen Rechte in Art. 6 I EMRK ist dieser zugunsten einer richterlichen Überprüfung durch eine gerichtliche Beschwerde einzulösen. Nicht etwa die Exekutive, sondern allein die Judikative besitzt hier innerstaatlich die Kompetenz, über eine justizielle Streitigkeit verbindlich entscheiden zu können.[196] Zweitens ist die Erkenntnis des EGMR zum Verhältnis von Art. 6 I EMRK und Art. 13 EMRK für den Fall fortzuschreiben, wenn Art. 6 I EMRK nicht als Grundlage justizieller Rechte bemüht werden kann, weil dessen Anwendungsbereich nicht eröffnet ist. So z. B. im Zusammenhang mit *originär öffentlich-rechtlichen Streitigkeiten*.[197]

---

196 S. hierzu die Nachweise bei *Breuer*, in: Karpenstein/Mayer, EMRK, 2. Auflage, Art. 13 Rn. 23 f.

197 In Literatur und Rechtsprechung wird vornehmlich diskutiert, wie weit Streitigkeiten aus dem Öffentlichen Recht mit einbezogen werden, s. hierzu etwa die mit zahlreichen Nachweisen versehene Auflistung bei *Meyer*, in: Karpenstein/Mayer, EMRK, 2. Auflage, Art. 6 Rn. 14 ff. Für den (Kern-) Bereich des Steuerrechts verneint

Lässt sich die öffentlich-rechtliche Streitigkeit einem Konventionsrecht zuordnen, ist jedoch der Anwendungsbereich des Art. 13 EMRK eröffnet.[198] Die dort formulierte Wirksamkeit der Beschwerde ist dann zunächst in Anlehnung an die ausdrücklich formulierten Rechte in Art. 6 I EMRK zu präzisieren und anschließend in Abhängigkeit der öffentlich-rechtlichen Streitigkeit bereichsspezifisch (final) zu konkretisieren. Die bereichsspezifische Konkretisierung erfährt Art. 13 EMRK hier also nicht – wie in der zuvor unter erstens thematisierten Konstellation – durch Art. 6 I EMRK, sondern allein durch die zugrundeliegende öffentlich-rechtliche Streitigkeit. Stattdessen gibt Art. 6 I EMRK in der hier geschilderten Konstellation Art. 13 EMRK nur eine erste Richtschnur möglicher Rechte an die Hand, die im Rahmen des Art. 13 EMRK sodann bereichsspezifisch in Abhängigkeit der zugrundeliegenden öffentlich-rechtlichen Streitigkeit final zu konkretisieren sind.[199] Drittens lässt sich dann von einer *Absorption* des Art. 13 EMRK durch Art. 6 I EMRK nur (noch) dort ausgehen, wo es um die Begründung eines justiziellen Rechts im Zusammenhang mit zivil- oder strafrechtlichen Streitigkeiten geht, die zugleich einem Konventionsrecht zugeordnet werden kann. Vorstehendes führt im *Ergebnis* dazu, dass die Erkenntnis des EGMR aus der Rechtssache Kudla dahingehend fortzuschreiben ist, dass Art. 6 I EMRK und Art. 13 EMRK in ein *System der gegenseitigen Verstärkung* einzustellen sind, das bereichsspezifische justizielle Rechte sowie deren wirksame Durchsetzung gewährleistet. Die diffizile Kasuistik rund um die Abgrenzung

---

namentlich der EGMR eine Anwendung, s. hierzu z. B. in der Rechtssache Ferrazzini v. 12.7.2001, 44759/98, NJW 2002, 3453 und Emesa Sugar v. 13.1.2005, 62023/00, EuGRZ 2005, 234. A.A. z. B. *Bezgovsek,* Art. 6 Ziff. 1 EMRK und das steuerrechtliche Verfahren, Diss., 2002, S. 177; *Neuendorf,* Bedeutung und Rezeption des Art. 6 Abs. 1 EMRK im deutschen und englischen Steuerrecht, Diss., 2013, S. 53 ff. Die vorliegende Untersuchung will diese Diskussion nicht um eine zusätzliche Kasuistik erweitern.

198 *Streinz*, VVDStRL 61 (2002), 300, 312.

199 Art. 6 I EMRK macht seinerseits in Ansehung zivil- und strafrechtrechtlicher Streitigkeiten prinzipiell nichts anderes. Er gibt eine erste Richtlinie von Rechten vor, die sodann über den wertungsoffenen und konkretisierungsfähigen Begriff des „fairen Verfahrens" bereichsspezifisch in Abhängigkeit der zugrundeliegenden Streitigkeit zu konkretisieren sind. Die modale Struktur entspricht der des Art. 19 IV GG. Sodann wird der Justizgewährleistungsanspruch auch hier als allumfassender Fundamentalgrundsatz bemüht. S. zu den verschiedenen Begrifflichkeiten und angebotenen Verhältnissen i.ü. bei: *Schilken*, GVG, 4. Auflage, § 6 Rn. 86 ff. (Justizanspruch); § 7 Rn. 102 (Anspruch auf effektiven Rechtsschutz); § 8 Rn. 108 (Anspruch auf ein faires Verfahren); § 9 Rn. 116 (Grundsatz der Waffengleichheit); § 10 Rn. 124 (Rechtsschutzanspruch); § 11 Rn. 128 f. (Anspruch auf rechtliches Gehör).

von Art. 6 I EMRK und Art. 13 EMRK anhand des Umfangs der zivil- und strafrechtlichen Streitigkeiten wird hinfällig. Damit ist weder Art. 6 I EMRK noch Art. 13 EMRK allein als konventionsrechtlicher Justizgewährleistungsanspruch zu identifizieren, sondern das *Zusammenspiel* beider Normen innerhalb des sich gegenseitig verstärkenden Systems.[200]

III. Das Verhältnis zum nationalen Justizgewährleistungsanspruch

Für das Verhältnis des unter II. identifizierten konventionsrechtlichen Justizgewährleistungsanspruchs zum nationalen Justizgewährleistungsanspruch folgt aus dem zuvor Beschriebenen vornehmlich ein Ergänzungsverhältnis, das von einem Subsidiaritätsverhältnis flankiert wird. Ein *Ergänzungsverhältnis* deshalb, weil der konventionsrechtliche Justizgewährleistungsanspruch im Rahmen der völkerrechtsfreundlichen Auslegung den nationalen Justizgewährleistungsanspruch in Ansehung der aufgezeigten Möglichkeiten ergänzt. Betrachtet man die Struktur des Art. 19 IV GG, bietet sich insbesondere die wertungsoffene und konkretisierungsfähige „Leerformel“[201] der Effektivität des Rechtsschutzes (= *Effektivitätspostulat*) als Einfallstor für die Ergänzung durch konventionsrechtliche Werte an. Namentlich die ausformulierten Einzelrechte des Art. 6 I EMRK lassen sich auf diesem Wege in die Interpretation des Art. 19 IV GG integrieren. Der Integrationsprozess steht unter dem Vorbehalt, dass der Grundrechtschutz des Art. 19 IV GG nicht eingeschränkt oder gemindert wird. Eine Ergänzung des Art. 19 IV GG findet also nur im Sinne einer Effektivierung des Rechtsschutzes statt. Ein *Subsidiaritätsverhältnis* resultiert aus der an die Vertragsstaaten adressierten Verbindlichkeitsanordnung in Art. 1 EMRK in Verbindung mit dem EMRK-eigenen Rechtsschutzsystem in Art. 32 ff. EMRK. Art. 35 I EMRK führt hier aus, dass sich der EGMR mit einer Angelegenheit, die die Auslegung

---

200 Abseits dessen hat der EGMR auch die originär materiellen Konventionsrechte mobilisiert und ihnen bereichsspezifisch (zusätzlich) justizielle Gewährleistungen entnommen, s. dazu bei *Grabenwarter/Pabel*, EMRK, 6. Auflage, § 19 Rn. 10 m.w.N. zu einschlägigen Judikaten. Zur Auflösung des daraus resultierenden Spannungsverhältnisses lässt sich an die im Zusammenhang mit Art. 19 IV GG herausgearbeiteten Überlegungen anknüpfen. Anknüpfungspunkte für die parallele Abbildung materieller steuerrechtlicher Hauptrechte finden sich in der Eigentumsgewährleistung in Art. 1 ZP EMRK und im Diskriminierungsverbot in Art. 14 EMRK. Eingehend zu deren steuerrechtlichen Bedeutung *Engler*, Steuerverfassungsrecht im Mehrebenensystem, Diss., 2014, S. 157 ff. u. 212 ff.; *Ohlendorf*, Grundrechte als Maßstab des Steuerrechts in der Europäischen Union, Diss., 2015, S. 207 ff. u. 361 ff.

201 *Lorenz*, AöR 105 (1980), 623, 636 ff.

und Anwendung des Konventionsrechts (also auch des konventionsrechtlichen Justizgewährleistungsanspruchs) betrifft, erst nach Erschöpfung aller innerstaatlichen Rechtsbehelfe (einschl. solcher zum BVerfG) befasst.[202] Dies wird zusätzlich von Art. 13 EMRK akzentuiert.

202 Zum Erfordernis vertikaler und horizontaler Rechtswegerschöpfung s. *Schäfer*, in: Karpenstein/Mayer, EMRK, 2. Auflage, Art. 35 Rn. 10. Zur Wirkung von Entscheidungen des EGMR s. *Ehlers,* in: ders. EuGR, 4. Auflage, § 2 Rn. 121 ff.

Teil 2: Der Rechtsschutz bei überlangen steuerprozessualen Verfahren nach dem Gesetz über den Rechtsschutz bei überlangen Gerichtsverfahren und strafrechtlichen Ermittlungsverfahren

§ 4 Einordnung des Normkomplexes zum Rechtsschutz bei überlangen Gerichtsverfahren und strafrechtlichen Ermittlungsverfahren

A. Rezeptionsgeschichte

I. Die Entscheidung des EGMR in der Rechtssache *Kudla*

Erste ernsthafte Überlegungen im Zusammenhang mit der Kodifizierung einer Rechtsschutzmöglichkeit bei überlangen gerichtlichen Verfahren keimten mit der Entscheidung des EGMR in der Rechtssache *Kudla*[203] auf.[204] Dort hatte der EGMR in Abkehr von seiner bisherigen Rechtsprechung entschieden, dass eine Absorption des Art. 13 EMRK durch Art. 6 I EMRK nicht stattfinde, wenn der Beschwerdeführer die Verfahrensdauer nach Art. 6 I EMRK rügt. In diesen Fällen fordere der in Art. 13 EMRK angelegte Rechtsdurchsetzungsmechanismus eine wirksame innerstaatliche Beschwerdemöglichkeit wegen Verletzung des Rechts aus Art. 6 I EMRK auf angemessene Verfahrensdauer.[205] Das Erfordernis einer gesetzgeberischen Intervention wurde zu diesem Zeitpunkt jedoch (noch) als gering eingestuft. Mehrheitlich wurde die vom Bundesministerium der Justiz aufgeworfene und an die obersten Bundesgerichte sowie die Länder und Verbände adressierte Frage nach einem gesetzgeberischen Handlungsbedarf mit der Argumentation verneint, dass das vorhandene Rechtsschutzsystem keinerlei Ergänzungen bedürfe.[206] Hierbei berief man sich insbesondere auf die im geltenden Recht nicht ausdrücklich kodifizierte, sondern qua Richterrecht entwickelte, sog. außerordentliche Untätigkeitsbeschwerde, die in Ausnahmefällen einen Rechtsschutz bereitstelle.[207] Daneben wurde auf weitere Möglichkeiten zur Sanktionierung überlanger gerichtlicher Verfahrensdauer, wie z. B. die Verfassungsbeschwerde,

---

203 EGMR v. 26.10.2000, 30210/96, NJW 2001, 2694. S. hierzu bereits unter § 3 B. II.

204 *Steinbeiß-Winkelmann*, in: dies./Ott, Rechtsschutz bei überlangen Gerichtsverfahren, Einführung Rn. 66.

205 EGMR v. 26.10.2000, 30210/96, NJW 2001, 2694, LS 3.

206 *Steinbeiß-Winkelmann*, in: dies./Ott, Rechtsschutz bei überlangen Gerichtsverfahren, Einführung Rn. 70. Siehe dort auch ausführlich zu den verschiedenen Stellungnahmen.

207 *Steinbeiß-Winkelmann*, in: dies./Ott, Rechtsschutz bei überlangen Gerichtsverfahren, Einführung Rn. 72, 79, 81.

Mittel der Dienstaufsicht oder Klagen auf Schadensersatz sowie strafrechtliche Kompensationsmodelle hingewiesen, die ein gesetzgeberisches Tätigwerden nicht erforderlich machen würden.[208]

II. Der Plenarbeschluss des BVerfG und das Anhörungsrügengesetz

Ungeachtet dessen entschied das BVerfG in der *Plenarentscheidung vom 30.4.2003*[209], dass die Verfassung für die Fälle der Verletzung von grundgesetzlichen Verfahrensrechten durch den Richter eine fachgerichtliche Rechtsschutzmöglichkeit fordere und diese im geschriebenen Recht verankert sein müsse.[210] Für den zur Entscheidung stehenden Fall einer Verletzung des Rechts aus Art. 103 I GG formulierte das BVerfG daraufhin einen an den Gesetzgeber adressierten Handlungsauftrag.[211] Auch wenn sich der vom BVerfG ausgesprochene Handlungsauftrag auf das Recht aus Art. 103 I GG beschränkte, gab die neue Rechtsprechung des BVerfG Anlass zu der Frage, ob es nicht geboten oder zumindest angeraten sei, für alle grundgesetzlichen Verfahrensrechte eine gebündelte Rechtsschutzlösung zu entwickeln. Die bisher nur auf der Grundlage der Rechtsprechung des EGMR betriebene Argumentation im Zusammenhang mit der Notwendigkeit einer gesetzgeberischen Intervention erhielt dadurch eine zusätzliche Perspektive.[212]

Der Ausspruch des BVerfG mündete letztlich in dem sog. Anhörungsrügengesetz v. 9.12.2004[213], das m.W.v. 1.1.2005 die Verfahrensordnungen um die sog. Anhörungsrüge zum iudex a quo (§§ 152a VwGO, 133a FGO, 178a SGG, 321a ZPO) ergänzte.[214] Der Gesetzgeber entschied sich damit bewusst gegen eine gebündelte Rechtsschutzlösung. Vielmehr wollte man zu diesem Zeitpunkt allein dem isolierten Handlungsauftrag des BVerfG Folge leisten und die Entwicklung

208 *Steinbeiß-Winkelmann*, in: dies./Ott, Rechtsschutz bei überlangen Gerichtsverfahren, Einführung Rn. 72, 76, 77, 89.

209 BVerfG v. 30.4.2003, 1 PBvU 1/02, BVerfGE 107, 395. S. hierzu bereits unter § 2 F. III.

210 BVerfG v. 30.4.2003, 1 PBvU 1/02, BVerfGE 107, 395, 413 ff.

211 BVerfG v. 30.4.2003, 1 PBvU 1/02, BVerfGE 107, 395, 418.

212 *Steinbeiß-Winkelmann*, in: dies./Ott, Rechtsschutz bei überlangen Gerichtsverfahren, Einführung Rn. 104 ff.

213 Gesetz über die Rechtsbehelfe bei Verletzung des Anspruchs auf rechtliches Gehör v. 9.12.2004, BGBl. I 2004, 3220.

214 Kritisch gegenüber einer Ausgestaltung zum iudex a quo z. B. *Seer/Thulfault*, BB 2005, 1085.

in Ansehung der übrigen grundgesetzlichen Verfahrensrechte zunächst Rechtsprechung und Wissenschaft überlassen.[215]

III. Der Entwurf eines Untätigkeitsbeschwerdengesetz

Nichtsdestotrotz ließ sich hinsichtlich des Rechtsschutzes wegen überlanger gerichtlicher Verfahrensdauer die Notwendigkeit legislativer Maßnahmen aufgrund der *„rechtsstaatlichen Defizite außerordentlicher Rechtsbehelfe"*[216] nicht mehr in dem Maße zurückweisen, wie zuvor geschehen.[217] Dazu wurde seitens des Bundesministeriums der Justiz unter dem Datum des 22.8.2005 der erste Entwurf und unter dem Datum des 13.10.2006 der finalisierte Entwurf eines sog. *Untätigkeitsbeschwerdengesetz*[218] publiziert und den obersten Bundesgerichten sowie den

---

215 Entwurf eines Gesetzes über die Rechtsbehelfe bei Verletzung des Anspruchs auf rechtliches Gehör v. 21.9.2004, BT-Drucksache 15/3706, 14. Dennoch musste erst das BVerfG in einem Beschluss v. 25.11.2008, 1 BvR 848/07, BVerfGE 122, 190, 201 f. klarstellen, dass sonstige außerordentliche Rechtsbehelfe, die nicht im geschriebenen Recht verankert sind, auch nach Inkrafttreten des Anhörungsrügengesetz nicht unter Berufung auf den im Plenarbeschluss v. 30.4.2003 bemühten Grundsatz der Rechtsmittelklarheit als unstatthaft behandelt werden können. Der Plenarbeschluss v. 30.4.2003 – so das BVerfG im Beschluss v. 25.11.2008, 1 BvR 848/07, BVerfGE 122, 190, 200 – nehme zu außerordentlichen Rechtsbehelfen nur unter dem Gesichtspunkt der Erschöpfung des Rechtswegs und des Subsidiaritätsgrundsatzes Stellung. Insoweit verweise das Plenum darauf, dass mangels einer zuverlässigen gesetzlichen Regelung die rechtsstaatlichen Anforderungen an die Rechtsmittelklarheit nicht erfüllt seien. Die hieraus folgenden rechtsstaatlichen Defizite außerordentlicher Rechtsbehelfe schlössen es aus, ihre vorherige Einlegung zur Voraussetzung für die Zulässigkeit der Verfassungsbeschwerde zu machen. Von dem Verzicht auf die vorherige Einlegung eines außerordentlichen Rechtsbehelfs könne nicht auf die verfassungsrechtliche Unzulässigkeit selbst geschlossen werden. Streitgegenständlich war dort ein außerordentlicher Rechtsbehelf in Form der Gegenvorstellung zum iudex a quo. Für außerordentliche Rechtsbehelfe in der Form von Beschwerden zum iudex ad quem kann jedoch nichts anderes gelten. Auch sie sind außerhalb des geschriebenen Rechts entwickelt worden, um den Rechtsschutz zu erweitern. Es entspricht also auch hier den Interessen des Rechtsschutzsuchenden und führt keineswegs zu einer Beeinträchtigung, wenn man auch diese Rechtsbehelfe als statthaft behandelt.

216 BVerfG v. 25.11.2008, 1 BvR 848/07, BVerfGE 122, 190, 200.

217 *Steinbeiß-Winkelmann*, in: dies./Ott, Rechtsschutz bei überlangen Gerichtsverfahren, Einführung Rn. 120.

218 Als Anhang 3 und 4 abgedruckt bei Steinbeiß-Winkelmann/Ott, Rechtsschutz bei überlangen Gerichtsverfahren.

Ländern und Verbänden zur Stellungnahme zugeleitet.[219] Zentrales Merkmal dieser Rechtsschutzlösung war der dem allgemeinen Beschwerderecht entstammende Gang des Verfahrens (s. z. B. § 148 VwGO) mit der Möglichkeit der Anrufung und Entscheidung durch den iudex ad quem in Form einer Fristsetzung, innerhalb derer das säumige Ausgangsgericht Maßnahmen zu ergreifen hat, die geeignet sind, das Verfahren innerhalb angemessener Frist abzuschließen (§ 198 III, V Ref-E zur Änderung des GVG). Das Beschwerdegericht musste hierzu prüfen, ob das Ausgangsgericht die bei ihr anhängige Rechtssache ohne zureichenden Grund nicht in angemessener Frist gefördert hat (§ 198 I Ref-E zur Änderung des GVG).

Die kritische Auseinandersetzung mit dem Referentenentwurf knüpfte sodann insbesondere an die Verwendung unbestimmter Rechtsbegriffe zur Normierung des rechtlichen Maßstabes für die Prüfung der Untätigkeitsbeschwerde und an die Ausgestaltung als Rechtsbehelf an den iudex ad quem an.[220] Vor allem die richterlichen Verbände sahen durch eben diese Ausgestaltung die verfassungsrechtlich verbürgte richterliche Unabhängigkeit (Art. 97 GG) verletzt.[221] Die Bundesregierung entschied sich nicht zuletzt gerade deshalb dagegen, den Entwurf eines Untätigkeitsbeschwerdengesetzes nicht zu beschließen und nach einer Lösung zu suchen, die insbesondere in der Richterschaft mehr Aussicht auf Konsens erwarten ließ.[222]

IV. Die Entscheidung des EGMR in der Rechtssache *Sürmeli*

In der Zwischenzeit wurde auch der EGMR erneut aktiv und entschied mit Datum vom 8.6.2006 in der Rechtssache *Sürmeli*[223], dass in Deutschland kein wirksamer Rechtsschutz gegen überlange Dauer eines (zivil-) gerichtlichen Verfahrens existiere und infolgedessen Art. 13 EMRK und Art. 6 I EMRK verletzt seien. Der EGMR setzte sich in dieser Entscheidung ausführlich mit denen von der Bundesregierung vorgebrachten Rechtsbehelfen auseinander und beurteilte allesamt als

219 Zu den verschiedenen Stellungnahmen s. bei *Steinbeiß-Winkelmann*, in: dies./Ott, Rechtsschutz bei überlangen Gerichtsverfahren, Einführung Rn. 142 ff.

220 *Steinbeiß-Winkelmann*, in: dies./Ott, Rechtsschutz bei überlangen Gerichtsverfahren, Einführung Rn. 152, 157, 163.

221 *Steinbeiß-Winkelmann*, in: dies./Ott, Rechtsschutz bei überlangen Gerichtsverfahren, Einführung Rn. 159 f.

222 Antwort der Bundesregierung auf die Kleine Anfrage zum Rechtsschutz gegen überlange Verfahren bei Gericht v. 28.10.2007, BT-Drucksache 16/7655, 2, 4; *Steinbeiß-Winkelmann*, in: dies./Ott, Rechtsschutz bei überlangen Gerichtsverfahren, Einführung Rn. 212.

223 EGMR v. 26.6.2006, 75529/01, NJW 2006, 2389.

nicht wirksam im Sinne des Art. 13 EMRK. Im Einzelnen wurde hierzu durch den Gerichtshof ausgeführt, dass die *Verfassungsbeschwerde* deshalb nicht als wirksam im Sinne der o.g. Vorschrift zu bezeichnen sei, weil das einzige dem BVerfG in diesen Fällen zur Verfügung stehende Mittel die bloße Feststellung sei, dass die Verfahrensdauer aufgrund der Überlänge verfassungswidrig ist. Das BVerfG könne dem zuständigen Gericht keine Frist setzen oder andere konkrete Maßnahmen zur Beschleunigung des Verfahrens verbindlich anordnen. Überdies könne es auch keine Wiedergutmachung zusprechen.[224] Die in § 26 II DRiG normierte *Dienstaufsichtsbeschwerde* könne expressis verbis zwar auch in Fällen verzögerter Bearbeitung zur Anwendung kommen, diese sei jedoch unwirksam, weil sie dem von der Überlänge betroffenen Bürger im Außenrechtsverhältnis keinen Anspruch auf Erzwingung staatlicher Aufsichtstätigkeit vermittle.[225] Hinsichtlich der *außerordentlichen ungeschriebenen Untätigkeitsbeschwerde* wies der EGMR auf die fehlende gesetzliche Grundlage hin und sprach ihr unter Bezugnahme auf den Plenarbeschluss des BVerfG v. 30.4.2003 die erforderliche Wirksamkeit ab.[226] Letztlich stuft der Gerichtshof auch eine mögliche *Klage auf Schadensersatz* als nicht ausreichend wirksam im Sinne des Art. 13 EMRK ein, weil diese hier keinen Ersatz für Nichtvermögensschäden zusprechen könne.[227] Da das entscheidungserhebliche (zivil-) gerichtliche Verfahren im Übrigen unangemessen lange gedauert habe, sah der EGMR auch Art. 6 I EMRK als verletzt an.[228] Der EGMR sprach daraufhin eine angemessene Entschädigung zugunsten des Betroffenen aus (s. Art. 41 EMRK). Eine an die Bundesrepublik Deutschland adressierte Handlungspflicht in Form von zu bezeichnenden Hinweisen, wie der festgestellte konventionswidrige Missstand unter Aufsicht des Ministerkomitees zu beheben ist, sprach der Gerichtshof (noch) nicht aus.[229] Der EGMR bezog sich hierzu ausdrücklich auf dem zum Zeitpunkt der Urteilsfindung noch nicht ad acta gelegten Entwurf eines Untätigkeitsbeschwerdengesetzes, den er mit folgenden Worten ausdrücklich begrüßte:

> *„Die Regierung hat mit einem vorbeugenden Rechtsbehelf den Ansatz gewählt, der am besten mit dem Geist des von der Konvention geschaffenen Systems im Einklang steht, weil der neue Rechtsbehelf auf die Ursache des Problems der Verfahrensdauer zielt und Bf.*

---

224 EGMR v. 26.6.2006, 75529/01, NJW 2006, 2389, 2391.
225 EGMR v. 26.6.2006, 75529/01, NJW 2006, 2389, 2392.
226 EGMR v. 26.6.2006, 75529/01, NJW 2006, 2389, 2392.
227 EGMR v. 26.6.2006, 75529/01, NJW 2006, 2389, 2392.
228 EGMR v. 26.6.2006, 75529/01, NJW 2006, 2389, 2393 f.
229 EGMR v. 26.6.2006, 75529/01, NJW 2006, 2389, 2394.

wahrscheinlich besser angemessenen Schutz gibt als Rechtsbehelfe auf Entschädigung, die ein Eingreifen nur nachträglich ermöglichen [m.w.N.].“[230]

V. Die Entscheidung des EGMR in der Rechtssache *Rumpf* und das Gesetz über den Rechtsschutz bei überlangen Gerichtsverfahren und strafrechtlichen Ermittlungsverfahren

Wie bereits dargelegt, wurde der Entwurf eines Untätigkeitsbeschwerdegesetzes jedoch nicht weiter verfolgt. Stattdessen erhoffte man sich insbesondere von Seiten der Richterschaft größere Zustimmung, wenn man den Fokus der neuen Rechtsschutzzone von einer Untätigkeitsbeschwerde auf eine Entschädigungsregelung verlagere.[231] In einem neuen Referentenentwurf des Bundesministeriums der Justiz vom 15.3.2010[232] und schließlich im Gesetzesentwurf der Bundesregierung vom 17.11.2010[233] entschied man sich daher für das Konzept einer sog. „*Kombinationslösung*“[234] bestehend aus präventiver Verzögerungsrüge beim Ausgangsgericht und kompensatorischem Entschädigungsanspruch, über den ein anderes Gericht zu befinden hat.

Der „Druck“, zeitnah eine neue tragfähige Lösung zu entwickeln, wurde hierbei durch den Ausspruch des EGMR in einem sog. Piloturteil vom 2.9.2010 in der Rechtssache *Rumpf*[235] intensiviert. Im Anschluss an die Feststellung, dass Art. 13 EMRK und Art. 6 I EMRK im zur Entscheidung stehenden Fall verletzt seien, führte der Gerichtshof diesmal aus, dass der vorliegende Fall überlanger gerichtlicher Verfahren ein in Deutschland stetig wiederkehrendes Problem darstelle, das mehr als der Hälfte der vom Gerichtshof gegen Deutschland ausgesprochenen Konventionsverletzungen zugrunde liege.[236] Er sehe sich daher – anders als noch

---

230 EGMR v. 26.6.2006, 75529/01, NJW 2006, 2389, 2394. In Rn. 100 der besagten Entscheidung akzentuiert der Gerichtshof seine Präferenz zugunsten eines präventiven Rechtsbehelfs, indem er die Vorbeugung als die „beste Lösung“ betrachtet.

231 *Steinbeiß-Winkelmann*, in: dies./Ott, Rechtsschutz bei überlangen Gerichtsverfahren, Einführung Rn. 213.

232 Als Anhang 5 abgedruckt bei Steinbeiß-Winkelmann/Ott, Rechtsschutz bei überlangen Gerichtsverfahren.

233 Entwurf eines Gesetzes über den Rechtsschutz bei überlangen Gerichtsverfahren und strafrechtlichen Ermittlungsverfahren v. 17.11.2010, BT-Drucksache 17/3802.

234 Begriff nach *Steinbeiß-Winkelmann*, in: dies./Ott, Rechtsschutz bei überlangen Gerichtsverfahren, Einführung Rn. 213. Dort (Rn. 213 ff.) auch ausführlich zur rechtlichen Ausgestaltung nebst Stellungnahmen.

235 EGMR v. 2.9.2010, 46344/06, NJW 2010, 3355.

236 EGMR v. 2.9.2010, 46344/06, NJW 2010, 3355, 3356.

in der Rechtssache *Sürmeli* – dazu veranlasst, unter Anwendung des in Art. 46 EMRK angelegten Musterverfahrens (sog. Pilotverfahren) der Bundesrepublik Deutschland die Rechtspflicht aufzuerlegen, unter Aufsicht des Ministerkomitees Maßnahmen zu treffen, um den in der Konventionsverletzung zum Ausdruck kommenden systematischen bzw. strukturellen Mangel zu beseitigen.[237] Wie schon in der Entscheidung in der Rechtssache *Sürmeli* nahm der Gerichtshof auch diesmal die laufende Gesetzesinitiative zur Kenntnis. Er stellte aber gleichzeitig fest, dass Deutschland es bisher versäumt habe, irgendwelche Maßnahmen wirksam werden zu lassen und verwies insoweit auf den zwischenzeitlich gescheiterten Entwurf eines Untätigkeitsbeschwerdegesetzes. Als Maßnahme im o.g. Sinne formulierte der EGMR daraufhin:

> *„Der Gerichtshof betont, dass Deutschland ohne Verzögerung und spätestens innerhalb eines Jahres seit dem Tag, an dem dieses Urteil endgültig wird, einen Rechtsbehelf einführen muss oder mehrere, um seine Rechtsordnung mit diesem Urteil in Einklang zu bringen und seinen Verpflichtungen aus Art. 46 EMRK nachzukommen."*[238]

In Entsprechung des vom EGMR formulierten Handlungsgebots mündete der Entwurf vom 17.11.2010 sodann auch in dem Gesetz über den Rechtsschutz bei überlangen Gerichtsverfahren und strafrechtlichen Ermittlungsverfahren vom 2.12.2011[239], das im Zentrum der vorliegenden Untersuchung steht und m.W.v. 3.12.2011 in Kraft getreten ist. In dem Vorwort zu dem von ihr mitverfassten Kommentar zu ebendiesem Gesetz äußert sich die in den Entstehungsprozess des Gesetzes eingebundene Ministerialbeamtin *Christine Steinbeiß-Winkelmann* zusammen mit *Georg Ott* wie folgt:

> *„Das jetzt in Kraft getretene Gesetz muss sowohl den Anforderungen an einen effektiven Individualrechtsschutz genügen als auch dem Gebot zur Achtung der richterlichen Unabhängigkeit, die alle Schritte der Rechtsfindung einschließlich der zeitlichen Gestaltung von Verfahren umfasst. Hergestellt werden soll praktische Konkordanz in diesem Spannungsverhältnis. Ob das gelungen ist, muss eine Evaluierung zeigen, die gemäß Beschluss des Deutschen Bundestages zwei Jahre nach dem Inkrafttreten der Neuregelung durchzuführen ist"*[240]

---

237 EGMR v. 2.9.2010, 46344/06, NJW 2010, 3355, 3357 ff. Dort auch zum folgenden Text.

238 EGMR v. 2.9.2010, 46344/06, NJW 2010, 3355, 3358.

239 Gesetz über den Rechtsschutz bei überlangen Gerichtsverfahren und strafrechtlichen Ermittlungsverfahren vom 2.12.2011, BGBl. I 2011, 2302. Ausführlich zu den parlamentarischen Beratungsvorgängen *Steinbeiß-Winkelmann*, in: dies./Ott, Rechtsschutz bei überlangen Gerichtsverfahren, Einführung Rn. 341 ff.

240 Steinbeiß-Winkelmann/Ott, Rechtsschutz bei überlangen Gerichtsverfahren, Vorwort.

Die hier getroffene Aussage ist ein Spiegelbild der Hürden, die das Gesetz letztendlich nehmen sollte. Ob es sie tatsächlich genommen hat, soll anhand der verfassungsrechtlichen Überprüfung in § 5 der vorliegenden Untersuchung untersucht werden.

B. Dogmatische Einordnung

Das Legislativvorhaben will unmittelbar zur Schließung der Rechtsschutzlücke ansetzen, indem es die im deutschen Verfassungsrecht und im Konventionsrecht verankerte Garantie eines gerichtlichen Rechtsschutzes in angemessener Zeit aufnimmt und zusammen mit einem Rechtsdurchsetzungsmechanismus auf einfachrechtlicher Ebene kodifiziert.[241] Die hierzu erforderlichen zentralen Neuerungen finden sich vornehmlich in den Änderungen des *Gerichtsverfassungsgesetzes*.[242] Der Rechtsschutz bei überlangen Gerichtsverfahren und strafrechtlichen Ermittlungsverfahren ist nunmehr im Siebzehnten Titel des Gerichtsverfassungsgesetzes in den §§ 198–201 normiert. Auf die Kernnorm des § 198 folgen mit § 199 spezielle Regelungen für das Strafverfahren sowie mit § 200 eine Regelung der Entschädigungsschuldnerschaft und abschließend mit § 201 spezielle Verfahrensvorschriften. Für das *steuerprozessuale Verfahren* vor den Finanzgerichten sowie vor dem BFH wurde § 155 FGO ein neuer S. 2 angefügt, der die Vorschriften des Siebzehnten Titels des Gerichtsverfassungsgesetzes mit der Maßgabe für entsprechend anwendbar erklärt, dass an die Stelle des Oberlandesgerichts und des Bundesgerichtshofs der Bundesfinanzhof und an die Stelle der Zivilprozessordnung die Finanzgerichtsordnung tritt und ferner die Vorschriften über das Verfahren im ersten Rechtszug entsprechend anwendbar sind.[243] Neben entsprechenden Anpassungen weiterer Verfahrensordnungen und sonstiger Gesetze[244] wurde

---

241 Entwurf eines Gesetzes über den Rechtsschutz bei überlangen Gerichtsverfahren und strafrechtlichen Ermittlungsverfahren vom 17.11.2010, BT-Drucksache 17/3802, 15. Die maßgeblichen Entscheidungen des EuGH und des BVerfG, die den Gesetzgeber erst zum Handeln veranlassten, werden hier ebenfalls ausdrücklich in Bezug genommen.

242 s. Art. 1 des Gesetz über den Rechtsschutz bei überlangen Gerichtsverfahren und strafrechtlichen Ermittlungsverfahren v. 24.11.2001, BGBl. I 2011, 2302.

243 s. Art. 9 des Gesetz über den Rechtsschutz bei überlangen Gerichtsverfahren und strafrechtlichen Ermittlungsverfahren v. 24.11.2001, BGBl. I 2011, 2302, 2305.

244 Im Einzelnen wurden geändert: Die Bundesnotarordnung (Art. 3), die Bundesrechtsanwaltsordnung (Art. 4), die Zivilprozessordnung (Art. 5), das Arbeitsgerichtsgesetz (Art. 6), das Sozialgerichtsgesetz (Art. 7), die Verwaltungsgerichtsordnung (Art. 8), das Gerichtskostengesetz (Art. 10), das Rechtsanwaltsvergütungsgesetz (Art. 11), das

eine Übergangsregelung[245] und abschließend das Inkrafttreten geregelt. Eine Sonderstellung nimmt die Änderung des *Bundesverfassungsgerichtsgesetzes* ein.[246] Im Gegensatz zu den übrigen Verfahrensordnungen, denen eine entsprechende Anwendung der Regelungen des Gerichtsverfassungsgesetzes zugewiesen wurde, ist dem Bundesverfassungsgerichtsgesetz in den §§ 97a–97e ein eigenständiges Regelungssystem zugestanden worden, das sich von dem im Gerichtsverfassungsgesetz kodifizierten Regelungsmodell unterscheidet.[247]

I. Das Regelungssystem im Gerichtsverfassungsgesetz[248]

1. Überblick

Betrachtet man das Regelungssystem der §§ 198–201 GVG, so rückt v.a. die *Kernnorm* des § 198 GVG in den Fokus. § 198 GVG enthält die wesentlichen normativen Ausgestaltungen der neuen Rechtsschutzzone. Unterteilt man das Regelungssystem in die Elemente Tatbestand und Rechtsfolge, lässt sich hierfür aus § 198 I 1 GVG entnehmen, dass derjenige, der infolge unangemessener Dauer eines Gerichtsverfahrens als Verfahrensbeteiligter einen Nachteil erleidet, angemessen entschädigt wird. Der maßgebliche *Tatbestand* knüpft an die Verletzung des Rechts auf Erledigung eines gerichtlichen Verfahrens in angemessener Dauer an und spricht infolgedessen als Rechtsfolge eine Entschädigung aus.[249] Hier zeigt sich deutlich der kompensatorische Charakter der neuen Rechtsschutzzone. Gleichwohl will die kodifizierte Lösung keine rein kompensatorische sein, sondern auch eine präventive Komponente enthalten. Diese sieht der Gesetzgeber in der in

EG-Verbraucherschutzdurchsetzungsgesetz (Art. 12), das Patentgesetz (Art. 13), das Gebrauchsmustergesetz (Art. 14), das Markengesetz (Art. 15), die Patentanwaltsordnung (Art. 16), das Halbleiterschutzgesetz (Art. 17), das Geschmacksmustergesetz (Art. 18), die Wehrbeschwerdeordnung (Art. 19), die Wehrdisziplinarordnung (Art. 20), das Gesetz gegen Wettbewerbsbeschränkungen (Art. 21), das Energiewirtschaftsgesetz (Art. 22).

245 s. Art. 23 des Gesetz über den Rechtsschutz bei überlangen Gerichtsverfahren und strafrechtlichen Ermittlungsverfahren v. 24.11.2001, BGBl. I 2011, 2302, 2311 f.

246 s. Art. 2 des Gesetz über den Rechtsschutz bei überlangen Gerichtsverfahren und strafrechtlichen Ermittlungsverfahren v. 24.11.2001, BGBl. I 2011, 2303 ff.

247 Entwurf eines Gesetzes über den Rechtsschutz bei überlangen Gerichtsverfahren und strafrechtlichen Ermittlungsverfahren vom 17.11.2010, BT-Drucksache 17/3802, 26.

248 Und über § 155 S. 2 FGO entsprechend in der Finanzgerichtsordnung. Im Folgenden wird auf den Verweis verzichtet.

249 Entwurf eines Gesetzes über den Rechtsschutz bei überlangen Gerichtsverfahren und strafrechtlichen Ermittlungsverfahren vom 17.11.2010, BT-Drucksache 17/3802, 18.

§ 198 III 1 GVG kodifizierten Verzögerungsrüge.[250] Hiernach erhält nur derjenige eine Entschädigung, der zuvor bei dem mit der Sache befassten Gericht die Dauer des Verfahrens gerügt hat. Die Verzögerungsrüge ist damit jedoch nicht etwa Teil des prozessualen Rechtsdurchsetzungsmechanismus, sondern bloß ergänzendes Tatbestandsmerkmal für einen (materiellen) Entschädigungsanspruch.[251]

2. *Tatbestand*

a) Der maßgebliche Tatbestand ist die Verletzung des verfassungs- und konventionsrechtlich verbürgten Rechts eines Verfahrensbeteiligten auf Erledigung seines gerichtlichen Verfahrens in angemessener Dauer.[252] Der Gesetzgeber hat sich hierzu für die Kodifizierung eines *unbestimmten Rechtsbegriffs* entschieden (s. § 198 I 1 GVG).[253] Dieser soll es ermöglichen, eine einzelfallabhängige Entscheidung über die Unangemessenheit zu treffen. Die Festlegung bzw. Definition eines absoluten zeitlichen Werts ist nach Ansicht des Gesetzgebers nicht möglich. Die Angemessenheit der Verfahrensdauer soll sich daher nach den Umständen des Einzelfalls richten. Hierzu soll an bestimmte (nicht abschließende) Maßstäbe angeknüpft werden, die der Rechtsprechung sowohl des BVerfG wie auch des EuGH entstammen. Dazu zählt der Gesetzgeber die Schwierigkeit und Bedeutung des Verfahrens und das Verhalten der Verfahrensbeteiligten und Dritter (s. § 198 I 2 GVG). Bezugspunkt für die Beurteilung der unangemessenen Verfahrensdauer ist dabei jedes gerichtliche[254] Gesamtverfahren von der Einleitung bis zum rechtskräftigen Abschluss einschließlich der Verfahren des vorläufigen Rechtsschutzes und der Bewilligung von Prozess- oder Verfahrenskostenhilfe mit Ausnahme des Insolvenzverfahrens (s. § 198 VI Nr. 1 GVG).[255]

---

250 Entwurf eines Gesetzes über den Rechtsschutz bei überlangen Gerichtsverfahren und strafrechtlichen Ermittlungsverfahren vom 17.11.2010, BT-Drucksache 17/3802, 20.

251 Entwurf eines Gesetzes über den Rechtsschutz bei überlangen Gerichtsverfahren und strafrechtlichen Ermittlungsverfahren vom 17.11.2010, BT-Drucksache 17/3802, 21.

252 Entwurf eines Gesetzes über den Rechtsschutz bei überlangen Gerichtsverfahren und strafrechtlichen Ermittlungsverfahren vom 17.11.2010, BT-Drucksache 17/3802, 18. Dort auch zum folgenden Text.

253 Zu alternativen Überlegungen der Formulierung des Tatbestandes s. die Nachweise bei *Steinbeiß-Winkelmann*, in: dies./Ott, Rechtsschutz bei überlangen Gerichtsverfahren, Einführung Rn. 350.

254 Zum behördlichen Vorverfahren s. noch unter § 5 E.

255 Zur prozessualen Bewältigung der Gesamtbetrachtung s. bei: *Ott*, in: Steinbeiß-Winkelmann/ders., Rechtsschutz bei überlangen Gerichtsverfahren, § 198 GVG, Rn. 51 ff.

b) Vom Gesetzgeber als Obliegenheit beschrieben, ist die in § 198 III 1 GVG legal definierte *Verzögerungsrüge* bloß (ergänzendes) Tatbestandsmerkmal des (materiellen) Entschädigungsanspruchs und nicht als eigenständiger Rechtsbehelf zu erfassen.[256] Der Gesetzgeber will ihr eine doppelte Intention beimessen. Zum einen soll sie dem Ausgangsgericht, bei dem sie zu erheben ist, als Warnfunktion dienen und zum anderen soll sie der Möglichkeit des Dulde und Liquidiere entgegenstehen. Die Verzögerungsrüge kann beim Ausgangsgericht erst erhoben werden, wenn Anlass zur Besorgnis besteht, dass das Verfahren nicht innerhalb einer angemessenen Zeit abgeschlossen wird (s. § 198 III 2 1. Alt. GVG). Der Gesetzgeber hat die Verzögerungsrüge insoweit weder mit Beweis- noch mit Begründungserfordernissen verknüpft. Auch eine besondere Form ist nicht vorgesehen. Sie leitet kein eigenständiges Verfahren ein. Es besteht keine Pflicht zur Bescheidung.

3. *Rechtsfolge*[257]

Die Rechtsfolge, die an die Verletzung des Rechts auf Erledigung eines gerichtlichen Verfahrens in angemessener Dauer anknüpft, ist die *angemessene Entschädigung*. Der Gesetzgeber bezeichnet ihn als verschuldensunabhängigen staatshaftungsrechtlichen Anspruch sui generis, der einen Ausgleich für materielle wie auch für immaterielle Nachteile schafft.[258] Als materielle Nachteile benennt der Gesetzgeber exemplarisch Kostenerhöhungen im Ausgangsverfahren aufgrund der Verzögerung und die notwendigen Anwaltskosten für die vorprozessuale Verfolgung des Entschädigungsanspruchs.[259] Etwaige Zinsvorteile, die

---

256 Entwurf eines Gesetzes über den Rechtsschutz bei überlangen Gerichtsverfahren und strafrechtlichen Ermittlungsverfahren vom 17.11.2010, BT-Drucksache 17/3802, 20 f. Dort auch zum folgenden Text.

257 Zur Klarstellung sei hier darauf hingewiesen, dass mit der Bezeichnung Rechtsfolge im hiesigen Kontext die materiell-rechtliche Rechtsfolge des Bestehens eines Entschädigungsanspruchs gemeint ist und nicht – die später im Mittelpunkt stehende – prozessuale Rechtsdurchsetzung eben dieses Anspruchs als formell-rechtliche Rechtsfolge des Primär- oder Sekundärrechtsschutzsystems (s. dazu in § 5 A.).

258 Entwurf eines Gesetzes über den Rechtsschutz bei überlangen Gerichtsverfahren und strafrechtlichen Ermittlungsverfahren vom 17.11.2010, BT-Drucksache 17/3802, 19 f. Dort auch zum folgenden Text.

259 Auf Betreiben des Rechtsausschusses wurde die Formulierung „angemessene" Entschädigung eingefügt; dadurch sollte v.a. ein Ersatz entgangenen Gewinnes ausgeschlossen werden, welcher in der Begründung zum Gesetzentwurf noch als möglicher Posten aufgeführt war, s. hierzu Beschlussempfehlung und Bericht des Rechtsausschusses zum Gesetzentwurf der Bundesregierung v. 28.9.2011, BT-Drucksache 17/7217.

sich aus den Vorschriften der AO ergeben, sind im Rahmen des Vorteilsausgleichs zu berücksichtigen, um eine Überkompensation zu vermeiden. Nachteil und Ursächlichkeit sind dabei im Entschädigungsprozess vom Geschädigten nachzuweisen. Hinsichtlich der immateriellen Nachteile benennt der Gesetzgeber exemplarisch den seelischen Unbill, körperliche Beeinträchtigungen, Rufschädigungen und explizit die Entfremdung des Kindes von einem Elternteil. Insbesondere die Regelungen, die die immateriellen Nachteile betreffen, weisen dabei nennenswerte Besonderheiten auf. Ein Nachteil, der nicht Vermögensnachteil ist, wird zugunsten des Betroffenen widerlegbar vermutet, wenn ein Gerichtsverfahren unangemessen lange gedauert hat (s. § 198 II 1 GVG). Dabei sieht das Gesetz grundsätzlich eine pauschale Geldentschädigung vor (s. § 198 II 3 GVG). Eine Entschädigung in Geld wird für immaterielle Nachteile jedoch dann nicht gezahlt, wenn eine Wiedergutmachung auf andere Weise ausreichend ist (s. § 198 II 2 GVG). Wiedergutmachung auf andere Weise ist insbesondere möglich durch die Feststellung des Entschädigungsgerichts, dass die Verfahrensdauer unangemessen war (s. § 198 IV 1 GVG). Zuständig für die Klage auf Entschädigung im Rahmen der prozessualen Durchsetzung (s. § 195 V GVG[260]) ist sodann in Abhängigkeit vom Antragsgegner (s. § 200 GVG) das OLG oder der BGH (s. § 201 I GVG). Entschädigungsklagen wegen überlanger steuerprozessualer Verfahren vor den Finanzgerichten und vor dem BFH fallen abweichend hiervon ausschließlich in die Zuständigkeit des BFH (s. § 155 S. 2 FGO).

4. *Verhältnis zu anderen Rechtsschutz-Instituten*

Aufgrund des neuen Kodifikats stellt sich die Frage nach dem Verhältnis zu anderen bereits bekannten Rechtsschutz-Instituten. Der Gesetzgeber selbst hat sich insoweit zu möglichen Ansprüchen aus *Amtshaftung* geäußert, zu denen Anspruchskonkurrenz bestehe.[261] Darüber hinaus geht der Gesetzgeber davon aus, dass *außerordentliche ungeschriebene Rechtsbehelfe* nunmehr hinfällig seien, weil die Rechtsschutzlücke abschließend geschlossen wurde. Eine Regelungslücke als Analogievoraussetzung bestehe grundsätzlich nicht mehr.[262] Bei

---

260 Hierbei handelt es sich um eine Leistungsklage, s. hierzu *Ott*, in: Steinbeiß-Winkelmann/ders., Rechtsschutz bei überlangen Gerichtsverfahren, § 198 GVG, Rn. 242 und 262 f.

261 Entwurf eines Gesetzes über den Rechtsschutz bei überlangen Gerichtsverfahren und strafrechtlichen Ermittlungsverfahren vom 17.11.2010, BT-Drucksache 17/3802, 19.

262 Entwurf eines Gesetzes über den Rechtsschutz bei überlangen Gerichtsverfahren und strafrechtlichen Ermittlungsverfahren vom 17.11.2010, BT-Drucksache 17/3802, 16.

diesen vom Gesetzgeber ins Feld geführten Abgrenzungen verbleibt es jedoch nicht. Für den hiesigen Untersuchungsgegenstand sind dabei insbesondere das Verhältnis zu den geschriebenen ordentlichen Rechtsbehelfen *(a])* sowie das zur Verfassungsbeschwerde *(b])* von Bedeutung.

a) Beginnend mit dem Verhältnis zu den *geschriebenen ordentlichen Rechtsbehelfen* rückt das Verhältnis zur Rüge von Verfahrensfehlern mit Hilfe der ordentlichen Rechtsbehelfe in den Blick (s. z. B. §§ 124 ff. u. 132 ff. VwGO bzw. §§ 115 ff. FGO). Kann die Entscheidung des Vorderrichters auf einem Verfahrensmangel beruhen, ist eine Überprüfung dieser Entscheidung angezeigt. Unter § 2 E. wurde herausgearbeitet, dass eine (einmalige) Überprüfung einer gerichtlichen Entscheidung immer dann von Verfassungs wegen geboten ist, wenn der zur Prüfung berufene Vorderrichter im Rahmen dieser Prüfung einen eigenen neuen Streitgegenstand auslöst, indem er hierbei (möglicherweise) ein subjektiv-öffentliches Justizrecht verletzt. Hier sind sodann zwei Konstellationen zu unterscheiden. In der ersten Konstellation hat die Verletzung des subjektiv-öffentlichen Justizrechts durch den Vorderrichter *keinerlei* Auswirkungen auf den Inhalt der von ihm getroffenen Entscheidung. Hier spielt allein der vom Vorderrichter neu geschaffene bisher unkontrollierte Streitgegenstand eine Rolle. Gelangt der Nachrichter zu dem Ergebnis, dass der Vorderrichter das subjektiv-öffentliche Justizrecht tatsächlich verletzt hat, spricht er diese Verletzung aus. Diese Verletzung muss also korrigiert werden (s. zur Korrektur von Rechtsverletzungen unter § 2 B. III.). Da ein solcher isolierter Verfahrensfehler grundsätzlich einen unumkehrbaren Rechtsverlust begründet, steht hier der Kompensationsanspruch im Vordergrund. Gleichzeitig ist damit aber auch dargelegt, dass dort, wo ein unumkehrbarer Rechtsverlust droht, der Präventionsanspruch als Mittel der Wahl zu aktivieren ist, um diesen Verlust zu vermeiden, wenn dieser vorhersehbar ist. In der zweiten Konstellation spielt prinzipiell ebenfalls nur der bisher unkontrollierte Streitgegenstand eine Rolle. Dieser kann jedoch eine *Auswirkung* auf den Inhalt der vom Vorderrichter getroffenen Entscheidung über den ursprünglichen Streitgegenstand haben. Dies ist der Fall, wenn bei Hinwegdenken der Verletzung des subjektiv-öffentlichen Justizrechts die Entscheidung des Vorderrichters inhaltlich anders ausgefallen wäre.[263] Gelangt der Nachrichter hier zu dem Ergebnis, dass der Vorderrichter das subjektiv-öffentliche Justizrecht tatsächlich verletzt hat, spricht er diese Verletzung aus. Ein solcher nicht isolierter

263 Zur Abgrenzung der Revisionszulassung in § 115 FGO zu den Revisionsgründen in § 118 f. FGO wie auch zur Revisionsentscheidung in § 126 FGO, s. *Seer*: in: Tipke/Kruse, § 115 FGO Rn. 115 ff., Stand 10/2012.

Verfahrensfehler begründet grundsätzlich keinen unumkehrbaren Rechtsverlust, so dass der Repressionsanspruch im Vordergrund steht. Mit dessen Hilfe werden die Folgen dieses Fehlers korrigiert. Eine ansonsten auch in den Augen des Nachrichters korrekte Entscheidung des Vorderrichters ist also inhaltlich nach der Maßgabe zu ändern, wie sie ohne den besagten Verfahrensfehler ausgesehen hätte.

Für den hiesigen Untersuchungsgegenstand hat vorstehende Kategorisierung folgende Bedeutung. Ein unangemessen langes (steuer-) prozessuales Verfahren begründet die Verletzung eines subjektiv-öffentlichen Justizgrundrechts (s. dazu noch unter § 5 B. I 1. a]). Die vom Gesetzgeber geschaffene *Rechtsschutzlösung* bedient ausschließlich die Konstellation, in der eine unangemessen lange (steuer-) prozessuale Verfahrensdauer *keine* Auswirkung auf den Inhalt der Entscheidung hat. Kann jedoch dargelegt werden, dass bereits die Möglichkeit besteht, dass diese Entscheidung *inhaltlich anders* ausgefallen wäre, wenn sie in angemessener Zeit ergangen wäre, sind die Anforderungen bedient, die an die zweitgenannte Konstellation gestellt werden.[264] Dementsprechend ist der Weg über die o.g. *ordentlichen Rechtsbehelfe* zu beschreiten.[265] Das Verhältnis dieser beiden Konstellationen ist dabei nicht im Sinne eines echten Konkurrenzverhältnisses ausgestaltet (so z. B. die Regelungen zur Anhörungsrüge in §§ 152 I Nr. 2 VwGO bzw. 133a I Nr. 2 FGO). Der jeweilige Anwendungsbereich ist vielmehr anhand des Rechtsschutzzieles zu bestimmen. Geht es dem betroffenen Bürger (auch) um die inhaltliche Änderung der Entscheidung des Vorderrichters, ist der Weg über die o.g. ordentlichen Rechtsbehelfe zu beschreiten. Anderenfalls muss er den Weg über die vom Gesetzgeber neu geschaffene Rechtsschutzzone gehen. Damit ist jedoch noch nichts dazu gesagt, in *welchen Fällen* (auch) eine inhaltliche Änderung der Entscheidung des Vorderrichters möglich ist. Hier sind z. B. Fälle denkbar, in denen (obergerichtliche) Rechtsprechung (zuungunsten des Betroffenen) ergangen ist. In diesen Fällen wäre also zu prüfen, ob die Entscheidung des Vorderrichters, wäre sie in angemessener Zeit ergangen, inhaltlich anders ausgefallen wäre, weil die (obergerichtliche) Rechtsprechung zu diesem Zeitpunkt noch nicht ergangen ist.[266] Ein weiterer denkbarer Fall stellt sich im

---

264 BFH v. 26.10.2011, IV B 129/10, BFH/NV 2012, 263, 265.

265 Für die Revision nach §§ 115 ff. FGO: *Olgemöller*, AG 2013, 249, 250; *Seer*, in: Tipke/Kruse, § 115 FGO Rn. 118., Stand 10/2012. S. jüngst auch BFH v. 20.7.2017, VIII B 107/6, BFH/NV2017, 1458.

266 Dementsprechend will der BFH v. 20.11.2013, X K 2/12, BStBl. II 2014, 395 auch eine Entschädigung versagen, wenn der Betroffene im Ausgangsverfahren nur aufgrund einer nach Eintritt der Überlänge eingetretenen Änderung der höchstrichterlichen

Zusammenhang mit dem Beweisrecht ein. Je länger ein Verfahren dauert, desto schwieriger kann es für den Beweispflichtigen werden, den Beweis ordnungsgemäß zu führen. Exemplarisch sei hier nur auf die Erinnerungsfähigkeit von Zeugen hingewiesen. In diesen Fällen kann sich also ein Beweisnotstand einstellen, der erst durch die unangemessene Dauer des (steuer-) prozessualen Verfahrens hervorgerufen oder verstärkt wurde. Eine auf dieser Grundlage zu Lasten des Betroffenen ergangene Beweislastentscheidung wäre möglicherweise nicht ergangen, wenn das gerichtliche Verfahren in einer angemessenen Dauer erledigt worden wäre.[267]

b) Aufgrund der grundrechtlichen Relevanz des Anspruchs auf Erledigung eines (steuer-) prozessualen Verfahrens in angemessener Dauer stand bereits vor der Kodifikation der hier interessierenden Rechtsschutzzone die *Verfassungsbeschwerde* nach Art. 93 I Nr. 4a GG, §§ 13 Nr. 8a, 90 ff. BVerfGG zur Verfügung, indem die Verletzung eben dieses Anspruchs gerügt wurde.[268] Nunmehr stellt sich nach Kodifikation des Gesetzes über den Rechtsschutz bei überlangen Gerichtsverfahren die Frage nach dem Verhältnis zu einer möglichen Verfassungsbeschwerde. Die Fragestellungen knüpfen dabei an die allgemeine Funktionsabgrenzung von Fach- und Verfassungsgerichtsbarkeit an, wie sie in dem Grundsatz der Rechtswegerschöpfung in § 90 II BVerfGG und der Subsidiarität der Verfassungsbeschwerde als dessen richterrechtliche Ergänzung zum Ausdruck kommen. Im Kern zielen diese auf Entlastung des BVerfG indem sie die Fachgerichtsbarkeit in Stellung bringen, um dem BVerfG in tatsächlicher und rechtlicher Hinsicht einen vollständig aufbereiteten Streitstoff zu liefern.[269] Es ist also zu fragen, ob die neu geschaffenen Möglichkeiten der Verzögerungsrüge

---

Rechtsprechung zu seinen Gunsten obsiegt hat. Et vice versa muss dies dann aber erst-recht auch für die Fälle gelten, wenn sich die höchstrichterliche Rechtsprechung zuungunsten des Betroffenen geändert hat und die Entscheidung deshalb anders ausgefallen wäre, wenn sie in angemessener Zeit getroffen worden wäre.

267 *Seer*, in: Tipke/Kruse, § 115 FGO Rn. 118., Stand 12/2012. *Olgemöller*, AG 2013, 249, 250 schlägt in diesen Fällen Beweiserleichterungen vor. Bei *Olgemöller* a.a.O. finden sich unter Auswertung der Rechtssprechung noch weitere mögliche Auswirkungen eines überlangen steuerprozessualen Verfahrens wie z. B. die materielle Verwirkung, steuerrechtliche Nebenleistung oder der Sofortvollzug (Gewährung von AdV). S. hierzu jüngst auch BFH v. 27.4.2016, X R 1/15, BFHE 253, 306.

268 S. hierzu die Nachweise aus der verfassungsgerichtlichen Rechtsprechung bei: *Steinbeiß-Winkelmann*, in: dies./Ott, Rechtsschutz bei überlangen Gerichtsverfahren, Einleitung Rn. 21.

269 Allgemein dazu: *Benda/Klein*, Verfassungsprozessrecht, 3. Auflage, § 19 Rn. 567 ff.

wie auch der Entschädigungsklage vor Erhebung einer Verfassungsbeschwerde im fachgerichtlichen Rechtsschutzwege zu beschreiten sind. Dabei sei an dieser Stelle darauf hingewiesen, dass es hier allein um den von der *Judikative* ausgelösten Streitgegenstand geht, wie diese (möglicherweise) ein konkret-individuelles (steuer-) prozessuales Verfahren nicht in angemessener Dauer erledigt hat (s. noch eingehend zum abstrakt-generellen Streitgegenstand der *Legislative* unter § 5 D. II. dessen Verfassungskonformität hier zunächst „unterstellt" werden soll). Das BVerfG selbst geht hier davon aus, dass die Verzögerungsrüge wie auch die Entschädigungsklage vor einer Verfassungsbeschwerde zu beschreiten sind.[270] Dem ist zuzustimmen. Der streitgegenständliche konkret-individuelle Judikativakt unterfällt dem Primat der Fachgerichtsbarkeit (s. hierzu unter § 2 F. IV.). Die Fachgerichtsbarkeit besitzt die erforderliche Prüfungs- wie auch Verwerfungskompetenz.[271] Der „Umweg" über die Fachgerichtsbarkeit ist hier intendiert und nicht seinerseits rechtfertigungsbedürftig.[272]

II. Das Regelungssystem im Bundesverfassungsgerichtsgesetz

Das im Bundesverfassungsgerichtsgesetz kodifizierte eigenständige und in Teilen abweichende Regelungssystem begründet der Gesetzgeber anhand organisatorischer und verfahrensmäßiger Besonderheiten.[273] Es handelt sich um eine *spezialgesetzliche Vollregelung*, die vom Regelungssystem des GVG losgelöst ist.[274] Hinsichtlich der Formulierung des maßgeblichen *Tatbestands* (s. § 97 a I

270 Zur Verzögerungsrüge: BVerfG v. 21.12.2011, 1 BvQ 44/11, BayVBl. 2012, 314 (Rechtswegerschöpfung); BVerfG v. 6.6.2013, 2 BvQ 26/13 (Subsidiarität). Zur Entschädigungsklage: BVerfG v. 30.5.2012, 1 BvR 2291/11, BVerfGK 19, 424 (Rechtswegerschöpfung); BVerfG v. 16.10.2014, 2 BvR 437/12, NStZ-RR 2015, 61 (Subsidiarität). S. dazu auch bei: *Steinbeiß-Winkelmann*, in: dies./Ott, Rechtsschutz bei überlangen Gerichtsverfahren, Einleitung Rn. 378 ff. m.w.N.

271 Das BVerfG a.a.O. nimmt hier eine erweiterte Verwerfungskompetenz an, die über die des BVerfG im Rahmen der rein feststellenden Verfassungsbeschwerde hinausgehe.

272 Anders liegt der Fall bei einer abstrakt-generellen legislativen Maßnahme; dort ist der „Umweg" über die Fachgerichtsbarkeit seinerseits rechtfertigungsbedürftig und nicht intendiert. S. hierzu noch unter § 5 D. II. Nach erfolgloser Verfassungsbeschwerde kommt sodann auch hier als ultima ratio eine Individualbeschwerde zum EGMR nach Art. 34 EMRK in Betracht.

273 Entwurf eines Gesetzes über den Rechtsschutz bei überlangen Gerichtsverfahren und strafrechtlichen Ermittlungsverfahren vom 17.11.2010, BT-Drucksache 17/3802, 26.

274 *Ott*, in: Steinbeiß-Winkelmann/ders., Rechtsschutz bei überlangen Gerichtsverfahren, § 97a BVerfGG Rn. 1.

BVerfGG) unterscheidet sich die Normierung von der Parallelregel im Gerichtsverfassungsgesetz zunächst nur dadurch, dass sich die Angemessenheit der Verfahrensdauer nach den Umständen des Einzelfalls unter Berücksichtigung der Aufgaben und der Stellung des Bundesverfassungsgerichts richtet. Dementsprechend liegt diesem Konzept grundsätzlich keine Gesamtverfahrensdauer, sondern eine isolierte Betrachtungsweise zugrunde.[275] Der Gesetzgeber hat auf die Aufzählung einzelner Kriterien zwar bewusst verzichtet, um die besondere Perspektive der Angemessenheitsprüfung im verfassungsgerichtlichen Verfahren zu verdeutlichen. Gleichwohl sollen die Kriterien wie die Bedeutung der Sache, die Schwierigkeit und Komplexität des Falles sowie das Verhalten der Beteiligten auch hier als Anknüpfungspunkt für die Beurteilung der Verfahrensdauer herangezogen werden. Bei der Beurteilung sind dann jedoch zusätzlich die besonderen Aufgaben und die Stellung des BVerfG zu berücksichtigen.[276] Anders als im System des Gerichtsverfassungsgesetzes ist die *Verzögerungsrüge* des § 97 b I 2 BVerfGG nicht als Tatbestandsmerkmal des Entschädigungsanspruchs, sondern als Zulässigkeitsvoraussetzung[277] der nachfolgenden Verzögerungsbeschwerde geregelt worden.[278] Die Verzögerungsrüge unterliegt sodann auch einem Schriftform- und Darlegungserfordernis (s. § 97 b I 3 BVerfGG). Einer Bescheidung der Verzögerungsrüge soll es dagegen zur Vermeidung kontraproduktiver Belastungsfolgen auch hier nicht bedürfen (s. § 97 b I 5 BVerfGG). Sie ist beim BVerfG zu erheben. Von besonderer Bedeutung ist darüber hinaus die Kodifizierung einer *Mindestfrist* in § 97 b I 4 BVerfGG. Hiernach ist die Verzögerungsrüge frühestens zwölf Monate nach Eingang des Verfahrens beim Bundesverfassungsgericht zulässig. Der Gesetzgeber geht davon aus, dass eine Verfahrensdauer von einem Jahr noch nicht als unangemessen anzusehen ist, da im Durchschnitt der Jahre 2000 bis 2009 gut zwei Drittel aller Verfassungsbeschwerdeverfahren innerhalb eines Jahres erledigt waren. Die Entschädigungsregelungen des Gerichtsverfassungsgesetzes auf *Rechtsfolgenseite* finden ihr inhaltliches Äquivalent in § 97 a II BVerfGG. Zur prozessualen Durchsetzung des Entschädigungsanspruchs dient

275 *Ott*, in: Steinbeiß-Winkelmann/ders., Rechtsschutz bei überlangen Gerichtsverfahren, § 97a BVerfGG Rn. 10.

276 Entwurf eines Gesetzes über den Rechtsschutz bei überlangen Gerichtsverfahren und strafrechtlichen Ermittlungsverfahren vom 17.11.2010, BT-Drucksache 17/3802, 26.

277 S. hierzu bei: *Ott*, in: Steinbeiß-Winkelmann/ders., Rechtsschutz bei überlangen Gerichtsverfahren, § 97b BVerfGG Rn. 3.

278 Entwurf eines Gesetzes über den Rechtsschutz bei überlangen Gerichtsverfahren und strafrechtlichen Ermittlungsverfahren vom 17.11.2010, BT-Drucksache 17/3802, 27. Dort auch zum folgenden Text.

dabei die Verzögerungsbeschwerde (s. § 97 b I 1 BVerfGG), über die gem. § 97 c I 1 BVerfGG eine separate Beschwerdekammer zu befinden hat. Einer Begründung bedarf es nicht (s. § 97d II 3 BVerfGG).

C. Entwicklungsgeschichte

Unter dem Aspekt der Entwicklungsgeschichte werden nachfolgend die für die konkret-individuelle Auslegung der neuen Rechtsschutzzone bedeutsamem Judikate sowie jene thematisiert, die sich in abstrakt-genereller Hinsicht mit ihr auseinandersetzen. Einen weiteren Aspekt der Entwicklungsgeschichte liefert der Evaluierungsauftrag des Bundestags.[279]

I. Rechtsprechung des BFH

Der nach dem Geschäftsverteilungsplan für Entschädigungsklagen primär zuständige X. Senat des BFH hat zum Begriff der unangemessenen Dauer eines erstinstanzlichen finanzgerichtlichen Klageverfahrens erstmals ausführlich mit einem Judikat vom 7.11.2013 Stellung genommen.[280] Unter Heranziehung verfassungs- und völkerrechtlicher Grundsätze sowie der Gesetzesmaterialien spricht der Senat sich zunächst *gegen* eine Auslegung aus, die den Begriff der Unangemessenheit mit einer konkreten (absoluten) Frist bezeichnet. Stattdessen – so der Senat – sei eine Bewertung der Umstände des Einzelfalls *stets* erforderlich. Gleichwohl könne angesichts der besonderen Bedingungen, die im Vergleich zu anderen Gerichtsbarkeiten eher homogene Fallstruktur in der Finanzgerichtsbarkeit und die relativ einheitliche Bearbeitungsdauer der einzelnen Gerichte und Spruchkörper, für bestimmte typischerweise zu durchlaufende Abschnitte erstinstanzlicher finanzgerichtlicher Klageverfahren – nicht jedoch für ihre Gesamtdauer – *zeitraumbezogene Konkretisierungen* gefunden werden. Vorrang behalte dennoch die stets vorzunehmende Einzelfallbetrachtung.[281] Aufgrund der Vergleichbarkeit der Verfahrenssituationen und Streitgegenstände und einer erheblich geringeren Varianz, als dies in der Verwaltungs- und Zivilgerichtsbarkeit der Fall sei, lasse sich der Ablauf der weitaus meisten erstinstanzlichen finanzgerichtlichen Klageverfahren in drei Phasen einteilen. Die *erste Phase* bestehe in der

279 Beschlussempfehlung und Bericht des Rechtsausschusses zum Gesetzentwurf der Bundesregierung v. 28.9.2011, BT-Drucksache 17/7217, 3 f.

280 BFH v. 7.11.2013, X K 13/12, BStBl. II 2014, 179. Erste Ansätze hierzu lieferte der X. Senat bereits mit Urteil v. 17.4.2013, X K 3/12, BStBl. II 2013, 547.

281 BFH v. 7.11.2013, X K 13/12, BStBl. II 2014, 179, 184 ff. Dort auch zum folgenden Text.

Einreichung und im Austausch vorbereitender Schriftsätze durch die Beteiligten (s. § 77 I 1 FGO). Das Gericht werde in dieser Phase zumeist nur insoweit tätig, als es eingehende Schriftsätze weiterleite; die Erteilung rechtlicher Hinweise beschränke sich auf Ausnahmefälle. Die *zweite Phase* schließe sich hieran an und definiere den Zeitraum, in dem das Verfahren gerichtsorganisatorisch durch die Gesamtzahl der übrigen zu bearbeitenden Fälle nicht bearbeitet werde. Die *dritte Phase* beginne, sobald das Gericht Maßnahmen ergreife, die das Verfahren einer Entscheidung zuführen sollen (z. B. Handlungen der Sachaufklärung, Erteilung rechtlicher Hinweise, sonstige in § 79 FGO genannte Anordnungen, in einfach gelagerten Fällen auch die sofortige Ladung zur mündlichen Verhandlung). Bei einem erstinstanzlichen finanzgerichtlichen Klageverfahren, das im Vergleich hierzu keine wesentlichen Besonderheiten aufweise, spreche eine *Vermutung* dafür, dass die Dauer des Verfahrens *angemessen* sei, wenn das Gericht gut zwei Jahre nach dem Eingang der Klage mit Maßnahmen beginne, die das Verfahren einer Entscheidung zuführen sollen und die damit begonnene dritte Phase nicht durch nennenswerte Zeiträume unterbrochen werde, in denen das Gericht die Akte nicht bearbeite. Der erkennende Senat nimmt hier eine Konkretisierung des Begriffs der Unangemessenheit vor, die die Spezifika des erstinstanzlichen finanzgerichtlichen Klageverfahrens berücksichtigt. Es ist jedoch zu unterstreichen, dass der Senat im Ergebnis der Einzelfallbetrachtung *stets* den Vorzug einräumt, indem er die dritte Phase des Verfahrensablaufs von einer zeitlichen Konkretisierung freistellt. Diese Rechtsprechung hat der BFH sodann in Folgeentscheidungen bestätigt.[282]

II. (Widerspruch zur) Rechtsprechung sonstiger Bundesgerichte

Bereits frühzeitig nach der grundlegenden Auseinandersetzung mit dem Begriff der Unangemessenheit musste sich der BFH mit der Frage auseinandersetzen, ob er sich mit seinem Drei-Phasen-Modell in Widerspruch zur Rechtsprechung der anderen obersten Gerichtshöfe des Bundes setzt.[283] Der X. Senat *verneint* einen Widerspruch und sieht keinerlei Anlass zur Anrufung des Gemeinsamen Senats der obersten Gerichtshöfe des Bundes.[284] Das *BVerwG* hat in seinem Urteil

---

282 Soweit ersichtlich erstmals im Urteil v. 19.3.2014, X K 8 /13, BStBl. II 2014, 584; ebenso in den amtlich veröffentlichten Entscheidungen v. 4.6.2014, X K 12/13, BStBl. II 2014, 933; v. 20.8.2014, X K 9/13, BStBl. II 2015, 33.

283 BFH v. 4.6.2014, X K 12/13, BStBl. II 2014, 933.

284 BFH v. 4.6.2014, X K 12/13, BStBl. II 2014, 933, 935. Diese Einschätzung hat er jüngst bestätigt, s. Urteil v. 2.12.2015, X K 7/14, BStBl. II 2016, 405.

v. 11.7.2013[285] ausgeführt, dass es sich für die Beurteilung, ob die Verfahrensdauer angemessen sei, verbiete, von Orientierungs- oder Richtwerten für die Laufzeit verwaltungsgerichtlicher Verfahren auszugehen. Dabei mache es keinen Unterschied, ob solche Werte als Indiz, Regelfrist, Hilfskriterium o. ä. herangezogen werden. Angesichts der Vielgestaltigkeit verwaltungsgerichtlicher Verfahren seien solche Festlegungen für die Angemessenheit im Einzelfall nicht aussagekräftig.[286] Der X. Senat des BFH sieht hier keinerlei Widerspruch, da auch er – im Einklang mit dem BVerwG – der Einzelfallbetrachtung Vorrang vor der aus den typischen drei Phasen des erstinstanzlichen finanzgerichtlichen Klageverfahrens abgeleiteten Vermutungsregel einräume. Ferner habe das BVerwG seine Zurückhaltung gegenüber Orientierungs- und Richtwerten nicht zuletzt mit der Vielgestaltigkeit verwaltungsgerichtlicher Verfahren begründet, die in dieser Form in der Finanzgerichtsbarkeit gerade nicht existieren (s. hierzu auch die Argumentation des BFH unter I.).[287] Das *BSG* hat in seinem Urteil v. 3.9.2014[288] ebenfalls ausgeführt, dass eine zeitraumbezogene Konkretisierung vorzunehmen sei. Aufgrund der besonderen Natur sozialgerichtlicher Verfahren gehe das BSG sodann davon aus, dass ein Richter oder Spruchkörper die inhaltliche Bearbeitung und Auseinandersetzung mit der Sache wegen anderweitig anhängiger ggf. älterer oder vorrangiger Verfahren im Regelfall nicht länger als zwölf Monate zurückstellen braucht (sog. Vorbereitungs- und Bedenkzeit). Eine Verfahrensdauer von bis zu zwölf Monaten je Instanz sei damit regelmäßig als angemessen anzusehen, selbst wenn sie nicht durch konkrete Verfahrensförderungsschritte begründet und gerechtfertigt werden könne. Diese Zwölfmonatsregel gelte hingegen nur, wenn sich nicht mit Blick auf den Einzelfall eine andere Bewertung ergebe. Damit ändere die Zwölfmonatsregel nichts am Vorrang der Einzelfallbetrachtung.[289] Der X. Senat sieht auch hier keinerlei Widerspruch zu seiner Auslegung. Vielmehr lege das BSG diese erkennbar seinen Erwägungen zugrunde, indem es ebenfalls Vermutungsregelungen aufstelle, die sich aber nach der besonderen Natur sozialgerichtlicher Verfahren richten. Die Aussagen des BSG zur Vorbereitungs- und Bedenkzeit des Gerichts von insgesamt zwölf Monaten seien vor diesem Hintergrund zu sehen. Zudem habe der erkennende Senat ebenfalls immer betont, dass die Vermutungsregel von zwei Jahren nicht gelte, wenn der Verfahrensbeteiligte

285 BVerwG v. 11.7.2013, 5 C 23/12 D, BVerwGE 147, 146.

286 BVerwG v. 11.7.2013, 5 C 23/12 D, BVerwGE 147, 146, 155. Jüngst bestätigt durch BVerwG v. 29.2.2016, 5 C 31/15 D, juris Rn. 16.

287 BFH v. 4.6.2014, X K 12/13, BStBl. II 2014, 933, 935.

288 BSG v. 3.9.2014, B 10 ÜG 2/13 R, BSGE 117, 21.

289 BSG v. 3.9.2014, B 10 ÜG 2/13 R, BSGE 117, 21, 33 f.

rechtzeitig und in nachvollziehbarer Weise auf Umstände hinweise, aus denen eine besondere Eilbedürftigkeit des Verfahrens folge.[290] Abseits dessen hat sich auch der *BGH* gegen eine generelle Festlegung im Sinne zeitlicher Konkretisierungen ausgesprochen. Zur Begründung verweist dieser auf die Vielgestaltigkeit der Verfahren und prozessualen Situationen innerhalb der ordentlichen Gerichtsbarkeit.[291] Der BGH befindet sich damit auf einer ähnlichen Linie wie sie auch vom BVerwG eingeschlagen wurde.

III. Rechtsprechung des EGMR

In abstrakt-genereller Hinsicht hat sich der EGMR erstmals zu der neuen Rechtsschutzzone in seiner Entscheidung in der Rechtssache *Taron* vom 29.5.2012[292] geäußert. Dort hat er sich unter dem Aspekt der Subsidiarität des Art. 35 EMRK zugunsten des hier interessierenden Rechtsschutzgesetzes positioniert. Was die Wirksamkeit des neuen Rechtsbehelfs angehe, sah der Gerichtshof im Zeitpunkt der Entscheidung keinen Grund für die Annahme, dass dieser dem Beschwerdeführer nicht die Möglichkeit biete, angemessene und hinreichende Entschädigung für seine berechtigten Klagen zu erhalten. Darüber hinaus wies der Gerichtshof auch in Ansehung der Formulierung der angemessenen Frist darauf hin, dass er zu diesem Zeitpunkt keine Veranlassung sehe, jede einzelne Bestimmung des Rechtsschutzgesetzes abstrakt zu prüfen. Dementsprechend hielt es der Gerichtshof für angemessen und gerechtfertigt, den Beschwerdeführer zu verpflichten, von dem neuen Rechtsschutzgesetz Gebrauch zu machen.[293] Den Aspekt der Wirksamkeit hat der EGMR sodann in einer *Entscheidung vom 15.1.2015*[294] erneut aufgegriffen. Der Gerichtshof knüpft an seine Entscheidung in der Rechtssache Taron an und akzentuiert, dass er dort nur eine Aussage hinsichtlich der Entschädigungswirkung des neuen Rechtsschutzgesetzes getroffen habe. Die Frage, ob das Rechtsschutzgesetz auch als wirksames Mittel zur Verfahrensbeschleunigung anzusehen sei, habe er hingegen noch nicht geprüft.[295] Für den dieser Entscheidung zugrunde liegenden familienrechtlichen Sachverhalt gelangt der EGMR sodann zu dem Ergebnis, dass das Rechtsschutzgesetz keinen wirksamen

---

290 BFH v. 2.12.2015, X K 7/14, BStBl. II 2016, 405, 407.

291 BGH v. 14.11.2013, III Z R 376/12, BGHZ 199, 87.

292 EGMR v. 29.5.2012, 53126/07, NVwZ 2013, 47.

293 EGMR v. 29.5.2012, 53126/07, NVwZ 2013, 47, 48. Zum Regelungssystem im BVerfGG s. EGMR v. 4.9.2014, 68919/10, NJW 2015, 3359, 3360.

294 EGMR v. 15.1.2015, 68919/10, NJW 2015, 1433.

295 EGMR v. 15.1.2015, 68919/10, NJW 2015, 1433, 1437.

Präventivmechanismus zur Verfahrensbeschleunigung ausweisen könne, so dass eine Konventionsrechtsverletzung (Art. 13 i.V.m. Art. 8 EMRK) vorliege.[296]

IV. Rechtsprechung des BVerfG

Das BVerfG musste sich mit dem neuen Rechtsschutzgesetz bisher vornehmlich unter dem Aspekt der Subsidiarität einer Verfassungsbeschwerde gegen ein (potentiell) überlanges gerichtliches Verfahren befassen (s. hierzu unter B. I. 4.). In einem Nichtannahmebeschluss vom 25.4.2015[297] hat es sich sodann auch erstmals in abstrakt-genereller Hinsicht (ansatzweise) geäußert. Unter Auslegung des Begehrens des Beschwerdeführers erkannte das Gericht die Rüge der Verfassungswidrigkeit der Vorschriften des §§ 198 ff. GVG durch ein partielles Unterlassen des Gesetzgebers. Sodann bemängelte es aber die Zulässigkeit einer derartigen Verfassungsbeschwerde. Der Beschwerdeführer bleibe eine schlüssige Darlegung, dass die angegriffenen Normen auf seine Rechtsstellung aktuell und nicht nur potentiell einwirken, schuldig. Eine inhaltliche Auseinandersetzung war deshalb nicht angezeigt.[298]

V. Evaluation

Dem Evaluierungsauftrag ist die Bundesregierung mit der Unterrichtung vom 17.10.2014 nachgekommen.[299] Die vom Gesetz intendierte Beschleunigungswirkung ist von der Evaluierung ausdrücklich ausgenommen. Ausweislich des von der Bundesregierung definierten Inhalts stellt sich der Bericht als Zusammenstellung rein informatischen Zahlenmaterials dar.[300] Von einer umfassende Darstellung dessen wird an dieser Stelle abgesehen. Hinsichtlich der *Finanzgerichtsbarkeit* sei jedoch hervorgehoben, dass im Berichtszeitraum 287 Verzögerungsrügen und 25 Entschädigungsklagen erhoben wurden. Von den 25 Entschädigungsklagen wurden 13 im Berichtszeitraum beendet; 2 hiervon erfolgreich und 11 erfolglos. Der unangemessen lange Anteil lag bei beiden Verfahren bei rund 45 Monaten. Die

---

296 EGMR v. 15.1.2015, 68919/10, NJW 2015, 1433, 1437.

297 BVerfG v. 25.4.2015, 1 BvR 3326/14, NJW 2015, 2561.

298 BVerfG v. 25.4.2015, 1 BvR 3326/14, NJW 2015, 2561, 2564.

299 Erfahrungsbericht über die Anwendung des Gesetzes bei überlangen Gerichtsverfahren und strafrechtlichen Ermittlungsverfahren für den Berichtszeitraum vom 3.12.2011 bis 31.12.2013, BT-Drucksache 18/2950.

300 Erfahrungsbericht über die Anwendung des Gesetzes bei überlangen Gerichtsverfahren und strafrechtlichen Ermittlungsverfahren für den Berichtszeitraum vom 3.12.2011 bis 31.12.2013, BT-Drucksache 18/2950, 8.

Haftungssumme im Berichtszeitraum betrug 4.300 €.[301] Die Evaluierung gelangt sodann allgemein zu dem Ergebnis, dass die neue Rechtsschutzregelung lediglich Einzelfälle betreffe, die allerdings für den jeweils betroffenen Rechtsschutzsuchenden erhebliche Bedeutung haben können. Eine (teilweise) befürchtete Klagewelle sei ausgeblieben.[302]

301 Erfahrungsbericht über die Anwendung des Gesetzes bei überlangen Gerichtsverfahren und strafrechtlichen Ermittlungsverfahren für den Berichtszeitraum vom 3.12.2011 bis 31.12.2013, BT-Drucksache 18/2950, 21 f.

302 Erfahrungsbericht über die Anwendung des Gesetzes bei überlangen Gerichtsverfahren und strafrechtlichen Ermittlungsverfahren für den Berichtszeitraum vom 3.12.2011 bis 31.12.2013, BT-Drucksache 18/2950, 32.

§ 5 (Steuer-) Verfassungsrechtlicher Prüfstand

A. Die Aufbereitung des Prüfungsstoffs

Die Aufbereitung des Prüfungsstoffs knüpft an die gesetzliche Ausgestaltungsgrundlage im GVG und im BVerfGG an (s. zu deren Funktionen unter § 2 F. I.). Ausweislich der in der Einleitung formulierten Zielsetzung steht die staatliche Erfüllungshandlung im Mittelpunkt der (steuer-) verfassungsrechtlichen Überprüfung. Das Regelungssystem im GVG und BVerfGG ist damit als Prüfungsgegenstand zu identifizieren.[303] Um ebendieses inhaltlich auf seine (steuer-) verfassungskonforme Ausgestaltung hin überprüfen zu können, ist es erforderlich, die *(steuer-) verfassungsrechtlichen Anknüpfungspunkte* zu identifizieren:

Der *erste* Anknüpfungspunkt ist das Recht auf Erledigung eines steuerprozessualen Verfahrens in angemessener Dauer. Dieses steht im Zentrum des Regelungssystems, indem es den maßgeblichen Tatbestand prägt. Unter Zuhilfenahme der unter § 2 A. und C. gewonnenen Erkenntnisse ist in Ansehung dieses Rechts von Folgendem auszugehen. Das Recht auf Erledigung eines steuerprozessualen Verfahrens in angemessener Dauer ist ein subjektiv-öffentliches justizielles Grundrecht, wenn es durch die Rechtsfolgenanordnung des steuerspezifisch konkretisierten Art. 19 IV 1 GG ausgesprochen wird. Indem das Regelungssystem im GVG und BVerfGG dieses Recht auf einfach-gesetzlicher Ebene ausbuchstabiert, ist es hierbei dann auch an dessen steuerverfassungsrechtlich indizierte Vorgaben gebunden.[304] Mit anderen Worten folgt daraus, dass der Gesetzgeber einen Tatbestand ausgestalten muss, der den steuerverfassungsrechtlichen Anforderungen an das Recht auf Erledigung eines steuerprozessualen Verfahrens gerecht wird. Ein erster *steuerverfassungsrechtlicher* Anknüpfungspunkt ist identifiziert.

Der *zweite* Anknüpfungspunkt ist umfassender. Hierbei handelt es sich um den prozessualen Durchsetzungsmechanismus, den das Regelungssystem in

303 Hierbei sei bereits jetzt darauf hingewiesen, dass nicht etwa die einfach-gesetzliche Ausgestaltung einen verfassungswidrigen Zustand begründet, sondern ein verfassungswidriger Zustand auf die dann weiterhin bestehende Rechtsschutzlücke zurückzuführen ist, die weiter fortbesteht, weil die einfach-gesetzliche Ausgestaltung die verfassungsrechtlichen Anforderungen nicht zutreffend auf einfach-rechtlicher Ebene umgesetzt hat.

304 Der Begriff des „Ausbuchstabierens“ stammt von *Barczak*, AöR 138 (2013), 536, 574 f.

Ansehung des Rechts auf Erledigung eines steuerprozessualen Verfahrens in angemessener Dauer ausspricht. Unter § 2 E. und F. VI. wurde aufgezeigt, dass die subjektiv-rechtlichen Elemente des grundrechtlichen Justizgewährleistungsanspruchs auch ihrerseits von Verfassungs wegen durchgesetzt werden können. Das Recht auf Erledigung eines steuerprozessualen Verfahrens in angemessener Dauer ist ein solches, wenn es durch die Rechtsfolgenanordnung des steuerspezifisch konkretisierten Art. 19 IV 1 GG ausgesprochen wird. Damit steht das gesamte subjektiv-rechtliche justizielle Leistungsspektrum des Art. 19 IV 1 GG (erneut) zur Verfügung, wie es zur Durchsetzung des Rechts auf Erledigung eines steuerprozessualen Verfahrens in angemessener Dauer erforderlich ist. Die einfach-gesetzliche Ausgestaltung eines prozessualen Rechtsdurchsetzungsmechanismus ist dem verpflichtet. Ein zweiter *allgemein verfassungsrechtlicher* Anknüpfungspunkt ist identifiziert.

Um den Prüfungsgegenstand final aufzubereiten, sind die beiden bisher identifizierten (steuer-) verfassungsrechtlichen Anknüpfungspunkte innerhalb des Regelungssystems nach Maßgabe der Erkenntnisse in § 2 F. II. in die Kategorien des Primär- und Sekundärrechtsschutzsystems einzuteilen. Das *Primärrechtsschutzsystem* knüpft an eine drohende unangemessene steuerprozessuale Verfahrensdauer (= drohende Überlänge) an.[305] Es ist erforderlich, um den Eintritt einer tatsächlichen Unangemessenheit, mit der stets ein unwiederbringlicher (Zeit-) Verlust einhergeht, zu verhindern.[306] Dementsprechend knüpft das *Sekundärrechtsschutzsystem* an eine tatsächlich eingetretene unangemessene steuerprozessuale Verfahrensdauer (= tatsächliche Überlänge) an und spricht diesbezüglich eine Entschädigungsregelung aus.[307] Der den nachfolgenden

305 *Ott*, in: Steinbeiß-Winkelmann/ders., Rechtsschutz bei überlangen Gerichtsverfahren, § 198 GVG Rn. 174 spricht der präventiven Komponente des Regelungssystems die Eigenschaft als echter Primärrechtsschutz ab. Die hier zur Aufbereitung des Prüfungsstoffes gewählte Strukturierung ist nach Maßgabe der Erkenntnisse unter § 2 F. II. bereits ihrerseits verfassungsrechtlich indiziert. Die Aussage von *Ott* steht einem solchen Vorgehen nicht entgegen. Vielmehr wird sich im Laufe der Prüfung zeigen, dass es sich hierbei in der Tat nicht um einen echten Primärrechtsschutz handelt.

306 *Kirchhof*, DStJG 18 (1995), 17, 35.

307 Diese kann u.U. auch Elemente eines repressiven Primärrechtsschutzes abdecken, s. dazu noch unter § 6 B. II. Die Behauptung, die Entschädigungsklage wirke präventiv, wenn sie während des noch laufenden Ausgangsverfahrens erhoben werde (s. z. B. bei *Steinbeiß-Winkelmann*, in: dies./Ott, Rechtsschutz bei überlangen Gerichtsverfahren, Einleitung Rn. 230 ff.), verkennt, dass zu diesem Zeitpunkt bereits ein unwiederbringlicher Verlust in Form des Eintritts der tatsächlichen Unangemessenheit begründet wurde.

Ausführungen zugrunde zu legende einfach-gesetzliche Prüfungsgegenstand bedient damit insgesamt vier (steuer-) verfassungsrechtliche Anknüpfungspunkte:

1. Die Formulierung einer drohenden Unangemessenheit muss der Vorgabe des steuerspezifisch konkretisierten Art. 19 IV 1 GG entsprechen (= Ausgestaltungsdirektive für die Voraussetzungen des Primärrechtsschutzsystems);
2. Der primärrechtsschützende Durchsetzungsmechanismus muss den (gesamten) Vorgaben des Art. 19 IV GG entsprechen (= Ausgestaltungsdirektive für die Rechtsfolgen des Primärrechtsschutzsystems);
3. Die Formulierung einer tatsächlichen Unangemessenheit muss der Vorgabe des steuerspezifisch konkretisierten Art. 19 IV 1 GG entsprechen (= Ausgestaltungsdirektive für die Voraussetzungen des Sekundärrechtsschutzsystems);
4. Der sekundärrechtsschützende Durchsetzungsmechanismus muss den (gesamten) Vorgaben des Art. 19 IV 1 GG entsprechen (= Ausgestaltungsdirektive für die Rechtsfolgen des Sekundärrechtsschutzsystems).

Alle vier Anknüpfungspunkte stehen hier zum *konventionsrechtlichen Justizgewährleistungsanspruch* in dem unter § 3 B. III. erörterten Ergänzungs- und Subsidiaritätsverhältnis. Gleichfalls nehmen sie an der unter § 3 A. IV. getroffenen Auflösung des Konkurrenzverhältnisses zum *unionalen Justizgewährleistungsanspruch* teil. Strukturell unterstehen die Anknüpfungspunkte als Deduktionen des subjektiv-öffentlichen Rechtebündels des Art. 19 IV 1 GG der unter § 2 B. dargestellten *ganzheitlichen außentheoretischen Grundrechtsdogmatik*, die der nachfolgenden Überprüfung zugrundegelegt wird.

B. Die Überprüfung des Regelungssystems im GVG

I. Primärrechtsschutzsystem

1. Formulierung der drohenden Unangemessenheit

Die Formulierung der drohenden Unangemessenheit als *Voraussetzung* des Primärrechtsschutzes projiziert das *präventive Hilfsrecht* aus Art. 19 IV 1 GG auf die einfach-gesetzliche Ebene. Um *dessen* steuerverfassungsrechtlich indizierte Ausgestaltungsanforderungen bestimmen zu können, ist es erforderlich, *dessen* Herleitung über den Schutzgut-Tatbestand des steuerspezifisch konkretisierten Art. 19 IV 1 GG bis hin zur Abschichtung zum definitiv-Recht nachzuzeichnen.

a) Schutzgut-Tatbestand

Das Schutzgut des steuerspezifisch konkretisierten Art. 19 IV 1 GG aktualisiert eine Rechtsstellung des Steuerbürgers, in der er sich in seinen steuerspezifischen Rechten aus Art. 3 I GG und Art. 14 I GG durch den Steuerstaat verletzt fühlt. Die Rechtsfolgenanordnung des Art. 19 IV 1 GG wird dabei steuerspezifisch angeleitet. Vor diesem Hintergrund ist die Frage zur Entscheidung zu stellen, ob der Steuerbürger auf dieser Grundlage (auch) berechtigt ist, vom Steuerstaat die Erledigung seines steuerprozessualen Verfahrens in angemessener Dauer zu verlangen.

aa) Die Frage findet ihren Anknüpfungspunkt in dem wertungsoffenen und konkretisierungsfähigen *positiven ergänzenden Hilfsrecht* des Art. 19 IV 1 GG in Form des sog. Effektivitätspostulats als Teil der Rechtsfolgenanordnung. Durch seine Wertungsoffenheit und Konkretisierungsfähigkeit stellt es den *Fluchtpunkt* zur Berücksichtigung steuerspezifischer Anforderungen im Rahmen der modalen Struktur des Art. 19 IV 1 GG. Unter § 2 D. II. wurde für Art. 3 I GG wie auch für Art. 14 I GG ein steuerspezifischer Bestand an justiziellen Gewährleistungen identifiziert, die sich von der Eröffnung des gerichtlichen Verfahrens bis zum verbindlichen Abschluss des Verfahrens einschließlich dessen Verwirklichung aktualisieren. Blendet man die konkurrenzielle Betrachtung an dieser Stelle einmal aus (s. dazu unter § 2 D. III.), sind die justiziellen Rechtsfolgenanordnungen des formellen Hauptgrundrechts und der materiellen Hauptgrundrechte des Steuerrechts vom Ausgangspunkt her identisch. Dementsprechend partizipieren beide Rechtsfolgenanordnungen an dieser Stelle von dem unter § 3 B. III. erörterten *Ergänzungs- und Subsidiaritätsverhältnis* zum konventionsrechtlichen Justizgewährleistungsanspruch aus Art. 6 I EMRK und Art. 13 EMRK.

Nimmt man diesen Gedanken auf und erkennt zudem an, dass Art. 6 I EMRK und Art. 13 EMRK ein sich *gegenseitig verstärkendes Justizgewährleistungssystem* bilden (s. dazu unter § 3 B. II.), ist nach folgender Maßgabe vorzugehen. In einem *ersten Schritt* sind allein die konventionsrechtlichen Verbürgungen in den Blick zu nehmen. Art. 6 I EMRK formuliert das Recht auf Erledigung eines gerichtlichen Verfahrens in angemessener Dauer expressis verbis aus. Eine steuerrechtliche Streitigkeit lässt sich Art. 1 ZP I EMRK zuordnen. Art. 1 II ZP I EMRK stellt klar, dass der Eigentumsschutz nicht das Recht der Staaten beeinträchtigt, diejenigen Gesetze anzuwenden, die er zur Sicherung der Zahlung der Steuern oder sonstiger Abgaben für erforderlich hält. Auch sie sind damit Eingriffe in das Eigentumsrecht, denn sie entziehen Teile des Vermögens, nämlich den zu zahlenden Betrag.[308] Dementsprechend ist jedenfalls der Anwendungsbereich des Art. 13 EMRK in Ansehung einer steuerrechtlichen Streitigkeit eröffnet und die dort formulierte Wirksamkeit in Anlehnung an die ausgeschriebenen Einzelrechte in Art. 6 I EMRK zu konkretisieren. Das Recht auf Erledigung eines gerichtlichen Verfahrens in angemessener Dauer findet auf diesem Wege Einklang in die Rechtsfolgenanordnung des Art. 13 EMRK. In einem *zweiten Schritt* ergänzt die auf diesem Wege konkretisierte Rechtsfolgenanordnung des Art. 13 EMRK sodann die justizielle Rechtsfolgenanordnung der materiellen Hauptgrundrechte des Steuerrechts um den hier interessierenden Aspekt der Erledigung eines gerichtlichen Verfahrens in angemessener Dauer. Gleichzeitig bewirkt die Ergänzung eine steuerspezifische Einfärbung des Rechts auf Erledigung eines gerichtlichen Verfahrens zugunsten des Rechts auf Erledigung eines steuerprozessualen Verfahrens. In einem abschließenden *dritten Schritt* ist die steuerspezifische Einfärbung wieder in die modale Struktur des Art. 19 IV 1 GG einzusetzen, womit die interpretatorische Glättung des Konkurrenzverhältnisses des formellen Hauptgrundrechts zu den materiellen Hauptgrundrechten des Steuerrechts betrieben wird und zugleich folgendes *Ergebnis* präsentiert werden kann: Das Recht auf Erledigung eines steuerprozessualen Verfahrens in angemessener Dauer ist von der Rechtsfolgenanordnung des steuerspezifisch konkretisierten Art. 19 IV 1 GG mit umfasst.[309]

bb) Nachdem eine Antwort auf die Frage nach der grundsätzlichen Ableitung (dem „*ob*") gegeben wurde, steht die Frage nach der inhaltlichen Ausgestaltung – mithin nach dem „*wie*" – noch aus. Insbesondere in diesem Zusammenhang zeigt sich die Relevanz einer *steuerspezifischen Konkretisierung* des Art. 19 IV 1 GG, indem Steuerspezifika der materiellen Grundrechte, die gegenüber dem Steuerstaat durchgesetzt werden, in die Rechtsfolgenanordnung integriert werden. Ohne eine entsprechende Anleitung wäre der durch Art. 19 IV 1 GG vermittelte Erkenntnisgewinn an dieser Stelle bereits beendet. Namentlich das *BVerfG* postuliert hier in ständiger Rechtsprechung, dass ein Recht auf Erledigung eines

308 *Meyer-Ladewig*, in: ders., EMRK, 3. Auflage, 2011, Art. 1 ZP I Rn. 54 m.w.N. S. zudem die Aufarbeitungen von *Engler*, Steuerverfassungsrecht im Mehrebenensystem, Diss., 2014, S. 161 ff. und *Ohlendorf*, Grundrechte als Maßstab des Steuerrechts in der Europäischen Union, Diss., 2015, S. 362 ff. beide m.w.N. auch zur a.A.

309 Oder mit der Terminologie des außentheoretischen Grundrechtsmodells: Die steuerspezifisch konkretisierte Rechtsfolgenanordnung des Art. 19 IV 1 GG gewährt dem Steuerbürger das Recht auf Anerkennung einer Rechtsstellung, die staatliche Einflussnahme gebietet, um eine überlange steuerprouessuale Verfahrensdauer zu verhindern. Im Folgenden wird auf diese Darstellung verzichtet.

gerichtlichen Verfahrens der Rechtsfolgenanordnung des Art. 19 IV 1 GG zwar zu entnehmen sei; darüber hinaus könne der Rechtsfolgenanordnung des Art. 19 IV 1 GG jedoch *keinerlei Mehrwert* hinsichtlich einer inhaltlichen Definition der Unangemessenheit entnommen werden. Die Unangemessenheit habe sich somit nach den Einzelumständen des jeweiligen Verfahrens zu bemessen.[310] Definitorische Elemente, wie z. B. feste Zeitgrenzen werden abgelehnt. Als relevante Einzelumstände werden z. B. anerkannt: die Natur des Verfahrens, die Bedeutung der Sache für die Parteien, die Auswirkungen einer langen Verfahrensdauer für die Beteiligten, die Schwierigkeit der Sachmaterie, das den Beteiligten zuzurechnende Verhalten, insbesondere Verfahrensverzögerungen durch sie sowie die gerichtlich nicht zu beeinflussende Tätigkeit Dritter, vor allem der Sachverständigen. Dagegen bleibe es dem Staat verwehrt, sich auf solche Umstände zu berufen, die in seinem Verantwortungsbereich liegen. Zu den letztgenannten zählen z. B. strukturelle Probleme wie generell eine personell unzulänglich ausgestattete Justiz oder die Überlastung eines einzelnen Gerichts. Damit steht nunmehr die Frage zur Entscheidung, ob die steuerspezifisch konkretisierte Rechtsfolgenanordnung des Art. 19 IV 1 GG einen hiervon abweichenden Befund im Sinne eines *Erkenntnismehrwerts* ausweisen kann. In concreto stellt sich also die Frage, ob die gegenüber dem Steuerstaat durchzusetzenden Rechte des Steuerbürgers aus Art. 3 I GG und Art. 14 I GG die positive Rechtsfolgenanordnung des Art. 19 IV 1 GG in einer Art und Weise anleiten können, die über die bisherigen Erkenntnisse des BVerfG hinausgeht.

aaa) Betrachtet man hierzu zunächst den *steuerspezifischen Bestand in Art. 3 I GG*, ist von Folgendem auszugehen. Der bereichsspezifische Vergleichsmaßstab in Form des Leistungsfähigkeitsprinzips wirkt in die Rechtsfolgenanordnung des Art. 19 IV 1 GG fort. Die vom Steuerstaat ins Werk gesetzte Besteuerungsfolge entsteht mit der unmittelbar belastenden Wirkung gegenüber dem Steuerbürger. Nur eine *leistungsfähigkeitsgerechte Besteuerungsfolge* (bzw. eine gerechtfertigte Abweichung) ist hier akzeptabel. Nicht nur die Formulierung der materiellen Besteuerungsfolge ist jedoch Teil des steuerrechtlichen Programms. Auch der

310 Ständige Rechtsprechung seit BVerfG v. 16.12.1980, 2 BvR 419/80, BVerfGE 55, 349, 369. Die Literatur stimmt dem überwiegend zu, s. statt vieler: *Papier*, in: Handbuch des Staatsrechts, Band VIII, 3. Auflage, § 176 Rn. 22 u. § 177 Rn. 93 sowie *Uhle*, in: Handbuch der Grundrechte, Band V, § 129 Rn. 66 m.w.N. Allgemein zur Bemessung der Verfahrensdauer mit zahlreichen Nachweisen aus der verfassungsrechtlichen Rechtsprechung *Steinbeiß-Winkelmann*, in: dies./Ott, Rechtsschutz bei überlangen Gerichtsverfahren, Einleitung Rn. 13 ff. Dort auch zum folgenden Text.

behördliche Vollzug sowie die gerichtliche Durchsetzung einer leistungsfähigkeitsgerechten Besteuerungsfolge sind ein Teil hiervon. Erst in ihrem Zusammenspiel definieren sie ein *vollständiges steuerrechtliches Programm* (s. dazu noch unter E. I.). Das vollständige steuerrechtliche Programm ist ausgehend von der Formulierung einer leistungsfähigkeitsgerechten Besteuerungsfolge über deren behördlichen Vollzug sowie deren gerichtliche Durchsetzung abschnittsweise zu betrachten. Daraus folgt eine *Pflicht des Steuerstaates* zur Ausgestaltung eines behördlichen und gerichtlichen Steuerverfahrens, das eine dem Leistungsfähigkeitsprinzip gerechte Handhabe des (gesamten) steuerrechtlichen Programms gewährleistet. Nach Maßgabe des unter § 2 B. Beschriebenen korrespondiert dieser Pflicht ein *Recht des Steuerbürgers* auf Ausgestaltung eines entsprechenden Steuerverfahrens.

Der im *gerichtlichen Verfahren* stattfindende Durchsetzungsmechanismus schließt das steuerrechtliche Programm ab. Erst jetzt steht fest, ob eine zu akzeptierende leistungsfähigkeitsgerechte Besteuerungsfolge ins Werk gesetzt wurde. Setzt man den Steuerbürger hinsichtlich des gerichtlichen Verfahrens der *zeitlichen Willkür* aus, droht ihm in Ansehung des Abschlusses seines steuerrechtlichen Programms eine zeitliche Benachteiligung. Dem Abschluss des belastenden steuerrechtlichen Programms wären de facto keine Grenzen gesetzt und es wäre rein willkürlich, wann der Steuerfall des einen und wann der Steuerfall des anderen Bürgers mit der abschließenden richterlichen Akzeptanzentscheidung belegt würde. Deshalb ist der Steuerstaat hier in der Pflicht und der Steuerbürger im Recht, ein steuerprozessuales Verfahren bereitzustellen bzw. einzufordern, das in angemessener Dauer erledigt ist. Die hiesige Erkenntnis reicht jedoch nicht über die bereits unter aa) getroffene hinaus, dass ein entsprechendes Recht dem Grunde nach der steuerspezifischen Rechtsfolgenanordnung des Art. 19 IV 1 GG zugewiesen werden kann. Ein Mehrwert in der Gestalt einer Aussage über die inhaltliche Reichweite der „Unangemessenheit" kann der steuerspezifischen Rechtsfolgenanordnung an dieser Stelle nicht entnommen werden. Eine inhaltliche Aussage über die Unangemessenheit steht nicht (mehr) im Zusammenhang mit der dem Leistungsfähigkeitsprinzip gerechten Handhabe des steuerrechtlichen Programms. Diese schützt den Steuerbürger zwar vor einer ungleichmäßigen Handhabe durch zeitliche Willkür, indem die Grenze der Unangemessenheit formuliert wird. Gleichzeitig trifft sie jedoch *keinerlei* Aussage darüber, was unter „Unangemessenheit" zu verstehen ist.

bbb) Nimmt man den *steuerspezifischen Bestand in Art. 14 I GG* unter diesem Blickwinkel in die Betrachtung mit auf, ist zunächst festzustellen, dass sich das bereits unter aaa) dargestellte steuerrechtliche Programm hier unter dem Aspekt der Auferlegung einer *eigentumsrechtlich akzeptablen Besteuerungsfolge* aktualisiert. Dementsprechend ist auch insoweit eine abschnittsweise Betrachtung angezeigt, die bei der Formulierung einer eigentumsrechtlich akzeptablen Besteuerungsfolge ansetzt und über deren behördlichen Vollzug mit deren gerichtlicher Durchsetzung abschließt. Anders als Art. 3 I GG ist Art. 14 I GG nicht auf einen Vergleich angelegt. Die zeitliche Willkür kann sich nicht als relative Benachteiligung in der Handhabe des steuerrechtlichen Programms darstellen. Sie muss sich als *absolute* Benachteiligung in der Handhabe des steuerrechtlichen Programms darstellen. Die Aufgabe des Art. 14 I GG liegt nicht allein im Schutz des Eigentumsbestandes, sondern auch im Schutz einer auf den Eigentumsbestand ausgerichteten prinzipiellen Nutzungsfreiheit. Die *zeitliche Willkür* hinsichtlich des Zeitpunktes der abschließenden richterlichen Akzeptanzentscheidung würde die *Nutzungsfreiheit* aushöhlen. Erst mit der richterlichen Akzeptanzentscheidung ist der Steuerbürger im Klaren, ob die eigentumsrechtliche Besteuerungsfolge tatsächlich Bestand hat und die durch die Besteuerungsfolge ausgesprochene Geldleistungspflicht *endgültig* abzuführen ist. Deshalb stellt die zeitliche Willkür (auch) eine absolute Benachteiligung in der Handhabe des steuerrechtlichen Programms dar, so dass der Steuerstaat auch unter diesem Aspekt in der Pflicht und der Steuerbürger im Recht ist, ein steuerprozessuales Verfahren bereitzustellen bzw. einzufordern, das in angemessener Dauer erledigt ist. Allein lässt sich damit jedoch noch *kein* Erkenntnismehrwert gegenüber den Ausführungen unter aa) erzeugen. Dies leistet erst das (steuerspezifische) ergänzende Hilfsrecht des *Dispositionsschutzes* (s. hierzu bereits unter § 2 D. II. 3.). Der Dispositionsschutz befähigt den Steuerbürger seine wirtschaftlich ausgeprägte Handlungsfreiheit tatsächlich zu entfalten, indem er ihm Planungssicherheit hinsichtlich der Verwendung des gespeicherten Einkommens für steuerliche bzw. außersteuerliche Zwecke gewährt. Dabei hat er nicht nur zu planen, *welche* finanziellen Mittel er für steuerliche Zwecke verwenden muss, sondern zudem, *wann* diese Verwendung endgültig ist. Nur so kann er erkennen, welche finanziellen Mittel wann für außersteuerliche Zwecke frei bleiben. Planungssicherheit besteht nur, wenn eine *belastbare Planungsgrundlage* vorhanden ist. Diese wird hier von der das steuerrechtliche Programm abschließenden *richterlichen Akzeptanzentscheidung* gestellt.[311] Erst hiermit ist der Steuerbürger im Klaren, dass eine Besteuerungsfolge und die damit zusammenhängende Geldleistungspflicht *endgültig* abzuführen ist. Eine besondere Aktualität erfährt dieser Umstand durch das Wesen

311 Zu gerichtlichen Entscheidungen als Planungsgrundlage: *Hey*, Steuerplanungssicherheit als Rechtsproblem, Habil., 2002, S. 45 f., 89 f., 195 f.

des Steuerverhältnisses als *Dauerverhältnis*. Der Steuerbürger erwirtschaftet sein Erwerbseinkommen zum Großteil mit Sachverhalten, die auf Wiederholung angelegt sind. Als typisches Beispiel sei hier nur das fortlaufende Arbeitsverhältnis erwähnt, wie es in Ansehung einer retrospektiven Periodizitätsbesteuerung eine jährliche Besteuerungsfolge nach Maßgabe des EStG auslöst. Gerade hier ist Planung für den Steuerbürger unabdingbar. Erst die richterliche Akzeptanzentscheidung bringt ihm Sicherheit, wie ein von ihm ins Werk gesetzter und auf Wiederholung angelegter Sachverhalt nicht nur jetzt sondern auch in Zukunft behandelt wird. Der Steuerbürger, dem eine abschließende richterliche Akzeptanzentscheidung in angemessener Dauer zugesagt wird, kann seine Planung damit allein jedoch noch *nicht* wesentlich verbessern. Er steht nämlich vor der Frage: *Was ist (un)angemessen?* An dieser Stelle setzt ein *Erkenntnismehrwert* ein, indem der Begriff der „(Un)angemessenheit" zwar nicht definiert, gleichwohl aber dessen inhaltliche Ausgestaltung mit dem Erfordernis einer belastbaren Planungsgrundlage verknüpft wird. Der Abschluss des steuerrechtlichen Programms muss für den Steuerbürger in zeitlicher Hinsicht *voraussehbar* sein. Der Steuerbürger, der sich dem Steuerzugriff des Staates kontinuierlich gegenübersieht, soll bereits ex ante erkennen können, wann die an ihn adressierte Besteuerungsfolge mit einer verbindlichen richterlichen Akzeptanzentscheidung belegt sein wird. Dadurch wird die unabdingbare steuerliche Planung *effektuiert*. Macht der Steuerbürger von seinem Recht auf Einholung einer abschließenden richterlichen Akzeptanzentscheidung Gebrauch, muss er auch erkennen können, wann er diese (voraussichtlich) in den Händen hält um auf ihrer Grundlage final disponieren zu können. Um an die Worte von *Roman Seer* anzuknüpfen und diese hier fortzuschreiben: Die Festlegung des Zeitpunktes einer richterlichen Akzeptanzentscheidung gibt dem Steuerbürger eine Portion Handlungsfreiheit zurück und befähigt ihn, seinen Blick nach vorn auf den gegenwärtigen und zukünftigen Eigentumserwerb zu richten. Die freiheitsbeschränkende steuerliche Belastung des Erwerbs bleibt für den Steuerbürger erträglich, wenn die steuerliche Geldleistungspflicht auch hinsichtlich ihres *endgültigen Belastungszeitpunktes* voraussehbar wird, der Steuerbürger also seine erwerbswirtschaftlichen Dispositionen darauf einstellen kann.[312] So verstanden hat die zeitliche Grenze der Unangemessenheit nicht bloß „Symbolcharakter", sondern tatsächlich einen *Mehrwert* für den Steuerbürger.

312 *Seer*, Verständigungen in Steuerverfahren, Habil., 1996, S. 310 f.

b) Beeinträchtigungs-Tatbestand

Nach Maßgabe des unter a) identifizierten Rechts ist der Steuerstaat positiv zur Einflussnahme verpflichtet. Ein pflichtwidriges staatliches Verhalten kommt in einem negativen staatlichen Verhalten (= Unterlassen) zum Ausdruck. Damit entstehen auch die positiven Hilfsrechte, die auf Prävention, Repression bzw. Kompensation des pflichtwidrigen staatlichen Verhaltens abzielen (s. hierzu unter § 2 B. III.). Für den hiesigen Prüfungsgegenstand gilt sodann Folgendes. Mit der einfach-gesetzlichen Abbildung der drohenden Unangemessenheit will der Gesetzgeber seinen *Ausgestaltungsauftrag* hinsichtlich der Voraussetzungen des Primärrechtsschutzes bedienen. Indem der Legislativakt hier das *positive präventive Hilfsrecht* auf der Ebene des einfachen Rechts ausbuchstabiert, ist er originär an *dessen* verfassungsrechtlich indizierte Merkmale gebunden. Diese lassen sich jedoch *nicht autonom* bestimmen. Die Hilfsrechte auf Prävention, Repression und Kompensation stehen mit dem Hauptrecht und den ergänzenden Hilfsrechten in einem untrennbaren Zusammenhang. Sie entstehen erst, wenn das Hauptrecht bzw. das ergänzende Hilfsrecht durch Hinzutreten eines pflichtwidrigen staatlichen Verhaltens *„aktiviert"* wird.[313] Diese Hilfsrechte *teilen* damit die verfassungsrechtlich indizierten Merkmale des Hauptrechts bzw. des ergänzenden Hilfsrechts, wie sie an eine (bevorstehende) Verletzung dieser anknüpfen. Insoweit ist also auch die einfach-gesetzliche Ausgestaltung der drohenden Unangemessenheit als Abbildung des positiven präventiven Hilfsrechts den von Verfassungs wegen determinierten *Merkmalen* des unter a) identifizierten Rechts verpflichtet. Kann eine solche Ausgestaltung in Ansehung des hiesigen Prüfungsgegenstandes nicht ermittelt werden, besteht der *Ausgestaltungsauftrag* hinsichtlich der Voraussetzungen des Primärrechtsschutzes weiterhin fort.

Den Fall *drohender Unangemessenheit* belegt der Gesetzgeber in § 198 III 2 GVG mit der Wendung:

> *„Die Verzögerungsrüge kann erst erhoben werden, wenn Anlass zur Besorgnis besteht, dass das Verfahren nicht in einer angemessen Zeit abgeschlossen wird; […]."*

Die drohende Unangemessenheit ist notwendiges Durchgangsstadium der tatsächlichen Unangemessenheit. Hinsichtlich des Falls tatsächlicher Unangemessenheit hat sich der Gesetzgeber in § 198 I 2 GVG expressis verbis zugunsten einer Einzelfallbetrachtung positioniert, bei der insbesondere die Schwierigkeit

313 Vorliegend wird das ergänzende Hilfsrecht (= sog. Effektivitätspostulat in seiner Ausprägung als Recht auf Erledigung eines steuerprozessualen Verfahrens in angemessener Dauer) durch eine drohende zeitliche Unangemessenheit des steuerprozessualen Verfahrens „aktiviert".

und Bedeutung des Verfahrens sowie das Verhalten der Verfahrensbeteiligten und Dritter zu berücksichtigen ist. Diese wird mit Hilfe eines unbestimmten Rechtsbegriffs (= [un]angemessene Dauer) normativ übersetzt. Als dessen *Vorstufe* ist der Fall drohender Unangemessenheit sodann ebenfalls dieser *strikten Einzelfallbetrachtung* zu unterstellen. Das normative Vehikel zu deren Umsetzung stellt auch hier ein *unbestimmter Rechtsbegriff* (= Anlass zur Besorgnis, dass das Verfahren nicht in angemessener Dauer abgeschlossen wird).[314] Streng genommen handelt es sich sogar um zwei unbestimmte Rechtsbegriffe. Erstens die Bezugnahme auf die tatsächliche Unangemessenheit. Zweitens die Verknüpfung mit einem präventiven Element (= Anlass zur Besorgnis), um den Fall drohender Unangemessenheit festzulegen. Diese einfach-gesetzliche Ausgestaltung gilt es nun anhand der verfassungsrechtlich indizierten Merkmale, wie sie unter a) herausgearbeitet wurden, zu überprüfen.

Die Ausgestaltung zielt auf eine *strikte Einzelfallbetrachtung* ab. Ausweislich der Gesetzesbegründung wollte der Gesetzgeber damit an die Maßstäbe des BVerfG und des EGMR anknüpfen und diese auf einfach-gesetzlicher Ebene ausbuchstabieren.[315] Vergleicht man die strikte Einzelfallbetrachtung anhand eines unbestimmten Rechtsbegriffs mit der steuerspezifisch eingeforderten *zeitlichen Voraussehbarkeit* der das steuerrechtliche Programm abschließenden richterlichen Akzeptanzentscheidung, gelangt man zu folgendem Ergebnis. Eine strikte Einzelfallbetrachtung anhand eines unbestimmten Rechtsbegriffs ermöglicht *keinerlei* zeitliche Voraussehbarkeit, indem sie *keinerlei* normatives Planungsmaterial hierfür zur Verfügung stellt. Der Steuerbürger steht vor der Frage, wann in seinem Einzelfall eine unangemessene Dauer vorliegt. Er kann damit ex ante nicht planen, wann er finanzielle Mittel endgültig für steuerliche Zwecke verwenden muss. Dadurch wird gespeichertes Einkommen gebunden, das nicht mehr für außersteuerliche Zwecke zur Verfügung steht. Konsum- und Investitionsentscheidungen sind insoweit limitiert. Hieran vermögen die auch im Rahmen der Vorstufe der drohenden Unangemessenheit relevanten rechtsprechungsgeprägten *Regelbeispiele* in § 198 I 2 2. HS GVG nichts zu ändern. Begriffe wie Schwierigkeit, Bedeutung und Verhalten sind selbst derart inhaltsleer, dass sie keinerlei Planungsmehrwert erzeugen.[316] Darüber hinaus ist der Steuerbürger dadurch, dass er über den

314 *Ott*, in: Steinbeiß-Winkelmann/ders., Rechtsschutz bei überlangen Gerichtsverfahren, § 198 Rn. 187.

315 Entwurf eines Gesetzes über den Rechtsschutz bei überlangen Gerichtsverfahren und strafrechtlichen Ermittlungsverfahren v. 17.11.2010, BT-Drucksache 17/3802, 18.

316 So auch: *Ossenbühl*, DVBl. 2012, 857, 860.

Zeitpunkt der richterlichen Akzeptanzentscheidung im Unklaren gelassen wird, an der Planung gehindert, wie ein von ihm ins Werk gesetzter auf Wiederholung angelegter Dauersachverhalt zukünftig behandelt wird. Eine nicht bedachte steuerliche Folge droht so Gefahr, über die Ausgangsperiode hinaus auch in den Folgeperioden fortgeschrieben zu werden. Dies wird durch ein retrospektives Veranlagungssystem zusätzlich verschärft. Den dargestellten Verlust an Dispositionsschutz mangels Planungssicherheit vermögen weder die Instrumentarien des vorläufigen Rechtsschutzes, noch die der Verzinsung auszugleichen.[317] Der *vorläufige Rechtsschutz* trifft nicht die geforderte endgültige, sondern eine bloß vorläufige Aussage. Ferner kann er sich selbst auch der Unangemessenheit aussetzen. Die *Verzinsung* ist hingegen auf Kompensation eines Liquiditätsvorteils zugunsten wie zulasten des Steuerbürgers angelegt. Eine Präventivwirkung zur Vermeidung einer überlangen Verfahrensdauer wohnt ihr erst gar nicht inne.[318] Darüber hinaus wurzeln die dem Dispositionsschutz dienenden Maßnahmen der einseitigen *Verbindlichen Auskunft* (s. § 89 II AO) und der zweiseitigen *tatsächlichen Verständigung* originär in der behördlichen Vollzugsstufe des steuerrechtlichen Programms, indem sie unmittelbar zwischen Steuerbürger und Finanzbehörde wirken.[319] Sie wirken jedoch im gerichtlichen Durchsetzungsprogramm fort, weil sie einem Streit konsensual vorbeugen und damit von der streitigen gerichtlichen Durchsetzung suspendieren können. Gleichwohl finden sie damit ihre Grundlage nicht unmittelbar im Verhältnis Steuerbürger/Finanzgericht[320]. Die steuerrechtlich konkretisierte Rechtsfolgenanordnung des Art. 19 IV GG stattet den Steuerbürger aber gerade (auch) gegenüber dem Finanzgericht mit dem Recht auf Dispositionsschutz aus.[321] Dieses kann nicht mit Verweis auf das dem Steuerbürger (ebenfalls) zustehende Recht gegenüber der Finanzbehörde aufgehoben werden. Eine andere Frage ist es dann, ob der Steuerbürger auf einen Teil seiner Rechte sodann wirksam verzichten

---

317 *Kirchhof*, DStZ, 1989, 55, 56 u. 59; Hey, Steuerplanungssicherheit als Rechtsproblem, Habil., 2002, S. 90.

318 Zur Bewältigung des Zinsthemas im Rahmen des Sekundärrechtsschutzsystems, s. noch unter § 6 B. II.

319 Eingehend: *Seer*, Verständigungen in Steuerverfahren, Habil., 1996, S. 305 ff.

320 Finanzgericht ist hier in einem weiteren Sinne zu verstehen, der neben den originären Finanzgerichten auf Länderebene auch den Bundesfinanzhof sowie das BVerfG mit einschließt. Letzteres allerdings nur, wie es über steuerrechtliche Streitigkeiten befindet.

321 S. zur Bindung des gesamten steuerrechtlichen Programms an die Grundrechte bereits unter a) sowie noch unter E. I.

kann.[322] Nach alledem ist damit zu konstatieren, dass der legislative *Ausgestaltungsauftrag* hier weiterhin *fortbesteht*.

c) Begrenzungs-Tatbestand

Das unter b) identifizierte Ergebnis ist nach Maßgabe des außentheoretischen Grundrechtsmodells bisher nur mit *prima facie-Wirkung* behaftet. Das heißt, es ist noch nicht definitiv. Etwas potentiell Überschießendes wird im Rahmen einer Abwägung auf etwas Definitives begrenzt, um widerstreitende kollidierende Positionen auszugleichen. Das potentiell Überschießende folgt in Ansehung des hiesigen Prüfungsgegenstandes aus dem Fortbestehen des legislativen Ausgestaltungsauftrags hinsichtlich der einfach-gesetzlichen Ausbuchstabierung der Voraussetzungen des Primärrechtsschutzes. Ist der Steuerstaat wie hier positiv zur Ausgestaltung verpflichtet, kann er von einem *Unterlassungsvorbehalt* Gebrauch machen, im Rahmen dessen er kollidierende Positionen zu seinen Gunsten für sich in Anspruch nehmen kann. Die definitiv-Wirkung tritt dann ein, wenn der Steuerstaat diesen Unterlassungsvorbehalt unterschritten hat. Daraus folgt zugleich, dass der legislative Ausgestaltungsauftrag in Ansehung der Voraussetzungen des Primärrechtsschutzes auch mit definitiv-Wirkung fortbesteht.

aa) Als Leistungsgrundrecht besitzt der steuerspezifisch konkretisierte Art. 19 IV GG keinen ausdrücklich im Verfassungstext niedergeschriebenen Vorbehalt. Der Steuerstaat kann daher nur *gleichrangige* verfassungsrechtliche Positionen in den Abwägungsvorgang einstellen.[323] Zieht man hierzu die Rezeptionsgeschichte des Rechtsschutzsystems zu Rate, ist ihr zu entnehmen, dass sich der Gesetzgeber insbesondere in der Pflicht sah, der verfassungsrechtlich in Art. 97 I GG verbürgten *sachlichen richterlichen Unabhängigkeit* Rechnung zu tragen (s. dazu unter § 4 A. V.). Aus der textlichen Fassung des Art. 97 I GG folgt, dass Richter an Weisungen nicht gebunden und nur dem Gesetz unterworfen sind.[324]

---

322 Dazu: *Seer*, Verständigungen in Steuerverfahren, Habil., 1996, S. 282 ff.

323 *Pieroth/Schlink/Kingreen/Poscher*, Grundrechte, 31. Auflage, § 26 Rn. 1141. Zu den sog. Rechtswegausschlüssen s. bei: *Huber*, in: v. Mangoldt/Klein/Starck, GG. Band 1, 6. Auflage, Art. 19 IV Rn. 517 ff. m.w.N.

324 Dem Grunde nach konkretisiert Art. 97 I GG damit einen Ausschnitt des Justizgewährleistungsanspruchs, indem er den Rechtsschutzsuchenden an ein Kontrollgremium verweist, das frei von Einflüssen anderer Institutionen entscheidet. Gleichzeitig werden dem Richter dadurch keine Grundrechte oder grundrechtsgleichen Rechte vermittelt. Die richterliche Unabhängigkeit gehört aber zu den hergebrachten Grundsätzen des richterlichen Amtsrechts. Eine Verletzung kann der Betroffene damit über Art. 33 V, 3 I GG mit der Verfassungsbeschwerde rügen.

Die sachliche richterliche Unabhängigkeit bezieht sich dabei nicht nur auf die Rechtsfindung im engeren Sinne, sondern auch auf die gesamte flankierende richterliche Tätigkeit, insbesondere die Prozessleitung.[325] Die Prozessleitungsbefugnis findet Ausdruck im richterlichen Verfahrensermessen. In zeitlicher Hinsicht ermöglicht das richterliche Verfahrensermessen eine freie zeitliche Verfahrensgestaltung durch den Richter. Insoweit begründet Art. 97 I GG eine kollidierende verfassungsrechtliche Position, die von staatlicher Seite in den Abwägungsvorgang eingestellt werden kann.[326]

bb) Nachdem die kollidierende Position benannt ist, ist der Abwägungsvorgang nach Maßgabe der allgemeinen Grundsätze *(vor) zu programmieren* (s. hierzu unter § 2 B. IV.). Das letztlich ausschlaggebende Kriterium, auf das sich die Fortgeltung des legislativen Ausgestaltungsauftrags stützt, ist die strikte Einzelfallbetrachtung anhand eines unbestimmten Rechtsbegriffs, die einer belastbaren steuerlichen Planung auf der Grundlage der das steuerrechtliche Programm abschließenden richterlichen Akzeptanzentscheidung entgegensteht. Die entscheidende Anleitung hat die Rechtsfolgenanordnung des Art. 19 IV 1 GG an dieser Stelle durch das (steuerspezifische) ergänzende Hilfsrecht des *Dispositionsschutzes* erfahren. Dieses Recht ist seinerseits als teleologisch indizierte Erweiterung jedoch *nicht* ausdrücklich im Verfassungstext niedergelegt. Dementsprechend besitzt der Gesetzgeber bei dessen einfach-rechtlicher Ausgestaltung einen *Spielraum*, wie er der Forderung nachkommt. Er ist nicht gezwungen die „ideale Lösung" bereit zu stellen. Es reicht eine Gestaltung, die der Forderung noch gerecht wird und diese dadurch nicht der Aushöhlung preisgegeben wird. Demgegenüber untersteht Art. 19 IV GG hier einem *nicht* unmittelbar im Verfassungstext niedergelegten (= immanenten) Vorbehalt. Dieser spricht die Wertung aus, dass eine Begrenzung grundsätzlich nicht möglich ist. Damit lässt sich weder zugunsten des Staates noch zugunsten des Bürgers eine „Vorentscheidung" fixieren. Auf der einen Seite kann der *Staat* den sog. beträchtlichen Ausgestaltungsspielraum für sich in Anspruch nehmen. Auf der anderen Seite kann sich der *Bürger* darauf berufen, dass grundsätzlich jegliche Begrenzungen – also auch solche die ein Ausgestaltungsspielraum vermittelt – ausgeschlossen sind.

Zur Dogmatik im Allgemeinen, s. bei: *Detterbeck*, in: Sachs, GG, 7. Auflage, Art. 97 Rn. 1 ff.

325 *Tiwisina*, Rechtsfragen überlanger Verfahrensdauer nach nationalem Recht und der EMRK, Diss., 2010, S. 94 m.w.N.

326 *Tiwisina*, Rechtsfragen überlanger Verfahrensdauer nach nationalem Recht und der EMRK, Diss., 2010, S. 95 f.

cc) Die bisherigen Erkenntnisse sind sodann in die abschließende *Verhältnismäßigkeitsprüfung* zu überführen. In der hier interessierenden Situation ist dafür das sog. *Untermaßverbot* zu bemühen, um die Reichweite des vom Vorbehalt gedeckten staatlichen Unterlassens final zu bestimmen. Dabei sei darauf hingewiesen, dass das Untermaßverbot keine selbständige Wertung erzeugt. Es dient allein der folgerichtigen Umsetzung bereits identifizierter Werte. Unter bb) wurde für die hiesigen Zwecke herausgearbeitet, dass weder zugunsten des Steuerbürgers noch zugunsten des Steuerstaates eine Wertungsvorentscheidung möglich ist. Dementsprechend ist das Untermaßverbot so anzuwenden, dass es die sich im Widerstreit befindlichen Verfassungswerte in einen *bestmöglichen Ausgleich* (sog. praktische Konkordanz) einstellt.[327] Dabei ist die zum sog. Übermaßverbot entwickelte Trias aus Geeignetheit – Erforderlichkeit – Angemessenheit „spiegelverkehrt" auf das Untermaßverbot in Ansehung des hiesigen Prüfungsgegenstandes zu übertragen.[328]

aaa) Die Beeinträchtigung kommt in der unzureichenden Ausgestaltung der Voraussetzungen des Primärrechtsschutzes zum Ausdruck. Dem Steuerbürger wird das für seine Disposition erforderliche normative Planungsmaterial nicht geliefert. Gerade dadurch bezweckt der Gesetzgeber einen Schutz der sachlichen richterlichen Unangemessenheit des Art. 97 I GG, indem er das richterliche Verfahrensermessen in zeitlicher Hinsicht stets anhand des jeweiligen Einzelfalls ausrichtet. Der Ermessensspielraum kann in Abhängigkeit eines jeden Einzelfalls ausgeschöpft werden. Abstrakt-generelle Grenzen im Sinne eines ex ante vorgegebenen zeitlichen Rahmens werden nicht gezogen. Damit ist die vom Gesetzgeber gewählte Ausgestaltung jedenfalls auch *geeignet*, den Schutz des Art. 97 I GG zu fördern.

---

327 Zur Integration der sog. praktischen Konkordanz im Rahmen der Verhältnismäßigkeitsprüfung: *Stern*, in: ders., Staatsrecht, Band III/2, § 84 IV 7, S. 835.

328 Die Verhältnismäßigkeitsprüfung im Zusammenhang mit staatlichem Unterlassen wird umfassend aufgearbeitet bei: *Cremer*, Freiheitsgrundrechte, Habil., 2003, S. 269 ff. m.w.N. Im Ergebnis verfolgt *Cremer* eine Verhältnismäßigkeitsprüfung, die an eine bestimmte unterlassene Maßnahme anknüpft. Diese befragt er auf ihre Eignung, Erforderlichkeit und Angemessenheit. Die hiesige Darstellung gibt eine andere Struktur vor, indem im Rahmen der Eignungsprüfung an die festgestellte Beeinträchtigung in Form des Unterlassens angeknüpft wird. Erst im Rahmen der Erforderlichkeitsprüfung werden sodann unterlassene Maßnahmen mit einbezogen. Eine solche Struktur entspricht einer „spiegelverkehrten" Handhabe des Übermaßverbots. Dieser Ansatz wird auch von *Hermes*, Das Grundrecht auf Schutz von Leben und Gesundheit, Diss., 1987, S. 254 verfolgt.

bbb) Hinterfragt man die identifizierte Beeinträchtigung nach ihrer *Erforderlichkeit*, gilt es „mildere" Alternativen mit einzubeziehen. Als eine solche Alternative eignet sich – ohne die Ausführungen unter § 6 hier schon vorwegnehmen zu wollen – eine Ausgestaltung abstrakt-genereller zeitlicher Grenzen mittels einer festen Frist. Die Definition einer festen Frist ist in Ansehung des steuerspezifisch konkretisierten Art. 19 IV 1 GG „milder", weil sie dem Steuerbürger eine Formulierung an die Hand gibt, die ihm eine zeitliche Voraussehbarkeit ermöglicht. Der Gesetzestext liefert dem Steuerbürger das Planungsmaterial für eine Disposition. Damit ist sie aber zugleich hinsichtlich des Schutzes aus Art. 97 I GG weniger geeignet, weil sie dem richterlichen Verfahrensermessen ex ante einen zeitlichen Rahmen vorgibt.

ccc) Eine finale Entscheidung ist sodann mit Hilfe der *Angemessenheitsprüfung* zu ermitteln. Im Rahmen dieser gilt es, eine sog. Zweck-Mittel-Relation aufzubauen. In welchem Verhältnis steht die Intensität der Beeinträchtigung zum mit ihr verfolgten Zweck? Zerlegt man die Angemessenheitsprüfung in ihre Einzelteile, kann der Prüfung folgende *Struktur* zugewiesen werden.[329] Ein erster Schritt ist rein *informatorischer* Natur. Zunächst ist der *Zweck* in den Blick zu nehmen. Dieser ist nach seiner abstrakten Wertigkeit zu befragen; insbesondere hinsichtlich seiner verfassungsrechtlichen Determinanten. In den Fällen der immanenten Begrenzungen wurde die Vorarbeit bereits geleistet, weil nur Werte von Verfassungsrang begrenzungstauglich sind. In allen anderen Fällen ist eine Analyse an dieser Stelle durchzuführen. Zusätzlich ist der Zweck hinsichtlich seiner Erfolgsintensität zu befragen. Sodann ist das *Mittel* in den Blick zu nehmen. Dieses kommt in der bereits zuvor dargestellten Beeinträchtigung zum Ausdruck; die abstrakte Wertentscheidung ist daher zwangsläufig bereits zugunsten eines Wertes von Verfassungsrang gefallen. Auch der beeinträchtigte Verfassungswert kann dabei seinerseits durch weitere Verfassungswerte verstärkt werden.[330] Dem schließt sich eine Analyse hinsichtlich der Beeinträchtigungsintensität an. In einem zweiten Schritt gilt es, einen *Prüfungsmaßstab* zu formulieren. Hier zeigt sich, dass die Begriffe Übermaß und Untermaß noch keine finale Bestimmung der Prüfungsdichte in sich tragen. An dieser Stelle ist an die bereits zuvor dargestellte Methodik

---

329 Allgemein zur Strukturierung der Verhältnismäßigkeitsprüfung: *Stern*, in: ders., Staatsrecht, Band III/2, § 84 IV, S. 814 ff.

330 Eingehend zum Zusammenwirken mehrerer Verfassungswerte: *Spielmann*, Konkurrenz von Grundrechtsnormen, Diss., 2008, S. 173 ff. Eine Verstärkungswirkung ist dabei nicht auf den beeinträchtigten Verfassungswert beschränkt. Ebenso ist eine Verstärkungswirkung in Ansehung des verfassungsrechtlichen Zwecks denkbar.

anzuknüpfen, die auf die Reichweite der verfassungstextlichen Niederlegung abstellt. Die Prüfungsdichte kann sich damit von einer bloßen Evidenzkontrolle bis hin zu einer strengen Optimierungsprüfung aktualisieren. Der abschließende dritte Schritt ist sodann die *Abwägung* im engeren Sinne. Diese ist anhand der Vorarbeiten auszuführen.

Im Folgenden ist die herausgearbeitete Struktur nun am hiesigen Fall zu *exemplifizieren*. Der *Zweck* manifestiert sich in Ansehung des Schutzes der sachlichen richterlichen Unabhängigkeit in Art. 97 I GG. Die Erfolgsintensität kommt in dem Gewinn an zeitlicher Unabhängigkeit zum Ausdruck, wie sie durch die strikte Einzelfallbetrachtung vermittelt wird. Der Richter bleibt so von einem ex ante voraussehbaren zeitlichen Rahmen frei. Die strikte Einzelfallbetrachtung weist zugleich eine zweite verfassungsrechtliche Determinante aus, die hier *zweckverstärkend* wirkt; namentlich die Verwirklichung von *Einzelfallgerechtigkeit* im Verfahren. Art. 3 I GG aktualisiert sich nicht nur durch Verfahren sondern auch im Verfahren.[331] Eine Einzelfallprüfung anhand eines unbestimmten Rechtsbegriffs idealisiert die Einzelfallgerechtigkeit, was die Erfolgsintensität naturgemäß ebenfalls verstärkt. Demgegenüber manifestiert sich das *Mittel* in der unzureichenden Ausgestaltung der Voraussetzungen des Primärrechtsschutzes. Begründet wurde dies anhand der steuerspezifischen Konkretisierung des Art. 19 IV GG nach Maßgabe des Dispositionsschutzes. Unter § 2 D. III. wurde eine interpretatorische Glättung des Konkurrenzverhältnisses von unterschiedlich abgeleiteten Justizgewährleistungsansprüchen dargestellt. Die modale Struktur des Art. 19 IV GG wird dabei bereichsspezifisch angeleitet. De facto verbirgt sich dahinter eine *mehrfach* verfassungsrechtlich abgesicherte Basis. Die hier interessierende justizielle Gewähr, die vor unangemessen langen steuerprozessualen Verfahren schützt, findet ihre Grundlage jeweils auch in Art. 19 IV, Art. 3 I und Art. 14 I GG. Ihre entscheidende Anleitung erfährt die justizielle Gewähr hier jedoch *allein* anhand des steuerspezifischen Dispositionsschutzes aus Art. 14 I GG. Der Rekurs auf eine Dreifach-Absicherung verliert dadurch entscheidend an Durchschlagskraft. Eine *signifikante Verstärkungswirkung* folgt sodann aber aus einem anderen Aspekt außerhalb der modalen Struktur des Art. 19 IV GG; namentlich durch das *Postulat der Rechtsmittelklarheit* (s. dazu unter § 2 F. I.). Dem Rechtsschutzsuchenden muss der Weg zur Überprüfung einer staatlichen Maßnahme in der Rechtsordnung klar vorgezeichnet werden. Ausweislich der Gesetzesbegründung sah sich der Gesetzgeber dem

331 S. hierzu bereits den Nachweis in Fn. 70.

rechtsstaatlich indizierten Postulat verpflichtet.[332] Der Gesetzgeber hat sich eines unbestimmten Rechtsbegriffs bedient, um die strikte Einzelfallbetrachtung umzusetzen. Wie aber soll ein unbestimmter Rechtsbegriff dem Rechtsschutzsuchenden Klarheit darüber verschaffen, unter welchen Voraussetzungen er eine staatliche Maßnahme gerichtlich kontrollieren kann.[333] Der Steuerbürger, dem möglicherweise ein unangemessen langes steuerprozessuales Verfahren droht, kann gar nicht erkennen, unter welchen Voraussetzungen er dieses angreifen kann. Bei Lektüre des Gesetzestextes wird er mit der Frage konfrontiert, was ist „unangemessen" (-heit) bzw. wann droht eine solche? Er kann damit weder verlässlich beurteilen, ob ein Angriff überhaupt in Frage kommt noch welche Erfolgsaussichten ein solcher haben wird. Der Gesetzgeber hat das Postulat der Rechtsmittelklarheit damit *nicht* folgerichtig auf einfach-gesetzlicher Ebene umgesetzt. Das rechtsstaatliche Postulat *verstärkt* hier die steuerspezifische Konkretisierung des Art. 19 IV 1 GG in Ansehung des entscheidungserheblichen Aspekts. Die Intensität der Beeinträchtigung steht bereits der Aushöhlung nahe. Der Steuerbürger kann weder die gebotene Planung ausführen, noch kann er erkennen, wann und mit welchem Erfolg er eine (potentiell) drohende unangemessen lange steuerprozessuale Verfahrensdauer angreifen kann. Die sich dann anschließende Frage nach dem *Prüfungsmaßstab* knüpft an das Ergebnis unter bb) an. Anhand der Reichweite der verfassungstextlichen Niederlegung konnte dort keine „Vorentscheidung" fixiert werden. Die Prüfungsdichte, die sich vom Evidenz- bis zum Optimierungsmaßstab aktualisiert, wird damit exakt in der Mitte angesprochen, indem ein *bestmöglicher Ausgleich* der hier widerstreitenden Verfassungswerte i.S. praktischer Konkordanz vorzunehmen ist. Überführt man die Vorarbeiten abschließend in den finalen *Abwägungsvorgang*, offenbart sich hier im Kern eine Konfliktlage, die vom Gesetzgeber im Rahmen seiner Kodifikationsarbeit in vielfältiger Weise zu bewältigen ist; namentlich der *Konflikt* zwischen Einzelfallgerechtigkeit und Rechtssicherheit.[334] Ein Normprogramm, das eine strikte Einzelfallprüfung ermöglicht, idealisiert die Einzelfallgerechtigkeit. Dies kann es jedoch nur aufgrund seiner Unbestimmtheit leisten; die

---

332 Entwurf eines Gesetzes über den Rechtsschutz bei überlangen Gerichtsverfahren und strafrechtlichen Ermittlungsverfahren v. 17.11.2010, BT-Drucksache 17/3802, 15.

333 Ebenfalls kritisch: Ossenbühl, DVBl. 2012, 857, 860; *Ohrloff*, Der Rechtsschutz bei überlangen Gerichtsverfahren, Diss., 2014, S. 88 ff.; *Pietron*, Die Effektivität des Rechtsschutzes gegen überlange Verfahrensdauer, Diss., 2016, S. 167 ff. Zur entsprechenden Ausgestaltung einer Untätigkeitsbeschwerde bereits *Jakob*, ZZP 119 (2006), 303, 330.

334 Dazu: *Eckhoff*, Rechtsanwendungsgleichheit im Steuerrecht, Habil., 1999, S. 95 ff.

unendliche Vielzahl denkbarer verschiedener Einzelfälle können nicht alle im Normtext ausbuchstabiert werden. Deshalb bedarf es eines unbestimmten Rechtsbegriffs als Vehikel zur Umsetzung der strikten Einzelfallprüfung. Gleichzeitig folgt dem aber ein Verlust an Bestimmtheit und damit an Rechtssicherheit. Der Normadressat kann bei Lektüre des Normtextes eine positive oder negative Subsumtionsentscheidung nicht voraussehen. Er wird also im Unklaren – im Zustand der Rechtsunsicherheit – gelassen. Betrachtet man diesen Konflikt im vorliegenden Fall und zieht den Prüfungsmaßstab des bestmöglichen Ausgleichs im Sinne praktischer Konkordanz heran, ist das Abwägungsergebnis offenkundig. Der Gesetzgeber hat den Konflikt *einseitig* zugunsten der Einzelfallgerechtigkeit gelöst. Eine einseitige Lösung ist jedoch *nie* ein bestmöglicher Ausgleich im Widerstreit befindlicher Werte. Damit stehen Zweck und Mittel unter Berücksichtigung der jeweiligen Erfolgs- und Beeinträchtigungsintensität zwangsläufig *nicht* in einem ausgewogenen Verhältnis zueinander. Die Abwägungsentscheidung fällt *zugunsten des Steuerbürgers* aus. Dementsprechend besteht das unter b) identifizierte *Ergebnis* nunmehr *definitiv*. Der legislative *Ausgestaltungsauftrag* hinsichtlich der Formulierungen der Voraussetzungen des Primärrechtsschutzes besteht weiterhin *fort*.

2. *Primärrechtsschützender Durchsetzungsmechanismus*

Der primärrechtsschützende Durchsetzungsmechanismus knüpft an das positive präventive Hilfsrecht aus Art. 19 IV GG an. Jenes wird mit einem weiteren Recht, das dem erstgenannten zur Durchsetzung verhilft, verbunden.[335] Erst jetzt ist das einfach-gesetzliche Primärrechtsschutzystem vollständig. Unter 1. wurden dessen Voraussetzungen thematisiert. An dieser Stelle werden dessen *Rechtsfolgen* thematisiert. Die Formulierung des Durchsetzungsmechanismus projiziert das *zweitgenannte Recht* auf die einfach-gesetzliche Ebene. *Dessen* verfassungsrechtlich indizierte Ausgestaltungsanforderungen sind nach Maßgabe der bereits unter § 2 E. dargestellten Grundsätze herauszuarbeiten. Dort wurde aufgezeigt, dass Art. 19 IV GG auch seinerseits (wieder) durchgesetzt werden kann; Art. 19 IV GG also ein zweites Mal angesprochen wird, diesmal zur Durchsetzung seiner selbst (= *Doppelwirkung*).

---

335 Zur Verbindung des Rechts an sich und dem Recht zu seiner Durchsetzung s. unter § 2 F. II. am Anfang.

a) *Schutzgut-Tatbestand*

Das Schutzgut des Art. 19 IV 1 GG ist hierzu anhand des unter 1. herausgearbeiteten präventiven Hilfsrechts zu konkretisieren, das mit Hilfe der Rechtsfolgenanordnung des Art. 19 IV 1 GG durchgesetzt werden soll. Demensprechend ist die Rechtsfolgenanordnung des Art. 19 IV 1 GG nach ihren *Anforderungen* zu befragen, die sie bereit stellt bzw. bereit stellen muss, wenn eine unangemessen lange steuerprozessuale Verfahrensdauer und damit ein unwiederbringlicher Zeitverlust droht. Hier zeigt sich der entscheidende *Unterschied* zur Darstellung unter 1. Galt es dort noch *ein* spezielles justizielles Recht nachzuzeichnen, um dessen verfassungsrechtlich indizierte Merkmale zu benennen, so geht es jetzt darum, herauszuarbeiten, welche *Gesamtheit* an Anforderungen Art. 19 IV GG zur Durchsetzung eben *dieses* Rechts bereithält. Dies ist der Grund warum unter A. davon gesprochen wurde, dass dieser verfassungsrechtliche Anknüpfungspunkt umfassender ist. Der Steuerbürger erhält das umfassende Recht aus Art. 19 IV GG, das ihm zustehende präventive Hilfsrecht im Rahmen eines effektiven gerichtlichen Kontrollverfahrens dem Steuerstaat gegenüber durchzusetzen.

b) *Beeinträchtigungs-Tatbestand*

Nach Maßgabe des unter a) identifizierten Rechts (bzw. der ihm innewohnende Gesamtbestand) ist der Steuerstaat (auch hier) positiv zur Ausgestaltung verpflichtet. Mit der einfach-gesetzlichen Abbildung eines prozessualen Durchsetzungsmechanismus will der Gesetzgeber seinen *Ausgestaltungsauftrag* hinsichtlich der Rechtsfolgen des Primärrechtsschutzes bedienen. Das unter a) identifizierte Recht (bzw. der ihm innewohnende Gesamtbestand) ist als Maßstab heranzuziehen.[336] Der Ausgestaltungsauftrag besteht also hinsichtlich der Rechtsfolgen des Primärrechtsschutzes weiterhin fort, wenn der hiesige Prüfungsgegenstand eine Ausgestaltung trifft, die den verfassungsrechtlich indizierten Merkmalen des Art. 19 IV GG nicht entspricht.

Die Rechtsfolgen des Primärrechtsschutzes kommen in der *prozessualen Wirkung der Verzögerungsrüge* zum Ausdruck, wie sie aus der Formulierung des § 198 III 1 GVG abzulesen ist:

> *„Entschädigung erhält ein Verfahrensbeteiligter nur, wenn er bei dem mit der Sache befassten Gericht die Dauer des Verfahrens gerügt hat (Verzögerungsrüge)."*

Anhand der Rezeptionsgeschichte wurde aufgezeigt, dass der Gesetzgeber die Verzögerungsrüge als ergänzendes Tatbestandsmerkmal des (materiellen)

---

336 Das unter 1. b) hierzu Beschriebene gilt hier sodann entsprechend.

Entschädigungsanspruchs ausgestaltet hat. Sie soll dem bearbeitenden Richter als präventive Warnung dienen und zugleich der Möglichkeit eines sog. Dulde und Liquidiere entgegenstehen (s. unter § 4 B. I. 2.). Überprüft man die einfachgesetzliche Ausgestaltung anhand der unter a) identifizierten verfassungsrechtlichen Merkmale, ist das Ergebnis offensichtlich. Die Verzögerungsrüge unterliegt bereits *keiner* verbindlichen Entscheidungspflicht. Schon allein deshalb kann sie den verfassungsrechtlich indizierten Merkmalen *nicht* entsprechen. Wie soll der Eintritt eines bevorstehenden unwiederbringlichen Zeitverlusts effektiv abgewendet werden, wenn der Richter hierüber gar nicht verbindlich entscheiden muss? Abgesehen davon leidet die hiesige Ausgestaltung an einem weiteren Defizit. Sie ist zwar an ein Gericht adressiert, jedoch lediglich an das *Ausgangsgericht*. Bereits unter § 2 E. wurde darauf hingewiesen, dass niemand Richter in eigener Sache sein darf. Die Wirkungen des Primärrechtsschutzes verbleiben aufgrund dieser Ausgestaltung jedoch allein beim iudex a quo. Die Verzögerungsrüge teilt damit das Schicksal der sog. Gehörsrüge, die als Reaktion auf den Plenarbeschluss des BVerfG v. 30.4.2003 durch das Anhörungsrügengesetz v. 9.12.2004 m.W.v. 1.1.2005 geschaffen wurde (s. bereits unter § 4 A. II.). Das Defizit bringen *Roman Seer/Kai Thulfault* treffend auf den Punkt:

> *„Die Schwäche des Selbstkontrollverfahrens liegt auf der Hand: Der Richter entscheidet praktisch in eigener Sache. Daher ist es nur allzu menschlich, wenn das Gericht (iudex a quo), dem gerade der Verfahrensfehler vorgehalten wird, sich – selbst wenn es innerlich den Mangel seiner angegriffenen Entscheidung bejaht – nicht zu einer anderen Sachentscheidung entschließt. Insoweit erscheint die Absage des Gesetzgebers an eine mit Devolutiveffekt ausgestattete außerordentliche Beschwerde zum iudex ad quem prima vista als Rechtsschutzverkürzung.“*[337]

Von (Primär-) Rechtsschutz kann dort nicht mehr die Rede sein, wie eine Befassung und im besten Fall eine Abhilfe allein dem *„good will“* des Verursachers unterstellt wird.[338] Die vom Gesetzgeber gewählte Ausgestaltung der Rechtsfolgen des Primärrechtsschutzes bedient die verfassungsrechtlich indizierten Merkmale des Art. 19 IV GG *nicht* ausreichend. In concreto wird zwar das verfassungstextlich niedergelegte Hauptrecht des Art. 19 IV 1 GG auf Eröffnung des Rechtswegs bedient; denn der gerichtliche Rechtsweg zum Ausgangsgericht steht offen. Darüber

337 *Seer/Thulfault*, BB 2005, 1085.

338 Ebenfalls kritisch: *Ossenbühl*, DVBl. 2012, 857, 860; *Pickenpack*, Rechtsschutz bei Verletzung von Verfahrensgrundrechten und bei Untätigkeit der Gerichte, Diss., 2012, S. 239 f.; *Ohrloff*, Der Rechtsschutz bei überlangen Gerichtsverfahren, Diss., 2014, S. 91 ff.; *Pietron*, Die Effektivität des Rechtsschutzes gegen überlange Verfahrensdauer, Diss., 2016, S. 181 ff.

hinaus wird dann aber das ergänzende Hilfsrecht des sog. *Effektivitätspostulats*, wie es anhand des präventiven Hilfsrechts konkretisiert wird, in mehrfacher Hinsicht nicht ausreichend bedient. Es fehlt hier bereits an einer *Verpflichtung* zur verbindlichen Entscheidung. Ferner ist allein das *Ausgangsgericht* mit der Sache befasst. Der *Ausgestaltungsauftrag* besteht damit auch hinsichtlich der Rechtsfolgen des Primärrechtsschutzes weiterhin *fort*.[339]

Die *Evaluation* des Gesetzes steht dieser Erkenntnis nicht entgegen (s. dazu unter § 4 C. V.). Zum einen ist ihr ausdrücklich zu entnehmen, dass eine Überprüfung der Präventivwirkung (noch) nicht möglich war. Zum anderen – und das ist entscheidend – belegt das Verhältnis von Verzögerungsrüge und Entschädigungsklage die identifizierten Defizite. Der Rechtsschutzsuchende erhebt zwar die Verzögerungsrüge, jedoch äußerst selten die anschließende Entschädigungsklage. Man könnte also geneigt sein, hieraus den Schluss zu ziehen, dass die Verzögerungsrüge äußerst effektiv sei, schließlich – so scheint es – wird regelmäßig nur sie und keine anschließende Entschädigungsklage erhoben. Der wahre Grund dürfte jedoch auf der Hand liegen: Der Rechtsschutzsuchende kann die Erfolgsaussichten einer Entschädigungsklage (einschl. Kostenrisiko) schlichtweg nicht einschätzen (s. dazu noch unter II. 1.) und hofft deshalb allein auf den „good will" der Verzögerungsrüge. Bekommt er diesen nicht zugesprochen, wird er sich wohl überlegen, ob er den für ihn nicht prognostizierbaren Weg über die sich dann eigentlich anschließende Entschädigungsklage verfolgt. Dies dürfte der wahre Grund sein, warum sich das Verhältnis von Verzögerungsrüge und Entschädigungsklage dergestalt präsentiert.

c) Begrenzungs-Tatbestand

Das unter b) herausgearbeitete Ergebnis ist noch nicht definitiv. Indem der Durchsetzungsmechanismus an das präventive Hilfsrecht anknüpft, kann der Staat auch hier die *sachliche richterliche Unabhängigkeit* des Art. 97 I GG für sich in Anspruch nehmen. Verbleibt die Überprüfung dann allein beim Ausgangsgericht, läuft dieses auch nie Gefahr, von einem anderen Gericht hinsichtlich der zeitlichen Handhabe des Verfahrensermessens beeinflusst zu werden. Als eine „mildere" Alternative ist die Integration in den herkömmlichen Beschwerdemechanismus (s. §§ 146 ff. VwGO bzw. 128 ff. FGO) zu benennen.[340] Im Hinblick

339 Darauf, dass der kompensatorische Entschädigungsanspruch dieses Defizit nicht beseitigen kann, wurde bereits in Fn. 307 hingewiesen.

340 Dies wurde im Zusammenhang mit der Gehörsrüge von *Seer/Thulfault*, BB 2005, 1085, 1086 ebenfalls als vorzugswürdig beschrieben.

auf eine mögliche Einflussnahme des iudex ad quem auf den iudex a quo ist sie jedoch weniger geeignet, den Schutz des Art. 97 I GG zu verwirklichen. Der hohen Erfolgsintensität des Art. 97 I GG steht dabei zwangsläufig eine hohe Beeinträchtigungsintensität des Art. 19 IV GG gegenüber. De facto wird Art. 19 IV GG hier zugunsten des Art. 97 I GG geopfert. In Ansehung der Reichweite der verfassungstextlichen Niederlegung ist auch hier ein bestmöglicher Ausgleich i.S. praktischer Konkordanz als Prüfungsmaßstab zugrunde zu legen. Damit fällt die Entscheidung ebenfalls zwangsläufig *zugunsten des Steuerbürgers* aus. Das unter b) herausgearbeitete *Ergebnis* verdichtet sich zur *definitiv*-Wirkung.

II. Sekundärrechtsschutzsystem

1. Formulierung der tatsächlichen Unangemessenheit

Die Formulierung der tatsächlichen Unangemessenheit in § 198 I GVG als Voraussetzung des Sekundärrechtsschutzes projiziert das *kompensatorische Hilfsrecht* aus Art. 19 IV GG auf die einfach-gesetzliche Ebene:

> *„Wer infolge unangemessener Dauer eines Gerichtsverfahrens als Verfahrensbeteiligter einen Nachteil erleidet, wird angemessen entschädigt. Die Angemessenheit der Verfahrensdauer richtet sich nach den Umständen des Einzelfalls, insbesondere nach der Schwierigkeit und Bedeutung des Verfahrens und nach dem Verhalten der Verfahrensbeteiligten und Dritter.“*

Bereits unter I. 1. a) wurde auf diese Formulierung Bezug genommen. Vorgesehen ist eine *strikte Einzelfallprüfung* anhand rechtsprechungsgeprägter – aber inhaltsleerer – Regelbeispiele, die mit Hilfe eines *unbestimmten Rechtsbegriffs* umgesetzt werden soll. Im Kern ist hier mit denselben Überlegungen anzusetzen, mit denen bereits unter I. 1. a) angesetzt wurde. Auch insoweit ist der Steuerbürger dem Problem ausgesetzt, die das steuerrechtliche Programm abschließende richterliche Akzeptanzentscheidung in zeitlicher Hinsicht nicht voraussehen zu können. Ebenso ist es ihm nicht möglich, abzusehen, ob ein hiergegen gerichteter Angriff überhaupt in Frage kommt und welche Erfolgsaussichten (einschl. Kostenrisiko!) ihm sodann beizumessen sind. Die Formulierung der tatsächlichen Unangemessenheit als Voraussetzung des Sekundärrechtsschutzes teilt damit das Ergebnis der Formulierung der drohenden Unangemessenheit als Voraussetzung des Primärrechtsschutzes. Der *Ausgestaltungsauftrag* besteht auch hier mit definitiv-Wirkung weiterhin *fort*.

2. Sekundärrechtsschützender Durchsetzungsmechanismus

Der sekundärrechtsschützende Durchsetzungsmechanismus knüpft an das positive kompensatorische Hilfsrecht aus Art. 19 IV GG an. Jenes wird mit einem weiteren Recht, das dem erstgenannten zur Durchsetzung verhilft, verbunden.[341] Erst jetzt ist das einfach-gesetzliche Sekundärrechtsschutzystem vollständig. Unter 1. wurden dessen Voraussetzungen thematisiert. An dieser Stelle werden dessen *Rechtsfolgen* thematisiert. Die Formulierung des Durchsetzungsmechanismus projiziert das *zweitgenannte Recht* auf die einfach-gesetzliche Ebene. *Dessen* verfassungsrechtlich indizierte Ausgestaltungsanforderungen sind nach Maßgabe der bereits unter § 2 E. dargestellten Grundsätze herauszuarbeiten. Dort wurde aufgezeigt, dass Art. 19 IV GG auch seinerseits (wieder) durchgesetzt werden kann; Art. 19 IV GG also ein zweites Mal angesprochen wird, diesmal zur Durchsetzung seiner selbst (= *Doppelwirkung*).

a) Schutzgut-Tatbestand

Das Schutzgut des Art. 19 IV 1 GG ist hierzu anhand des kompensatorischen Hilfsrechts zu konkretisieren, das mit Hilfe der Rechtsfolgenanordnung des Art. 19 IV 1 GG durchgesetzt werden soll. Dementsprechend ist die Rechtsfolgenanordnung des Art. 19 IV 1 GG nach ihren Anforderungen zu befragen, die sie bereit stellt bzw. bereit stellen muss, wenn tatsächlich eine unangemessen lange steuerprozessuale Verfahrensdauer eingetreten ist.[342] Der Steuerbürger erhält das umfassende Recht aus Art. 19 IV GG, das ihm zustehende kompensatorische Hilfsrechts im Rahmen eines effektiven gerichtlichen Kontrollverfahrens dem Steuerstaat gegenüber durchzusetzen.

b) Beeinträchtigungs-Tatbestand

Nach Maßgabe des unter a) identifizierten Rechts (bzw. der ihm innewohnende Gesamtbestand) ist der Steuerstaat (auch hier) positiv zur Ausgestaltung verpflichtet. Mit der einfach-gesetzlichen Abbildung eines prozessualen Durchsetzungsmechanismus will der Gesetzgeber seinen *Ausgestaltungsauftrag* hinsichtlich der Rechtsfolgen des Sekundärrechtsschutzes bedienen. Das unter a) identifizierte Recht (bzw. der ihm innewohnende Gesamtbestand) ist als Maßstab heranzuziehen.[343] Der Ausgestaltungsauftrag besteht also hinsichtlich der Rechtsfolgen des Sekundärrechtsschutzes weiterhin fort, wenn der hiesige Prüfungsgegenstand eine Ausgestaltung trifft, die den verfassungsrechtlich indizierten Merkmalen des Art. 19 IV GG nicht entspricht.

---

341 Zur Verbindung des Rechts an sich und dem Recht zu seiner Durchsetzung s. unter § 2 F. II. am Anfang.

342 Das unter I. 2. a) hierzu Beschriebene gilt hier sodann entsprechend.

343 Das unter I. 1. b) hierzu Beschriebene gilt hier sodann entsprechend.

Die Rechtsfolgen des Sekundärrechtsschutzes kommen in der *prozessualen Wirkung des Entschädigungsanspruchs durch die Entschädigungsklage des § 201 I GVG* zum Ausdruck: „*Wer [...] einen Nachteil erleidet, wird angemessen entschädigt.*" (s. § 198 I 1 GVG). Konkretisiert wird die Anordnung durch die Niederlegungen in § 198 II und IV GVG. Dort heißt es:

> „*Ein Nachteil, der nicht Vermögensnachteil ist, wird vermutet, wenn ein Gerichtsverfahren unangemessen lange gedauert hat. Hierfür kann Entschädigung nur beansprucht werden, soweit nicht nach den Umständen des Einzelfalls Wiedergutmachung auf andere Weise gemäß Absatz 4 ausreichend ist. Die Entschädigung gemäß Satz 2 beträgt 1.200 Euro für jedes Jahr der Verzögerung. Ist der Betrag gemäß Satz 3 nach den Umständen des Einzelfalls unbillig, kann das Gericht einen höheren oder niedrigeren Betrag festsetzen.*"

> „*Wiedergutmachung auf andere Weise ist insbesondere möglich durch die Feststellung des Entschädigungsgerichts, dass die Verfahrensdauer unangemessen war. Die Feststellung setzt keinen Antrag voraus. Sie kann in schwerwiegenden Fällen neben der Entschädigung ausgesprochen werden; [...].*"

Überprüft man diese Anordnungen anhand der unter a) identifizierten verfassungsrechtlichen Merkmale, ist Folgendes festzustellen. Zunächst ist ein *Entschädigungsgericht* und nicht das Ausgangsgericht in der Pflicht, eine verbindliche Entscheidung in Ansehung der Entschädigung zu treffen (s. a. § 201 I GVG). Sodann sieht der Gesetzestext eine *angemessene Entschädigung* für *materielle* wie auch *immaterielle* Nachteile vor.[344] Der Gedanke der Kompensation liegt jedoch darin, dass eine pflichtwidrige staatliche Maßnahme sich bereits so weit zu Lasten des Bürgers verdichtet hat, dass dessen Korrektur entweder faktisch überhaupt nicht oder jedenfalls nicht mehr ausreichend möglich ist. Gerade hierfür ist dann ein Ausgleich i.S.e. Kompensation erforderlich. Daraus folgt zwangsläufig der *Grundsatz der Vollkompensation.* Jeder unwiederbringliche Verlust ist stets voll auszugleichen. Dem grundrechtlichen Gewährleistungssatz wohnt stets ein Kompensationsrecht inne. Dieses greift ein, wenn sich ein pflichtwidriges staatliches Verhalten bereits so weit zulasten des Bürgers verdichtet hat, dass ein Ausgleich hierfür erforderlich wird (s. hierzu unter § 2 F. II.). Das durch pflichtwidriges staatliches Verhalten ausgelöste Kompensationsrecht ist erst dann erfüllt, wenn der Nachteil *voll* ausgeglichen wird. Das pflichtwidrige staatliche Verhalten

---

344 Zur Terminologie der „Entschädigung" s. bei: *Ossenbühl/Cornils*, Staatshaftungsrecht, 6. Auflage, S. 320 f.; *Steinbeiß-Winkelmann*, in: dies./Ott, Rechtschutz bei überlangen Gerichtsverfahren, Einleitung Rn. 247. S. ferner auch im Entwurf eines Gesetzes über den Rechtsschutz bei überlangen Gerichtsverfahren und strafrechtlichen Ermittlungsverfahren v. 17.11.2010, BT-Drucksache 17/3802, 19.

muss komplett ausgeglichen werden. Anderenfalls würde der Bürger gezwungen, pflichtwidriges staatliches Verhalten (teilweise) hinzunehmen. Oder anders formuliert: Der Bürger wäre dem Staat gegenüber (partiell) schutzlos gestellt. Deshalb wurde auch bereits an anderer Stelle darauf hingewiesen, dass Sekundärrechtsschutz *nicht* mit dem allgemeinen Staatshaftungsrecht gleichzusetzen ist.[345] Letzteres erweitert die originäre Staatsunrechtshaftung zugunsten einer Haftung auch für *rechtmäßiges* staatliches Verhalten.[346] Allein hier kann eine „angemessene Entschädigung" sodann ihre Berechtigung haben. Hat der Staat rechtmäßig bzw. pflichtgemäß gehandelt, der Bürger aber hierdurch ein sog. Sonderopfer erlitten, lässt sich über eine Einschränkung des Grundsatzes der Vollkompensation nachdenken. Hierfür streitet auch die Wertung in Art. 14 III 3 GG. Eine unter gerechter Abwägung der Interessen der Allgemeinheit und der Beteiligten zu bestimmende Entschädigung ist hiernach Voraussetzung einer verfassungsgemäßen Enteignung.[347] Das hier interessierende Kompensationsrecht, wie es durch *pflichtwidriges* staatliches Verhalten ausgelöst wurde und damit Teil des grundrechtlichen Gewährleistungssatzes ist, gleicht allein die Folgen des pflichtwidrigen staatlichen Verhaltens aus. Ein irgendwie geartetes und angemessen zu kompensierendes Sonderopfer spielt keine Rolle.[348] Deshalb muss es auch beim Grundsatz der Vollkompensation bleiben. Üblicherweise wird der Grundsatz der Vollkompensation in der deutschen Rechtsordnung durch ein als *Schadensersatzanspruch* formuliertes Institut realisiert.[349] Indem der Gesetzgeber sich hier der Kategorie eines *Entschädigungsanspruchs* bedient hat, hat er bereits formal ein dogmatisch inkorrektes Institut gewählt.[350] Gleichwohl ist letztlich nicht die formale Bezeichnung, sondern der materielle Gehalt entscheidend. In Ansehung des hiesigen Prüfungsgegenstandes zeigt bereits die Wendung *„angemessen"*, dass

345 S. dazu in Fn. 115.

346 *Höfling*, VVDStRl 61 (2002), 262, 264 f.

347 S. zur Diskussion um den Inhalt von Art. 14 III 3 GG bei: *Ossenbühl/Cornils*, Staatshaftungsrecht, 6. Auflage, S. 249 f. m.w.N.

348 So auch: *Höfling*, VVDStRl 61 (2002), 262, 274.

349 Von Verfassungs wegen ist ein solcher als verschuldensunabhängiger Anspruch konzipiert; s. *Leinser*, in: Sodan, GG, 3. Auflage, Art. 34 Rn. 24. Dementsprechend bekommt der verschuldensabhängige Amtshaftungsanspruch sein Verschuldenserfordernis auch erst durch seine einfach-gesetzliche Ausgestaltung in § 839 I BGB zugewiesen.

350 So auch: *Ossenbühl/Cornils*, Staatshaftungsrecht, 6. Auflage, S. 462. S. hierzu Beschlussempfehlung und Bericht des Rechtsausschusses zum Gesetzentwurf der Bundesregierung v. 28.9.2011, BT-Drucksache 17/7217, 3.

der Gesetzgeber (wohl) keine Vollkompensation vor Augen hat.[351] Angemessen bedeutet nicht zwangsläufig vollumfänglich.[352] Offen zu Tage tritt diese Intention sodann zuallererst im Zusammenhang mit der Entschädigung für *materielle* Nachteile, wie der Ersatz entgangenen Gewinns ausgeschlossen wird.[353] Ebenso verhält es sich im Zusammenhang mit der Entschädigung für *immaterielle* Nachteile. Die Pauschalentschädigung soll nur dann geleistet werden, wenn nach den Umständen des Einzelfalls nicht auch eine Wiedergutmachung auf andere Weise – insbesondere durch die Feststellung der Unangemessenheit – ausreiche. Die damit zum *faktischen Regelfall* erhobene Feststellung kompensiert hingegen gar nichts. Sie stellt allein fest, dass das Verfahren unangemessen lange ist.[354] Dieser Feststellung wohnt kein nennenswerter Gegenwert inne, der als Ausgleichsposten dem unwiederbringlichen Zeitverlust entgegengestellt werden könnte. Im *Ergebnis* ist damit zu konstatieren, dass zwar das verfassungstextlich niedergelegte Hauptrecht des Art. 19 IV 1 GG auf *Eröffnung des Rechtswegs* bedient wird, indem der Rechtsweg zum Entschädigungsgericht offen steht. Darüber hinaus wird dann aber das ergänzende Hilfsrecht des sog. *Effektivitätspostulats*, wie es anhand des kompensatorischen Hilfsrechts konkretisiert wird, nicht ausreichend bedient; der Grundsatz der Vollkompensation wird auf der Ebene der prozessualen Rechtsdurchsetzung nicht folgerichtig umgesetzt.[355] Der *Ausgestaltungsauftrag* besteht damit auch hinsichtlich der Rechtsfolgen des Sekundärrechtsschutzes weiterhin *fort.*

c) Begrenzungs-Tatbestand

Das unter b) herausgearbeitete Ergebnis ist noch nicht definitiv. Indem der Durchsetzungsmechanismus an das kompensatorische Hilfsrecht anknüpft, kann der Staat auch hier die *sachliche richterliche Unabhängigkeit* des Art. 97 I GG für sich

351 So auch: *Ohrloff*, Der Rechtschutz bei überlangen Gerichtsverfahren, Diss., 2014, S. 103 f.

352 Gleichwohl gibt der Wortsinn ein solches Verständnis her, s. dazu noch unter D. I.

353 S. hierzu Beschlussempfehlung und Bericht des Rechtsausschusses zum Gesetzentwurf der Bundesregierung v. 28.9.2011, BT-Drucksache 17/7217.

354 Ebenfalls kritisch zur Suspendierung durch Feststellung: *Seer*, in: Tipke/Lang, Steuerrecht, 22. Auflage, § 22 Rn. 4.; *Ohrloff*, Der Rechtschutz bei überlangen Gerichtsverfahren, Diss., 2014, S. 105; *Pietron*, Die Effektivität des Rechtsschutzes gegen überlange Verfahrensdauer, Diss., 2016, S. 191 ff. Zurückhaltender etwa: *Pickenpack*, Rechtsschutz bei Verletzung von Verfahrensgrundrechten und bei Untätigkeit der Gerichte, Diss., 2012, S. 244 f.

355 Zu demselben Ergebnis gelangt man, wenn man allein die Kompensationsnorm des § 198 I GVG ohne Rückanknüpfung an ihre prozessuale Durchsetzung anhand des kompensatorischen Hilfsrechts aus Art. 19 IV GG überprüft.

in Anspruch nehmen. Anders als unter I. 2. c) entscheidet hier nicht das Ausgangsgericht, sondern ein *anderes* Gericht – das Entschädigungsgericht. Der Schutz des Art. 97 I GG aktualisiert sich hier sodann auch gegenüber einer potentiellen Einflussnahme durch das Entschädigungsgericht. Jedoch muss bereits in Frage gestellt werden, ob dem mit Hilfe einer Abkehr vom Grundsatz der Vollkompensation überhaupt Vorschub geleistet werden kann. Die Grundlage für die auch nur eingeschränkte Kompensation findet sich zwangsläufig in der notwendigen Feststellung der tatsächlichen Unangemessenheit. Die Feststellung dient als *Vorfrage*. Steht die tatsächliche Unangemessenheit fest, wird sie nur eingeschränkt kompensiert. Das bedeutet sogleich, dass das Entschädigungsgericht auch im Rahmen der eingeschränkten Kompensation immer zuerst die tatsächliche Unangemessenheit feststellt und dann weiter fragt, wie in diesem Fall zu kompensieren ist. Der Mechanismus lässt sich wieder im Zusammenhang mit den immateriellen Nachteilen exemplifizieren. Hier kommt die eingeschränkte Kompensation gerade dadurch zum Ausdruck, dass es statt eines finanziellen Ausgleichs allein bei der Feststellung der tatsächlichen Unangemessenheit verbleibt. Eine potentielle Einflussnahme durch das Entschädigungsgericht auf die zeitliche Komponente des Verfahrensermessens des Ausgangsgerichts kommt sodann *allein* in der Feststellung der tatsächlichen Unangemessenheit der Verfahrensdauer zum Ausdruck. Die daran anknüpfende Entscheidung über den Inhalt einer angemessenen Entschädigungsleistung berührt die zeitliche Komponente des Verfahrensermessens des Ausgangsgerichts *nicht* (mehr).[356] Damit ist die Abkehr vom Grundsatz der Vollkompensation durch das Modell einer angemessenen – eingeschränkten – Kompensation bereits gar *nicht geeignet*, den Schutz des Art. 97 I GG zu fördern. Der *Ausgestaltungsauftrag* hinsichtlich der Rechtsfolgen des Sekundärrechtschutzes besteht deshalb auch mit *definitiv*-Wirkung *fort*.

C. Die Überprüfung des Regelungssystems im BVerfGG

I. Primärrechtsschutzsystem

1. Formulierung der drohenden Unangemessenheit

Die Formulierung der *drohenden Unangemessenheit* als Voraussetzung des Primärrechtsschutzes findet ihren normativen Anknüpfungspunkt im Regelungssystem des BVerfGG in § 97b I 3 u. 4 BVerfGG:

---

356 *Ohrloff*, Der Rechtsschutz bei überlangen Gerichtsverfahren, Diss., 2014, S. 125 f. m.w.N.

„Die Verzögerungsrüge ist schriftlich und unter Darlegung der Umstände, die die Unangemessenheit der Verfahrensdauer begründen, einzulegen. Sie ist frühestens zwölf Monate nach Eingang des Verfahrens beim Bundesverfassungsgericht zulässig."

Der Gesetzgeber sieht diese *Mindestfrist* als erforderlich an, um den Besonderheiten des verfassungsgerichtlichen Verfahrens Rechnung tragen zu können. Er bekräftigt ausdrücklich, dass eine Verfahrensdauer von einem Jahr hier noch nicht als tatsächlich unangemessen lange angesehen werden könne. Im Durchschnitt der Jahre 2000 bis 2009 seien gut zwei Drittel aller Verfassungsbeschwerdeverfahren innerhalb eines Jahres erledigt gewesen.[357] Der präventive Charakter kommt hier deutlich zum Ausdruck. Der entscheidende *Unterschied* zur Formulierung auf Ebene des GVG liegt in eben dieser Mindestfrist. Wurde auf der Ebene des GVG herausgearbeitet, dass dem Steuerbürger keine zeitliche Voraussehbarkeit möglich ist, ist deshalb zu untersuchen, ob die Mindestfrist auf der Ebene des BVerfGG eine *abweichende Beurteilung* zulässt. Mit der Mindestfrist wollte der Gesetzgeber verfassungsrechtliche Besonderheiten bedienen. Gleichwohl hat er damit aber *keine* konzeptionelle Abweichung gegenüber der strikten Einzelfallbetrachtung, wie sie im GVG dominiert, ins Werk setzen wollen. Im Zusammenhang mit den Fällen der tatsächlichen Unangemessenheit hat er dies auch ausdrücklich bekräftigt (s. § 97a I 2 BVerfGG). Der Umstand, dass die drohende Unangemessenheit notwendiges Durchgangsstadium der tatsächlichen Unangemessenheit ist, spricht für einen einheitlichen Regelungswillen. Diese Verbindung stellt § 97b I 3 BVerfGG her, der die Unangemessenheit und damit auch die hierzu erforderliche strikte Einzelfallbetrachtung in Bezug nimmt, dessen normatives Vehikel ein unbestimmter Rechtsbegriff ist. § 97b I 4 BVerfGG konkretisiert sodann das Element der Prävention, indem anhand der Mindestfrist der Zeitpunkt drohender Unangemessenheit auf einen frühestmöglichen Zeitpunkt festgelegt wird.[358] Auf der Ebene des GVG vollzieht sich dieser Vorgang in § 198 III 2, wie die Unangemessenheit in Bezug genommen und sodann mit der Wendung „Anlass zur Besorgnis" mit dem Element der Prävention versehen wird. Der Steuerbürger kann damit in zeitlicher Hinsicht *voraussehen*, dass sein steuerverfassungsrechtliches Verfahren jedenfalls erst ab einem Zeitraum von 12 Monaten droht unangemessen lange zu dauern. Mithin liegt der Schluss nahe, dass dem Steuerbürger hierdurch normatives *Planungsmaterial*

---

357 Entwurf eines Gesetzes über den Rechtsschutz bei überlangen Gerichtsverfahren und strafrechtlichen Ermittlungsverfahren, BT-Drucksache 17/3802, 27.

358 Zur gegenüber dem GVG abweichenden Konzeption s. *Ott*, in: Steinbeiß-Winkelmann/ders., § 97a BVerfGG Rn. 8; § 97b BVerfGG Rn. 5.

verschafft wird, auf dessen Grundlage er erkennen kann, wann sein steuerrechtliches Programm mit einer verfassungsrechtlichen Akzeptanzentscheidung belegt ist. Ebenso liegt der Schluss nahe, dass der Steuerbürger nun erkennen kann, wann und mit welchen Erfolgschancen er eine (potentiell) drohende Unangemessenheit angreifen kann. Dieser Effekt *verpufft* jedoch, indem über § 97b I 3 BVerfGG stets die strikte Einzelfallbetrachtung in Bezug genommen wird. Die Mindestfrist des § 97b I 4 BVerfGG wird von der strikten Einzelfallbetrachtung *überspielt*. Ein indizieller Mehrwert, der z. B. normativ über eine (wiederlegbare) Vermutung erzeugt werden würde, besteht nicht. Die Mindestfrist verfolgt auch keinen rechtsschutzstärkenden Zweck. Vielmehr soll sie allein den Besonderheiten des verfassungsrechtlichen Verfahrens Rechnung tragen. Damit ist sie nicht aus der Sicht des Bürgers, der Rechtsschutz begehrt, formuliert, sondern aus der Sicht des Bundesverfassungsgerichts, das verfassungsrechtlichen Rechtsschutz gewährt. Das vermeintliche normative Planungsmaterial erzeugt so *keinerlei* nennenswerten Mehrwert. Der Steuerbürger kann zwar erkennen, ab wann er frühestens mit einer verfassungsrechtlichen Akzeptanzentscheidung rechnen kann. Er kann hingegen *nicht* erkennen, wann nach Ablauf der Mindestfrist dies der Fall sein wird. Hinsichtlich eines etwaigen Angriffs ist er zwar in der Lage zu erkennen, wann ein solcher frühestens in Frage kommt. Ebenfalls ist er jedoch *nicht* in der Lage zu erkennen, wann ein solcher nach Ablauf der Mindestfrist in Frage kommt und welche Erfolgsaussichten ein solcher dann voraussichtlich hätte. Im Ergebnis entspricht der wesentliche Rechtsschutzgehalt dem bereits auf der Ebene des GVG identifizierten. Die dort herausgearbeiteten Defizite finden ihre Entsprechung. Der legislative *Ausgestaltungsauftrag* besteht hinsichtlich der Voraussetzungen des Primärrechtsschutzes damit auch auf der Ebene des BVerfGG weiterhin *fort*.

2. Primärrechtsschützender Durchsetzungsmechanismus

Die Rechtsfolgen des Primärrechtsschutzes kommen in der *prozessualen Wirkung der Verzögerungsrüge* zum Ausdruck, wie sie im Regelungssystem des BVerfG in § 97b I 1 u. 2 abzulesen ist:

> *„Über Entschädigung und Wiedergutmachung wird auf Grund einer Beschwerde zum Bundesverfassungsgericht entschieden (Verzögerungsbeschwerde). Die Verzögerungsbeschwerde ist nur zulässig, wenn der Beschwerdeführer beim Bundesverfassungsgericht die Dauer des Verfahrens gerügt hat (Verzögerungsrüge).“*

Ungeachtet der Ausgestaltung als Zulässigkeitsvoraussetzung statt als ergänzendes Tatbestandsmerkmal verfolgt die Verzögerungsrüge in § 97b I 2 BVerfGG die gleichen Zwecke wie ihr Pendant in § 198 III 1 GVG.[359] Im Kern weist sie hier an den entscheidenden Stellen auch eine identische normative Ausgestaltung aus. § 97b I 5 BVerfGG spricht ausdrücklich davon, dass es einer Bescheidung der Verzögerungsrüge nicht Bedarf. Auch handelt es sich um ein Selbstkontrollverfahren. Die auf der Ebene des GVG zu diesen beiden Aspekten herausgearbeiteten Defizite finden also ihre Entsprechung. Der legislative *Ausgestaltungsauftrag* hinsichtlich der Rechtsfolgen des Primärrechtsschutzes besteht damit auch auf der Ebene des BVerfGG weiterhin *fort*.

II. Sekundärrechtsschutzsystem

1. Formulierung der tatsächlichen Unangemessenheit

Die Formulierung der *tatsächlichen Unangemessenheit* als Voraussetzung des Sekundärrechtsschutzes findet ihren normativen Anknüpfungspunkt im Regelungssystem des BVerfGG in § 97a I:

> *„Wer infolge unangemessener Dauer eines Verfahrens vor dem Bundesverfassungsgericht als Verfahrensbeteiligter oder als Beteiligter in einem zur Herbeiführung einer Entscheidung des Bundesverfassungsgericht ausgesetzten Verfahren einen Nachteil erleidet, wird angemessen entschädigt. Die Angemessenheit der Verfahrensdauer richtet sich nach den Umständen des Einzelfalls unter Berücksichtigung der Aufgaben und der Stellung des Bundesverfassungsgerichts."*

Bereits unter § 4 B. II. wurde aufgezeigt, dass sich die Formulierung der tatsächlichen Unangemessenheit im Kern nicht von derer im Regelungssystem des GVG wesentlich unterscheidet. Allein die organisatorischen und verfahrensmäßigen Besonderheiten wurden vom Gesetzgeber in Ansehung verfassungsgerichtlicher Verfahren apostrophiert. Hierdurch hat sich an den wesentlichen Überlegungen zur Bestimmung der tatsächlichen Unangemessenheit jedoch nichts geändert. Auch im System des BVerfGG ist eine *strikte Einzelfallbetrachtung* intendiert. Anstatt der rechtssprechungsgeprägten Regelbeispiele benennt das Gesetz hierzu die Aufgaben und Stellung des Bundesverfassungsgerichts. Gleichwohl sollen diese Kriterien auch hier Berücksichtigung finden. Um die besondere Perspektive der Angemessenheitsprüfung im verfassungsgerichtlichen Verfahren zu verdeutlichen und klarzustellen, dass die Kriterien anders zu gewichten sein können, habe der Gesetzgeber auf eine dem § 198 I 2 GVG

---

359 *Benda/Klein*, Verfassungsprozessrecht, 3. Auflage, § 37 Rn. 1298.

entsprechende Aufzählung hier verzichtet.[360] Im Ergebnis ist der Prüfungsmaßstab im Regelungssystem des BVerfGG mit dem im GVG auch hier identisch.[361] Deshalb bedient die Formulierung der tatsächlichen Unangemessenheit als Voraussetzung des Sekundärrechtsschutzes auch die gleichen Defizite, wie sie zuvor auf der Ebene des GVG hierzu identifiziert wurden. Der legislative *Ausgestaltungsauftrag* besteht damit auch insoweit weiterhin *fort.*

2. *Sekundärrechtsschützender Durchsetzungsmechanismus*

Die Rechtsfolgen des Sekundärrechtsschutzes kommen in der *prozessualen Wirkung des Entschädigungsanspruchs durch die Verzögerungsbeschwerde des § 97b I 1 BVerfGG* zum Ausdruck: *„Wer [...] einen Nachteil erleidet, wird angemessen entschädigt."* (s. § 97a I 1 BVerfGG). Konkretisiert wird diese Wendung anhand der Niederlegungen in 97a II BVerfGG, wo es heißt:

> *„Ein Nachteil, der nicht Vermögensnachteil ist, wird vermutet, wenn ein Verfahren vor dem Bundesverfassungsgericht unangemessen lange gedauert hat. Hierfür kann Entschädigung nur beansprucht werden, soweit nicht nach den Umständen des Einzelfalls Wiedergutmachung auf andere Weise, insbesondere durch die Feststellung der Unangemessenheit der Verfahrensdauer, ausreichend ist. Die Entschädigung gemäß Satz 2 beträgt 1.200 Euro für jedes Jahr der Verzögerung. Ist der Betrag gemäß Satz 3 nach den Umständen des Einzelfalls unbillig, kann das Bundesverfassungsgericht einen höheren oder niedrigeren Betrag festsetzen."*

Die Entschädigungsregelung deckt sich also mit den Regelungen in § 198 II und IV GVG. Die dort aufgrund der Abweichung vom Grundsatz der Vollkompensation herausgearbeiteten Defizite finden ihre Entsprechung im System des BVerfGG. Damit besteht der legislative *Ausgestaltungsauftrag* auch hinsichtlich der Rechtsfolgen des Sekundärrechtsschutzes weiterhin *fort.*

D. Die individualrechtsschützende(n) Reaktionsmöglichkeit(en)

Nach Maßgabe der vorstehenden Untersuchungsergebnisse sind sämtliche (steuer-) verfassungsrechtlichen Anknüpfungspunkte *defizitär.* Sowohl auf der Ebene des Primärrechtsschutzes als auch auf der Ebene des Sekundärrechtsschutzes vermag die Ausgestaltung der Voraussetzungen wie auch der Rechtsfolgen *nicht* den (steuer-) verfassungsrechtlich indizierten Merkmalen zu entsprechen. In der

---

360 *Ott*, in: Steinbeiß-Winkelmann/ders., Rechtsschutz bei überlangen Gerichtsverfahren, § 97a BVerfGG Rn. 8.

361 So auch: *Benda/Klein,* Verfassungsprozessrecht, 3. Auflage, § 37 Rn. 1296.

Folge gilt es also nach Reaktionsmöglichkeiten zu suchen, mit Hilfe derer die aufgedeckten Defizite *beseitigt* werden können. Die Unterscheidung zwischen den Rechtsschutzsystemen im GVG und im BVerfGG soll hierzu *aufgehoben* werden. Die identifizierten Defizite fußen in beiden Systemen auf derselben Intention. Deshalb soll im Folgenden allgemein auf die Ebene des Primärrechtsschutzsystems wie auch auf die Ebene des Sekundärrechtsschutzsystems abgestellt werden, ohne eine Differenzierung zwischen GVG und BVerfGG vorzunehmen.

I. (Steuer-) Verfassungskonforme Rechtsfindung als „Vorfrage"

1. Bevor originär individualrechtsschützende Reaktionsmöglichkeiten gegen die aufgedeckten legislativen Defizite erörtert werden, ist zunächst die „*Vorfrage*" nach einer möglichen verfassungskonformen Rechtsfindung zu thematisieren. Lässt sich auf diesem Wege ein verfassungskonformes Ergebnis erzielen, bedarf es grundsätzlich keines auf Gesetzeskorrektur abzielenden Individualrechtsschutzes mehr.[362] Der verfassungskonforme Rechtsfindungsprozess ist in die Kategorien der verfassungskonformen Auslegung und der verfassungskonformen Rechtsfortbildung zu unterteilen.[363] Die *verfassungskonforme Auslegung* ist als Vorrangregel zu beachten.[364] Können dem Rechtssatz im Wege der Auslegung mehrere Deutungsvarianten zugesprochen werden, ist stets diejenige zu erwählen, die mit der Verfassung im Einklang steht. Von einer verfassungskonformen Auslegung lässt sich nur sprechen, wie sie sich (noch) innerhalb des möglichen Wortsinns bewegt. Anderenfalls ist die Demarkationslinie zur *verfassungskonformen Rechtsfortbildung* überschritten. Hier kann zwar nicht mehr von einer Vorrangregel im engeren Sinne gesprochen werden, gleichwohl manifestiert sich ein und derselbe Gedanke dann in der Forderung nach verfassungskonformer Rechtsfortbildung. Die verfassungskonforme Rechtsfortbildung ist also nicht als Vorrangregel, sondern als Rechtsfindungsinstrument mit Verbindlichkeitscharakter zu lesen. Ist sie im Einzelfall möglich, ist der Rechtsanwender im Rahmen seiner Rechtsfindung verpflichtet, diese zu berücksichtigen. Ein Rechtssatz steht demnach nur dann nicht (mehr) mit der Verfassung im Einklang bzw. lässt sich nicht (mehr) mit der Verfassung in Einklang bringen, wenn nach den üblichen Auslegungsmethoden überhaupt keine verfassungskonforme Auslegung möglich ist und eine verfassungskonforme Rechtsfortbildung ebenfalls nicht in Betracht kommt. Die absolute *Grenze* einer verfassungskonformen Rechtsfindung wird

362 Zur Ausnahme bei der Rechtsfortbildung s. bereits den Hinweis in Fn. 140.

363 *Englisch*, in: Tipke/Lang, Steuerrecht, 22. Auflage, § 5 Rn. 92 f.

364 Dazu: *Larenz,* Methodenlehre, 6. Auflage, S. 339 ff.

sodann von einer *ausdrücklichen Regelungsabsicht* des Gesetzgebers gezogen. Der Rechtsanwender darf sich im Rahmen der Rechtsfindung nicht über eine ausdrückliche Regelungsabsicht des Gesetzgebers hinwegsetzen.[365] Dies gilt selbst dann, wenn diese nicht im Einklang mit der Verfassung steht.[366] Anderenfalls würde sich der Rechtsanwender zum *Ersatzgesetzgeber* erheben. Der Grundsatz der Gewaltenteilung würde aus den Angeln gehoben. Auf dieser Grundlage ist folgende *Stufung* zu rekonstruieren: *Innerhalb* des möglichen Wortsinns *deutet* die verfassungskonforme Auslegung den Rechtssatz verfassungskonform aus; *außerhalb* des möglichen Wortsinns *ergänzt* die verfassungskonforme Rechtsfortbildung den Rechtssatz verfassungskonform; *darüber hinaus* ist allein der Gesetzgeber in der Pflicht, einen verfassungswidrigen Rechtssatz verfassungskonform zu *korrigieren*. Um den Gesetzgeber sodann zu dieser Korrektur zu verpflichten, bedarf es individualrechtsschützender Maßnahmen unmittelbar gegen die Legislative. Dies leistet die Verfassungsbeschwerde (s. dazu unter § 2 F. III. u. IV.).

2. Nachfolgend ist der hiesige Untersuchungsgegenstand nach Maßgabe der vorstehenden Ergebnisse auf eine (steuer-) verfassungskonforme Rechtsfindung hin zu untersuchen.

a) Die *Voraussetzungen des Primärrechtsschutzes* manifestieren sich in einer strikten Einzelfallbetrachtung, die mit Hilfe eines *unbestimmten Rechtsbegriffs* normativ übersetzt wird. Ein unbestimmter Rechtsbegriff ist das Paradebeispiel eines auslegungsfähigen Rechtsbegriffs. Aufgrund seiner Unbestimmtheit ist er zwangsläufig stets einer Auslegung zugänglich. Damit ist auch die Vorrangregel der verfassungskonformen Auslegung zu beachten. Der unbestimmte Rechtsbegriff müsste also anhand einer Auslegung ausgedeutet werden, die dem Steuerbürger das eingeforderte Planungsmaterial für eine zeitliche Voraussehbarkeit liefert. Der unbestimmte Rechtbegriff müsste hierzu also in Abkehr von der strikten Einzelfallbetrachtung ausgedeutet werden. Aus den bisherigen Ausführungen lässt sich bereits erkennen, dass der Gesetzgeber an dieser Stelle eine *bewusste* Entscheidung getroffen hat. Aus den Gesetzesmaterialen, die zur Ermittlung der Regelungsabsicht heranzuziehen sind, ist abzulesen, dass:

> *„Eine generelle Festlegung, wann ein Verfahren unverhältnismäßig lange dauert […] nicht möglich [ist], zumal die Zügigkeit von Verfahren kein absoluter Wert ist, sondern stets*

365 BVerfG v. 11.1.2005, 2 BvR 167/02, BVerfGE 112, 164, 183; v. 14.10.2008, 1 BvR 2310/06, 122, 39, 60 f.

366 Zu diskutierten Ausnahmen nach Maßgabe des Terminus „Recht" in Art. 20 III GG s. bei: *Engisch*, Einführung in das juristische Denken, 11. Auflage, S. 288 ff.

im Zusammenspiel mit den übrigen Verfahrensgrundsätzen und dem Interesse an einer gründlichen Bearbeitung durch das Gericht zu sehen ist."[367]

Die dort ausgesprochene Regelungsabsicht findet eine gewichtige Stütze in der weiteren Rezeptionshistorie. Während der Beratungen im Bundestag wurde ein Vorschlag der Fraktion der Linken zur Konkretisierung des Tatbestands der (un)angemessenen Verfahrensdauer ausdrücklich abgelehnt.[368] Dieser knüpfte an einen Vorschlag der Neuen Richtervereinigung an, nach dem eine Frist von einem Jahr pro Instanz vorzugeben und bei mehr als einjähriger Verfahrensdauer oder Nichtförderung des Verfahrens über mehr als sechs Monate die Unangemessenheit der Verfahrensdauer widerleglich zu vermuten ist.[369] Ohne die Darstellung unter § 6 an dieser Stelle vorwegnehmen zu wollen, kann damit bereits hier festgestellt werden, dass sich eine verfassungskonforme Ausdeutung des unbestimmten Rechtsbegriffs *gegen* eine ausdrückliche Regelungsabsicht des Gesetzgebers auflehnen würde. Das für eine zeitliche Voraussehbarkeit erforderliche lässt sich überhaupt erst dann gewinnen, wenn von dem Konzept der strikten Einzelfallbetrachtung abgewichen wird. Der Gesetzgeber hat jedoch zu erkennen gegeben, dass er bewusst das Konzept der strikten Einzelfallbetrachtung verfolgt und sich ausdrücklich gegen eine generelle Festlegung eines zeitlichen Wertes entschieden hat (hier: für die Fälle der drohenden Unangemessenheit). Deshalb muss eine verfassungskonforme Auslegung, die der unbestimmte Rechtsbegriff grundsätzlich ermöglicht, hier *ausscheiden*. Es ist eine *Korrektur* durch den Gesetzgeber erforderlich.[370]

b) Die *Rechtsfolgen des Primärrechtsschutzes* kommen in der prozessualen Wirkung der Verzögerungsrüge, die beim Ausgangsgericht zu erheben und dort nicht verpflichtend zu bescheiden ist, zum Ausdruck. Eine *verfassungskonforme Auslegung* scheidet hier aufgrund des insoweit bestimmt gefassten Rechtssatzausschnitts aus. Dieser ermöglicht keinerlei Ausdeutungsspielraum, der zugunsten einer verfassungskonformen Auslegung nutzbar gemacht werden könnte. Damit rückt die *verfassungskonforme Rechtsfortbildung* in den Fokus der

367 Entwurf eines Gesetzes über den Rechtsschutz bei überlangen Gerichtsverfahren und strafrechtlichen Ermittlungsverfahren v. 17.11.2010, BT-Drucksache 17/3802, 18.

368 S. Beschlussempfehlung und Bericht des Rechtsausschusses zum Gesetzentwurf der Bundesregierung v. 28.9.2011, BT-Drucksache 17/7217, 25 ff.

369 S. dazu bei *Steinbeiß-Winkelmann*, in: dies./Ott, Rechtsschutz bei überlangen Gerichtsverfahren, Einleitung Rn. 350.

370 Zur Abgrenzung gegenüber der Inhaltsbestimmung durch den BFH im Rahmen seines 3-Phasen-Modells, s. unter c).

Betrachtung. Die Rechtsfortbildung dient der „Lückenfüllung". Bereits unter 1. wurde aufgezeigt, dass eine Lücke nur dann gefüllt werden kann, wenn es sich um eine Ergänzung und nicht um eine Korrektur handelt.[371] Deshalb steht auch hier eine ausdrückliche Regelungsabsicht der verfassungskonformen Rechtsfortbildung entgegen. Bemüht man an dieser Stelle erneut die Gesetzesmaterialen, ist folgender Aussage Beachtung zu schenken:

> *„Mit dem neuen Entschädigungsanspruch werden die verschiedenen von der Rechtsprechung entwickelten Rechtsbehelfskonstruktionen […] grundsätzlich hinfällig, weil die Entschädigungsregelung das Rechtsschutzproblem bei überlanger Verfahrensdauer abschließend lösen soll. Dieser Rechtsschutz wird einheitlich und ausschließlich gewährt durch einen außerhalb des Ausgangsverfahrens zu verfolgenden Anspruch. Eine Regelungslücke als Analogievoraussetzung besteht nach Inkrafttreten der Entschädigungsregelung grundsätzlich nicht mehr."*

Der Gesetzgeber verfolgt ein einheitliches Rechtsschutzsystem, in dessen Mittelpunkt eine Entschädigungsregelung steht. Er gibt hier *ausdrücklich* zu erkennen, dass er das Problem überlanger Gerichtsverfahren umfassend und abschließend lösen will. Diese Absicht umfasst zwangsläufig auch die als ergänzendes Tatbestandsmerkmal ausgestaltete Verzögerungsrüge als Element des Primärrechtsschutzes. Die weitere Rezeptionshistorie stützt diesen Willen. Der Entwurf eines Untätigkeitsbeschwerdengesetz mit einer Beschwerde zum iudex ad quem wurde ausdrücklich abgelehnt (s. dazu unter § 4 A. III.). Auch an dieser Stelle kann daher ohne Vorwegnahme der Ausführungen unter § 6 festgehalten werden, dass jedenfalls eine Ergänzung dahingehend erforderlich wäre, die die Verzögerungsrüge mit einer Bescheidungspflicht versieht und zugleich dem Umstand des Judizierens in eigener Sache entgegenwirkt. Beides erscheint hier jedoch aufgrund des ausdrücklichen Regelungswillens *nicht* möglich. Deshalb muss eine ergänzende verfassungskonforme Rechtsfortbildung ausscheiden. Es ist eine *Korrektur* durch den Gesetzgeber erforderlich.[372]

c) Die *Voraussetzungen des Sekundärrechtsschutzes* manifestieren sich ebenfalls in der strikten Einzelfallbetrachtung anhand eines unbestimmten Rechtsbegriffs. Der Unterschied zur Darstellung unter a) liegt hier allein in dem Überschreiten der Schwelle zur tatsächlichen Unangemessenheit. Die normative

---

371 Eingehend zu Begriffsbestimmung, Abgrenzung und Funktion: *Canaris,* Die Feststellung von Lücken im Gesetz, Diss., 2. Auflage, 1983, S. 19 ff., 31 ff., 130 f.

372 Gegen den Wert der vorliegenden Gesetzesmaterialen und weiterhin für die Anwendung der Untätigkeitsbeschwerde im Rahmen der Rechtsfortbildung streiten *Oseenbühl/Cornils*, Staatshaftungsrecht, 6. Auflage, S. 464 f.

Umsetzung geschieht hier ebenfalls mit Hilfe eines *unbestimmten Rechtsbegriffs*. An die Überlegungen unter a) kann deshalb angeknüpft werden. Einer verfassungskonformen Auslegung steht auch hier der *ausdrückliche* Regelungswille des Gesetzgebers entgegen. Eine *Korrektur* durch den Gesetzgeber ist also auch insoweit erforderlich. Das vom BFH zur Konkretisierung der tatsächlichen Unangemessenheit erstinstanzlicher finanzgerichtlicher Klageverfahren entwickelte *3-Phasen-Modell* (s. dazu unter § 4 C. I.) ist zwar ein deutlicher Schritt in die richtige Richtung, er reicht jedoch (noch) nicht, um einen steuerverfassungskonformen Zustand zu etablieren. Das 3-Phasen-Modell konkretisiert die Einzelfallbetrachtung. Es macht sie aber nie obsolet; sie ist stets durchzuführen.[373] Daraus folgt ein ähnlicher (Schein-) Mehrwert, wie man ihn geneigt ist in die Regelung des § 97b I 4 BVerfGG hineinzulesen. Dass dies dort jedoch nicht der Fall ist, wurde bereits dargelegt (s. dazu unter C. I. 1.). Entsprechendes gilt auch hier. Die Konkretisierungswirkung des 3-Phasen-Modells wird von der strikten Einzelfallbetrachtung – die weiterhin stets zur Anwendung gelangen soll – *überspielt*. Ein echter Mehrwert (s. hierzu unter B. I. 1. a] am Ende) kann nur durch eine vollständige und nicht durch eine partielle Vermutungsregel erzeugt werden, die *ihrerseits* die Einzelfallbetrachtung in Gänze und nicht nur partiell überspielt. Die Einzelfallbetrachtung wird so aus der „ersten" in die „zweite Reihe" verwiesen und kann *nur* in bestimmten Fällen wieder in die „erste Reihe" zurückgeholt werden (s. dazu noch unter § 6).

d) Die *Rechtsfolgen des Sekundärrechtsschutzes* kommen in der prozessualen Wirkung der (eingeschränkten) Kompensationsregelung durch die Entschädigungsklage bzw. die Verzögerungsbeschwerde zum Ausdruck. In Ansehung der *materiellen Nachteile* wird die Einschränkung der Kompensation allein durch die Wendung *„angemessene"* Entschädigung manifestiert. Auch hier hat sich der Gesetzgeber also eines *unbestimmten Rechtsbegriffs* bedient, der stets Auslegungsspielräume ermöglicht. Um eine verfassungsrechtlich indizierte Vollkompensation erreichen zu können, ist der Begriff der angemessenen Entschädigung in einer Art und Weise *auszudeuten*, in der die Angemessenheit nur im Falle der Vollkompensation erreicht wird. Die Wortsinngrenze ist damit noch nicht überschritten. Angemessenheit ließe sich hier ebenso im Sinne einer Überkompensation deuten. Denn auch eine Überkompensation kann in bestimmten Fällen – dem Wortsinne nach – angemessen sein. Deshalb ist die Wortsinngrenze in Ansehung der Vollkompensation erst recht nicht überschritten. Entscheidend

373 So ausdrücklich in Rn. 61 der Entscheidung v. 7.11.2013, X K 13/12, BStBl. II 2014, 179.

ist hier wiederum die Regelungsabsicht des Gesetzgebers. Untersucht man die Gesetzesmaterialen und die weitere Rezeptionshistorie hiernach, ist folgende *ausdrückliche* Regelungsabsicht zu rekonstruieren. Der Gesetzentwurf der Bundesregierung vom 17.11.2010 enthielt die Einschränkung auf eine angemessene Entschädigung (noch) nicht.[374] Erst aufgrund der Beschlussempfehlung und dem Bericht des Rechtsauschusses vom 28.9.2011 wurde eine entsprechende Einschränkung initiiert. Dort heißt es:

> *„Nach der jetzt vorgeschlagenen Regelung soll der Ersatz auch für materielle Nachteile auf eine angemessene Entschädigung beschränkt werden. Diese Änderung bewirkt, dass entgangener Gewinn nicht zu ersetzen ist. Eine Entschädigung umfasst im Unterschied zum vollen Ersatz nach den Regeln des §§ 249 ff. BGB keinen entgangenen Gewinn. Der Entschädigungsanspruch setzt kein Verschulden voraus. Vor diesem Hintergrund erscheint es ausreichend, wenn auch für materielle Nachteile eine angemessene Entschädigung und nicht voller Ersatz vorgesehen wird.“*[375]

Dementsprechend steht einer verfassungskonformen Ausdeutung in der aufgezeigten Art und Weise die ausdrückliche Regelungsabsicht des Gesetzgebers *entgegen*. In Ansehung der *immateriellen Nachteile* zeigt sich ein ähnliches Bild. Die Angemessenheit wird hier durch ein *faktisches Regel-Ausnahme-Verhältnis* dahingehend, dass die Feststellung die Regel und die finanzielle Entschädigung die Ausnahme ist, konkretisiert. Die Grundlagen hierfür wurden bereits mit dem Gesetzentwurf der Bundesregierung vom 17.11.2010 gelegt.[376] Normativ wird das Regel-Ausnahme-Verhältnis umgesetzt, indem eine finanzielle Kompensation für immaterielle Nachteile nur dann gezahlt wird, soweit nach den Umständen des Einzelfalls Wiedergutmachung nicht auf andere Weise – insbesondere durch Feststellung der Unangemessenheit – ausreichend ist. Um eine verfassungsrechtlich indizierte Vollkompensation erreichen zu können, müsste das Regel-Ausnahme-Verhältnis also *umgekehrt* werden. Die finanzielle Entschädigung muss zur Regel und die bloße Feststellung zur Ausnahme werden.[377] Die Wortsinngrenze würde hierbei noch nicht überschritten. Denkbar wäre eine extensive Interpretation der Voraussetzungen für eine finanzielle Entschädigung. Hierzu

374 Entwurf eines Gesetzes über den Rechtsschutz bei überlangen Gerichtsverfahren und strafrechtlichen Ermittlungsverfahren v. 17.11.2010, BT-Drucksache 17/3802, 7.

375 S. Beschlussempfehlung und Bericht des Rechtsausschusses zum Gesetzentwurf der Bundesregierung v. 28.9.2011, BT-Drucksache 17/7217, 28.

376 Entwurf eines Gesetzes über den Rechtsschutz bei überlangen Gerichtsverfahren und strafrechtlichen Ermittlungsverfahren v. 17.11.2010, BT-Drucksache 17/3802, 19 f.

377 So auch: *Seer*, in: Tipke/Lang, Steuerrecht, 22. Auflage, § 22 Rn. 4.

müsste man den Nachsatz *„soweit nicht nach den Umständen den Einzelfalls Wiedergutmachung auf andere Weise [insbesondere durch Feststellung] ausreichend ist“* in einer Art und Weise ausdeuten, dass *regelmäßig* eine Wiedergutmachung auf andere Weise *nicht* ausreichend ist. Eine solche Interpretation würde sich damit noch innerhalb der Wortsinngrenze bewegen. Nichtsdestotrotz scheitert eine solche verfassungskonforme Ausdeutung wiederum an einer *ausdrücklichen* Regelungsabsicht des Gesetzgebers. In der Beschlussempfehlung und im Bericht des Rechtsausschusses vom 28.9.2011 wurde ein dem vorgestellten Konzept entsprechendes Regel-Ausnahme-Verhältnis zugunsten der finanziellen Entschädigung von der Fraktion Bündnis 90/Die Grünen vorgetragen und ausdrücklich abgelehnt.[378] Auch insoweit steht einer verfassungskonformen Ausdeutung also eine ausdrückliche Regelungsabsicht des Gesetzgebers entgegen. Im *Ergebnis* ist deshalb auch in Ansehung der Rechtsfolgen des Sekundärrechtschutzes eine *Korrektur* durch den Gesetzgeber erforderlich.

II. Individualrechtsschutz durch Verfassungsbeschwerde zum BVerfG

Als originär individualrechtsschützendes Mittel unmittelbar gegenüber einer Maßnahme der *Legislative* steht (allein) die Verfassungsbeschwerde zum BVerfG zur Verfügung (s. Art. 93 I Nr. 4a GG und §§ 13 Nr. 8a, 90 ff. BVerfGG; s. dazu unter § 2 F. III. u. IV.). Mit ihrer Hilfe kann der Gesetzgeber zur Korrektur veranlasst werden. Der vorliegende Untersuchungsgegenstand ist leistungs(grund) rechtlich geprägt. Insofern wird hier von einer *Untätigkeits- bzw. Normerlass- Rechtssatzverfassungsbeschwerde* gesprochen.[379] Derartige Verfassungsbeschwerden weisen *prozessuale Probleme* auf, die bereits bei der Formulierung des Antrags und der notwendigen Substantiierung (s. §§ 23 I 2, 92 BVerfGG) beginnen und sich von dort aus über die Kategorisierung des Beschwerdegegenstandes (s. § 90 I BVerfGG), die Beschwerdebefugnis (s. § 90 I BVerfGG), den Vorrang fachgerichtlicher Entscheidungskompetenzen (s. § 90 II BVerfGG) die Jahresfrist des § 93 III BVerfGG wie auch auf einen möglichen Entscheidungsinhalt (s. § 95 BVerfGG) erstrecken.

1. Der *Antrag* eröffnet die Jurisdiktion des BVerfG. Er benennt die Grenzen der Beschwerde indem er den Streitgegenstand bestimmt. Das mit der Beschwerde

---

378 S. Beschlussempfehlung und Bericht des Rechtsausschusses zum Gesetzentwurf der Bundesregierung v. 28.9.2011, BT-Drucksache 17/7217, 24 f.

379 Exemplarisch: *Bethge*, in: Maunz/Schmidt-Bleibtreu/Klein/ders., BVerfGG, § 90 Rn. 224, Stand 10/2013.

verfolgte Ziel muss aus dem Vortrag ersichtlich werden. Der Antrag dient zugleich der Umsetzung einer formal ordnungsgemäßen und inhaltlich hinreichend substantiierten Begründung.[380] Dies vorausgeschickt, muss der Antrag im hiesigen Fall die zuvor identifizierten (steuer-) verfassungsrechtlichen Defizite der legislativen Ausgestaltung benennen. In die Kategorie des *Streitgegenstandsbegriffs der Verfassungsbeschwerde* (s. dazu unter § 2 E.) übersetzt bedeutet dies, dass die Behauptung aufzustellen ist, dass die vorgefundene Ausgestaltung des Gesetzgebers den hiervon betroffenen Bürger wie folgt verletzt[381]:

Auf der Ebene des *Primärrechtsschutzsystems* steht die Ausgestaltung der *Voraussetzungen* nicht im Einklang mit den steuerverfassungsrechtlichen Forderungen hinsichtlich einer planungssicheren Formulierung der Fälle der drohenden Unangemessenheit, wie sie von der steuerspezifisch konkretisierten Rechtsfolgenanordnung des Art. 19 IV GG gefordert wird. Die *Rechtsfolgen* des Primärrechtsschutzes sind nicht in Übereinstimmung mit den verfassungsrechtlichen Vorgaben des Art. 19 IV GG, wie sie zur präventiven Durchsetzung des ihr zugrundeliegenden Rechts auf Erledigung eines steuerprozessualen Verfahrens in angemessener Dauer erforderlich sind, ausgestaltet. Die prozessuale Wirkung der Verzögerungsrüge erschöpft sich in dem „good will" des Ausgangsgerichts.

Auf der Ebene des *Sekundärrechtsschutzsystems* steht die Ausgestaltung der *Voraussetzungen* nicht im Einklang mit den steuerverfassungsrechtlichen Forderungen hinsichtlich einer planungssicheren Formulierung der Fälle der tatsächlichen Unangemessenheit, wie sie von der steuerspezifisch konkretisierten Rechtsfolgenanordnung des Art. 19 IV GG gefordert wird. Die *Rechtsfolgen* des Sekundärrechtsschutzes sind nicht in Übereinstimmung mit den verfassungsrechtlichen Anforderungen des Art. 19 IV GG, wie sie zur kompensatorischen Durchsetzung des ihr zugrundeliegenden Rechts auf Erledigung eines steuerprozessualen Verfahrens in angemessener Dauer erforderlich sind, ausgestaltet. Die prozessuale Wirkung der Entschädigungsklage bzw. der Verzögerungsbeschwerde steht dem Grundsatz der Vollkompensation entgegen.

Das *Begehren* ist sodann auf Korrektur der vorstehend benannten Defizite und damit auf einen (korrigierenden) Normerlass gerichtet, der eben diese Defizite beseitigt.[382]

---

380 *Benda/Klein,* Verfassungsprozessrecht, 3. Auflage, § 19 Rn. 502, 592.

381 Zur inhaltlichen Argumentationslast im Rahmen der Darlegungs- und Beibringungslast: *Benda/Klein,* Verfassungsprozessrecht, 3. Auflage, § 19 Rn. 596 ff.

382 Der hier zugrundegelegten Prüfung des Untermaßverbots als Spiegelbild des Übermaßverbots entspricht es, dass der Antragsteller nicht den Erlass einer oder mehrerer bestimmter Maßnahmen im Antrag benennen muss, die das Unterlassen beseitigen.

2. Hinsichtlich der Kategorisierung des *Beschwerdegegenstandes* kann an die dargestellten thematischen Grundlagen in § 2 F. VI. angeknüpft werden. Dort wurde die angebotene Unterscheidung zwischen *echtem* und *unechtem* Unterlassen abgelehnt und allein auf das unzureichende Tun, sei es in der Form, dass gar nichts oder etwas nicht Ausreichendes getan wurde, abgestellt. Dementsprechend spielt es auch hier keine Rolle, dass der Gesetzgeber etwas – wenn auch unzureichendes – getan hat. Der Gesetzgeber bleibt hier weiterhin in der Pflicht. Solange er dieser Pflicht nicht nachkommt, unterlässt er eine gebotene Maßnahme. Allein dies ist Teil des hier interessierenden Streitgegenstandes. Die Kassation einer unzureichenden Ausgestaltung befriedigt das unter 1. dargestellte Begehren nicht. Dies leistet allein die verfassungskonforme und damit vollständige Ausgestaltung durch den Gesetzgeber.

3. Die *Beschwerdebefugnis* ist zentraler Ausdruck der subjektiven Funktion der Verfassungsbeschwerde als Instrument des Individualrechtsschutzes.[383] In der hier interessierenden leistungsrechtlichen Dimension ist ein der objektiven Ausgestaltungspflicht des Gesetzgebers korrespondierendes hinreichend individualisierbares konkretes subjektives Recht des Beschwerdeführers erforderlich sowie die Plausibilität gerade seiner (behaupteten) Rechtsverletzung.[384] Die Antwort auf diese Frage lässt sich ebenfalls aus den thematischen Grundlegungen gewinnen. Unter § 2 A. wurde die Struktur des Justizgewährleistungsanspruchs mit seiner *zweifach* subjektiv-rechtlichen Prägung dargestellt. Ein zugrundeliegendes *subjektives Recht* wird mit Hilfe *justizieller subjektiver Rechte* durchgesetzt. Verknüpft man diesen Befund mit der unter § 2 E. dargestellten *Doppelwirkung* des Art. 19 IV GG, wie sie die Durchsetzung justizieller subjektiver Rechte ermöglicht, gelangt man zu folgendem Ergebnis. Die (defizitäre) Ausgestaltung der *Voraussetzungen* des Primär- wie auch des Sekundärrechtsschutzes buchstabiert das *präventive* wie auch das *kompensatorische Hilfsrecht* des steuerspezifisch konkretisierten Art. 19 IV GG aus. Beide Rechte sind Teil des subjektiv öffentlichen Rechtebündels, das dem grundrechtlichen Gewährleistungssatz des Art. 19 IV GG innewohnt. Damit sind sie ihrerseits originär *subjektiv-rechtlich* gekennzeichnet. Dem Bürger stehen sie als Individuum zur Verfügung. Indem

---

Es genügt ein Antrag dahingehend, dass die bisherigen Maßnahmen der Legislative nicht den (steuer-) verfassungsrechtlichen Anforderungen genügen. Eingehend zu dieser Thematik: *Cremer*, Freiheitsgrundrechte, Habil., 2003, S. 333 ff. m.w.N.

383 *Benda/Klein*, Verfassungsprozessrecht, 3. Auflage, § 19 Rn. 556.

384 *Bethge*, in: Maunz/Schmidt-Bleibtreu/Klein/ders., BVerfGG, § 90 Rn. 224, Stand 10/2013.

der Gesetzgeber eine *Ausgestaltung* wählt, die die verfassungsrechtlichen Merkmale *nicht* zutreffend auf die einfach-gesetzliche Ebene projiziert, verletzt er den Bürger in eben diesen Rechten. Die (defizitäre) Ausgestaltung der *Rechtsfolgen* des Primär- wie auch des Sekundärrechtsschutzes buchstabiert die Gesamtheit der von Verfassungs wegen geforderten *justiziellen Rechte* aus, die der Durchsetzung des zugrundeliegenden subjektiven Rechts dienen. Sie sind damit ihrerseits selbst originär *subjektiv-rechtlich* gekennzeichnet und stehen dem Bürger als Individuum zur Verfügung. Dementsprechend verletzt der Gesetzgeber diese Rechte, wenn er eine einfach-gesetzliche *Ausgestaltung* wählt, die den von Verfassungs wegen geforderten Merkmalen *nicht* entspricht.

Das unter 1. thematisierte Antragserfordernis dient sodann zur *Substantiierung* eben dieser Verletzungen. In der bereits angesprochenen Entscheidung des BVerfG vom 25.4.2015 hat dieser die *Zulässigkeit* in Ermangelung einer schlüssigen Darlegung, dass sich das Unterlassen des Gesetzgebers aktuell und nicht nur potentiell auf die Rechtsstellung des Beschwerdeführers auswirkt, verneint (s. unter § 4 C. IV.). Für den *Steuerbürger* erzeugt das Unterlassen des Gesetzgebers eine *aktuelle* Auswirkung auf seine Rechtsstellung, indem ihm die erforderliche Planung auf der Grundlage einer das steuerrechtliche Programm abschließenden richterlichen Akzeptanzentscheidung nicht ermöglicht wird (s. dazu eingehend unter B.). Diese tritt in Ansehung des steuerrechtlichen *Dauerverhältnisses* ein, sobald ein steuerrechtlich relevanter Sachverhalt ins Werk gesetzt wird, der steuerliche Geldleistungspflichten nach sich zieht. Ferner begründet die Entscheidung des BVerfG vom 25.4.2015 keinerlei entgegenstehende Rechtskraft. In ihr wurde nicht in der Sache sondern nur hinsichtlich der Zulässigkeit befunden. Darüber hinaus lag ihr auch nicht der hier interessierende steuerrechtlich konkretisierte Streitgegenstand zugrunde, wie er zuvor unter 1. herausgearbeitet wurde.

4. Der *Vorrang fachgerichtlicher Entscheidungskompetenzen* kommt in der in § 90 II BVerfGG ausdrücklich normierten Rechtswegerschöpfung wie in der hierzu qua Richterrecht entwickelten Erweiterung der sog. Subsidiarität zum Ausdruck. Die Grundlage hierfür findet sich in Art. 94 II 2 GG, der insoweit ein Ermessen einräumt. Hiervon hat der Gesetzgeber sodann in § 90 II BVerfGG Gebrauch gemacht. Die Rechtswegerschöpfung und die Subsidiarität sind unmittelbar Ausdruck der funktionalen Kompetenzverteilung zwischen BVerfG und Fachgerichtsbarkeit. Im Kern zielen sie auf Entlastung des BVerfG indem

sie die Fachgerichtsbarkeit in Stellung bringen, um dem BVerfG in tatsächlicher und rechtlicher Hinsicht einen vollständig aufbereiteten Streitstoff zu liefern.[385]

a) Ist gegen die (behauptete) Verletzung der Rechtsweg zulässig, so kann die Verfassungsbeschwerde erst *nach Erschöpfung des Rechtswegs* erhoben werden (s. § 90 II 1 BVerfGG). Der auf Korrektur abzielende Normerlass adressiert unmittelbar die Legislative. Der Erlass eines formellen Gesetzes ist eine verfassungsrechtliche Streitigkeit, für die *kein* fachgerichtlicher Rechtsschutz existiert.[386] In den allgemeinen Grundlegungen wurde unter § 2 F. IV dem Primat der Fachgerichtsbarkeit nachgegangen. Dort wurde herausgearbeitet, dass auch die Verfassungsbeschwerde einen Rechtsweg im Sinne des Art. 19 IV GG darstellt. Der Rechtsweg-Begriff des Art. 19 IV GG ist damit notwendigerweise umfassender als der in § 90 II 1 BVerfGG. Art. 19 IV GG erfasst den individualrechtsschützenden Rechtsweg zu den Fachgerichten und den zum BVerfG; § 90 II 1 BVerfGG hingegen nur den zu den Fachgerichten. Die Auslegung des Art. 19 IV GG steht damit der Aussage, dass kein fachgerichtlicher Rechtsschutz auf Erlass eines formellen Gesetzes existiert, nicht entgegen.

b) Der richterrechtlich entwickelte Grundsatz der *Subsidiarität* soll die vollständige Aufbereitung des Streitstoffs absichern, indem der „Umweg" über die Fachgerichtsbarkeit vorgegeben wird.[387] Dahinter steht der Gedanke einer inzidenten Überprüfung des verfassungsrechtlichen Streitgegenstandes durch die Fachgerichte. Dieser soll z. B. tragen, wenn ein anfechtbarer konkret-individueller behördlicher Vollzugsakt herbeigeführt werden könnte, der seine Grundlage in einem abstrakt-generellen Legislativakt findet. Auch eine Feststellungsklage mit dem Begehren, dass der Beschwerdeführer durch die Norm in seinen verfassungsmäßigen Rechten verletzt wird, wird hier thematisiert.[388] Die geschilderten Beispiele wurden im Zusammenhang mit der *abwehrrechtlich* gekennzeichneten Eingriffssituation entwickelt. Einer Übertragung auf die *leistungsrechtlich* gekennzeichnete Normerlasssituation werden bereits strukturelle Überlegungen entgegengestellt.[389] In Ansehung des hiesigen Prüfungsgegenstandes verdient vorstehende Aussage Zustimmung. In den allgemeinen Grundlegungen wurde unter § 2 F. IV. herausgearbeitet, dass Art. 19 IV GG eine unmittelbare und

---

385 *Benda/Klein*, Verfassungsprozessrecht, 3. Auflage, § 19 Rn. 567.

386 *Detterbeck*, Allgemeines Verwaltungsrecht, 14. Auflage, § 32 Rn. 1439 m.w.N.

387 *Benda/Klein*, Verfassungsprozessrecht, 3. Auflage, § 19 Rn. 581.

388 *Benda/Klein*, Verfassungsprozessrecht, 3. Auflage, § 19 Rn. 582 m.w.N.

389 *Bethge*, in: Maunz/Schmidt-Bleibtreu/Klein/ders., BVerfGG, § 90 Rn. 226, Stand 10/2013; *Cremer*, Freiheitsgrundrechte, Habil., 2003, S. 338 ff.

keine inzidente Befassung in der Sache fordert. Dies gilt für von der Legislative, wie von der Exekutive oder Judikative ausgelöste Streitgegenstände. Deshalb wurde bereits an vorbezeichneter Stelle dem *Primat der Fachgerichtsbarkeit* in Ansehung eines legislativen Streitgegenstandes eine *Absage* erteilt. Ein „*Umweg*" über die Fachgerichtsbarkeit ist in diesen Fällen vielmehr seinerseits *rechtfertigungsbedürftig*. Als rechtfertigendes Argument ließe sich die Entlastung der Verfassungsgerichtsbarkeit ins Feld führen, indem ihr ein in tatsächlicher und rechtlicher Hinsicht vollständig aufbereiteter Streitstoff von der Fachgerichtsbarkeit geliefert wird.

Für den hiesigen Untersuchungsgegenstand wäre es daher denkbar zu argumentieren, dass die Erhebung der *Verzögerungsrüge* bzw. der *Entschädigungsklage* den vorstehenden Anforderungen entspreche.[390] Die (steuer-) verfassungsrechtlichen Defizite in Ansehung der einfach-gesetzlichen Ausgestaltung fußen auf einer nicht planungssicheren Formulierung der Voraussetzungen des Primär- und des Sekundärrechtsschutzes sowie auf einer ineffektiven Ausgestaltung der diesbezüglichen Rechtsfolgen. Verzögerungsrüge bzw. Entschädigungsklage bedienen einen Streitgegenstand, der sich aus der Behauptung zusammensetzt, durch das *Unterlassen eines Judikativaktes* in dem Recht auf Erledigung eines steuerprozessualen Verfahrens, wie es aus der steuerspezifisch konkretisierten Rechtsfolgenanordnung des Art. 19 IV GG folgt, verletzt zu sein. Die Verzögerungsrüge zielt dabei auf Beendigung des judikativen Unterlassens durch judikative Handlung, die Entschädigungsklage auf Kompensation für das judikative Unterlassen. Der vorliegende Untersuchungsgegenstand knüpft hingegen an einen durch *legislatives Unterlassen* gekennzeichneten Streitgegenstand an. Dementsprechend zielt dieser auch auf eine Handlung der Legislative ab. Verzögerungsrüge und Entschädigungsklage als konkret-individueller Anwendungsfall des Art. 19 IV GG bedürfen notwendigerweise einer abstrakt-generellen gesetzlichen (Ausgestaltungs-) Grundlage (s. hierzu unter § 2 F. I.). Nach Maßgabe dessen ist die Verfassungskonformität der abstrakt-generellen legislativen Anspruchsgrundlage als notwendige *Vorfrage* des konkret-individuellen Anspruchs auf judikative Handlung bzw. auf Kompensation für ein judikatives Unterlassen, wie er mit der Verzögerungsrüge bzw. der Entschädigungsklage verfolgt wird, zu beantworten. Obwohl die Zielsetzung eine andere ist als die, die auf eine Handlung der Legislative abzielt, kann das abstrakt-generelle legislative

390 Will man diesen Gedanken auch in Ansehung der Verzögerungsrüge und der Verzögerungsbeschwerde nach Maßgabe des BVerfGG fruchtbar machen, steht man vor dem Problem, dass insoweit gar kein fachgerichtlicher Rechtsschutz möglich ist, da das BVerfG bereits zuständig ist.

Verhalten hier vollumfänglich auf seine Verfassungskonformität hin überprüft werden und z. B. ein Verfahren nach Art. 100 I GG auslösen. Damit ist jedoch noch *nicht* gesagt, dass ein zwingender „Umweg" bereits gerechtfertigt wäre. Bisher wurde allein herausgearbeitet, dass es überhaupt möglich ist, das abstrakt-generelle legislative Verhalten inzidenta fachgerichtlich (vor) zu prüfen. Darüber hinaus ist es aber erforderlich, dass das Fachgericht dem Verfassungsgericht auch die geforderte *vollständige Aufbereitung* des Streitstoffs in tatsächlicher wie auch rechtlicher Hinsicht liefert. Analysiert man die *Verzögerungsrüge* unter diesem Aspekt, steht erneut die Absage an eine Bescheidungspflicht im Fokus. Dadurch, dass die Verzögerungsrüge durch das Fachgericht nicht zu bescheiden ist, wird dem Verfassungsgericht auch kein vollständig aufbereiteter Streitstoff geliefert. Die Verzögerungsrüge vermag einen zwingenden „Umweg" schon deshalb nicht zu begründen. Im Gegensatz dazu sieht die *Entschädigungsklage* eine verbindliche Entscheidung durch das Entschädigungsgericht vor. Hier zeigt sich dann aber ein struktureller Unterschied in der Leistungsvornahme- gegenüber der Eingriffsabwehrsituation. In der erstgenannten Konstellation wird von der Fachgerichtsbarkeit nur über das notwendig konkret zu fassende Klagebegehren entschieden. Dieses kommt zum Ausdruck indem im Antrag ein konkret zu bezeichnender Anspruch auf Kompensation zu formulieren ist. Leitet das Fachgericht daraufhin ein Verfahren nach Art. 100 I GG ein oder erlässt es eine Entschädigungsentscheidung, die auf der defizitären einfach-gesetzlichen Ausgestaltung fußt, steht der Beschwerdeführer vor folgendem Problem. Gelangt das BVerfG hier zu dem Ergebnis, dass die einfach-gesetzliche (Ausgestaltungs-) Grundlage nicht den (steuer-) verfassungsrechtlich indizierten Merkmalen entspricht, spricht es den noch näher darzustellenden Entscheidungsinhalt aus, der im Ergebnis auf eine Tätigkeit des Gesetzgebers hinausläuft. Der Gesetzgeber ist sodann in der Pflicht, einen (steuer-) verfassungskonformen Zustand zu schaffen. Hierbei steht ihm jedoch der in Abhängigkeit von der verfassungstextlichen Niederlegung zu bestimmende Ausgestaltungsspielraum zu. Demzufolge wird bzw. muss er regelmäßig nicht genau die Maßnahme ergreifen, die letztlich dem konkreten fachgerichtlichen Rechtsschutzziel entspricht. Der Beschwerdeführer würde also verfassungsrechtlich *obsiegen* aber fachgerichtlich *unterliegen*, da sein dortiges Antragsziel nicht bedient würde. Bei einer unmittelbar gegen den Gesetzgeber gerichteten Verfassungsbeschwerde würde er hingegen *nur* obsiegen. Deshalb ist ein zwingender „Umweg" über die Fachgerichtsbarkeit unzumutbar.[391] Die Entschädigungsklage vermag diesen also ebenfalls nicht zu

391 *Cremer*, Freiheitsgrundrechte, Habil., 2003, S. 339 f.

rechtfertigen.[392] Im *Ergebnis* kann die eingangs aufgezeigte Argumentationslinie damit nicht überzeugen.

5. Für Rechtssatzverfassungsbeschwerden greift gem. § 93 III BVerfGG eine *Jahresfrist*. Auch hier kommt die Vorarbeit in den allgemeinen Grundlegungen unter § 2 F. VI. zum Tragen. Dort wurde herausgearbeitet, dass das Unterlassen der (steuer-) verfassungsrechtlich indizierten Ausgestaltung den alleinigen Anknüpfungspunkt für den Individualrechtsschutz stellt. Deshalb beginnt die Frist auch nicht etwa zu laufen, weil bereits eine unzureichende legislative Ausgestaltung existiert.[393] Beim Unterlassen greifen die Fristvorschriften des § 93 BVerfGG generell *nicht* ein. Dies wirkt sodann auch für legislatives Unterlassen, wie es in der hiesigen Untersuchung interessiert.[394]

6. Der mögliche *Entscheidungsinhalt* ist in § 95 BVerfGG niedergelegt. Die Streitgegenstände, die sich hier aus dem legislativen Unterlassen und den dazu vorgetragenen (steuer-) verfassungsrechtlichen Defiziten zusammensetzen, sind erschöpfend abzuhandeln. Dies geschieht zuvorderst durch den Feststellungsausspruch in § 95 I 1 BVerfGG.[395] Neben der Feststellung entscheidet das BVerfGG sodann in Abhängigkeit des gerügten Hoheitsaktes nach Maßgabe des § 95 II und III BVerfGG. Beruht die festgestellte Verfassungsverletzung – wie hier – auf einem legislativen Unterlassen, ist kein Raum für eine daneben zu treffende Nichtigkeitserklärung im Sinne des § 95 III BVerfGG.[396] Es verbleibt also allein bei dem Feststellungsinhalt. Auf dieser Grundlage ist der Gesetzgeber sodann fortan in der *Pflicht*, eine (steuer-) verfassungskonforme Ausgestaltung zu schaffen (s. § 31 I BVerfGG). Dadurch wird die Gestaltungsfreiheit des Gesetzgebers, die sich in Ansehung der verfassungstextlichen Niederlegung der

---

392 Das Verhältnis ist hingegen anders zu beurteilen, wenn allein der konkret-individuelle Judikativakt streitgegenständlich interessiert, s. dazu unter § 4 B. I. 4.

393 So aber: *Benda/Klein*, Verfassungsprozessrecht, 3. Auflage, § 19 Rn. 612, was in Ansehung der von Ihnen favorisierten Kategorisierung nach echtem und unechtem Unterlassen auch folgerichtig erscheint.

394 *Cremer*, Freiheitsgrundrechte, Habil., 2003, S. 340 m.w.N.

395 *Benda/Klein*, Verfassungsprozessrecht, 3. Auflage, § 19 Rn. 614.

396 Diese Interpretation ist in Ansehung der hier nicht verfolgten Kategorisierung nach echtem und unechtem Unterlassen folgerichtig. Wo nichts ist kann auch nichts für nichtig erklärt werden. Aber selbst wenn man sich für eine entsprechende Kategorisierung aussprechen würde, würde die Anwendung des § 95 III BVerfGG einen „noch verfassungswidrigeren" Zustand herbeiführen und käme deshalb ebenfalls nicht zum Tragen, s. *Cremer*, Freiheitsgrundrechte, Habil., 2003, S. 341 m.w.N; zur Unvereinbarkeitserklärung bei (unechtem) legislativen Unterlassen s. *Seer*, NJW 1996, 285, 287.

hier interessierenden Werte bestimmt, gewahrt. Gleichzeitig ist es dem BVerfG aber nicht benommen, für die Zeit bis zur Neuregelung durch den Gesetzgeber eine vorläufige *Übergangsregelung* zu formulieren, in der es den (steuer-) verfassungsrechtlichen Mindeststandard, der bisher nicht besteht – aber aufgrund des einfach-rechtlichen Ausgestaltungserfordernisses zwingend erforderlich ist – interimsweise setzt. Die Wertung des § 31 II 1 BVerfGG, wonach die Entscheidungsformel der Verfassungsbeschwerde, die ein existierendes Gesetz betrifft, Gesetzeskraft besitzt, gilt hier entsprechend. Deshalb kann der Ausspruch des BVerfG die Ausgestaltungsfunktionen (s. hierzu unter § 2 F. I.) für einen Übergangszeitraum wahrnehmen. Auf diesem Wege wird der Bürger vor einem (steuer-) verfassungswidrigen *Vakuum* geschützt. Zugleich wird das hohe Gut des Individualrechtsschutzes bewahrt, indem nicht nur die (steuer-) verfassungsrechtlich indizierten Anforderungen an den Individualrechtsschutz interimsweise abgesichert werden, sondern auch der Individualrechtsschutz gegenüber einer insoweit defizitären legislativen Ausgestaltung effektuiert wird. Gleichzeitig wird die Gestaltungsfreiheit des Gesetzgebers nicht beschnitten, indem dieser die Neuregelung im Rahmen des verfassungsrechtlich Zulässigen mit Rückwirkung ausstatten kann.[397]

III. Individualrechtsschutz durch Individualbeschwerde zum EGMR

1. Der Weg zum EGMR als ultima ratio

Die *Individualbeschwerde* zum EGMR nach Art. 34 EMRK ist erst nach Erschöpfung des kompletten innerstaatlichen Rechtswegs zulässig (s. Art. 35 I EMRK). Dementsprechend ist zunächst der Weg zum BVerfG zu beschreiten.[398] Ist dieser erfolglos geblieben, verbleibt der Weg zum EGMR nach Art. 34 EMRK als *ultima ratio*. Hat das BVerfG eine einfach-gesetzliche Regelung für *verfassungskonform* erklärt und hält der EGMR diese Regelung seinerseits jedoch für *konventionsrechtswidrig*, hat dies folgende Auswirkungen. Dem streitgegenständlich betroffenen EMRK Artikel kommt der faktische Gesetzesvorrang zugute (s. hierzu unter § 3 B. I.). Indem das jeweilige EGMR Judikat in Bezug auf den Streitgegenstand eine entsprechende Auslegung des betreffenden EMRK Artikels ausspricht,

---

397 Zur vorläufigen Korrektur durch das BVerfG: *Seer*, NJW 1996, 285, 287 f.; *Cremer*, Freiheitsgrundrechte, Habil. 2003, S. 342 ff.: „doppelt analoge Anwendung des § 95 III 1 BVerfGG".

398 Zum Erfordernis vertikaler und horizontaler Rechtswegerschöpfung s. *Schäfer*, in: Karpenstein/Mayer, EMRK 2. Auflage, Art. 35 Rn. 10.

aktualisiert sich der faktische Gesetzesvorrang auch zugunsten des EMGR Judikats.[399] Eine einfach-gesetzliche Regelung, die hiergegen verstößt, ist deshalb zu korrigieren.[400] Solange dies noch nicht geschehen ist, ist ein Fachgericht zur Vorlage nach Art. 100 I GG verpflichtet. Damit wird dem Umstand Rechnung getragen, dass die Konventionsrechte ihre jeweilige „Partnerbestimmung" im nationalen Verfassungsrecht ergänzen. Dementsprechend besteht zudem die Möglichkeit, Verfassungsbeschwerde zu erheben. Die Entscheidung durch den EGMR ist als rechtserhebliche Änderung einzustufen, die die Rechtskraft einer vorherigen Entscheidung des BVerfG insoweit aufhebt.[401]

Überträgt man dies auf den hiesigen Prüfungsgegenstand, ist der Weg nachzuzeichnen, der als ultima ratio im Anschluss an eine *erfolglose* Verfassungsbeschwerde (noch) möglich ist. Bisher lag der Fokus der Betrachtung auf den Garantien des nationalen Verfassungsrechts. An dieser Stelle ist ein *Perspektivwechsel* erforderlich. Die bisherigen Ergebnisse sind konventionsrechtlich zu übersetzen. Die identifizierten vier (steuer-) verfassungsrechtlichen Anknüpfungspunkte sollen hierzu zu *zwei* konventionsrechtlichen Anknüpfungspunkten zusammengeführt werden: *Erstens* soll der Frage nachgegangen werden, welche Anforderungen das Konventionsrecht an die einfach-gesetzliche Formulierung der Voraussetzungen des hier interessierenden Rechtsschutzsystems stellt; *zweitens* sollen die Anforderungen an die Ausgestaltung des Durchsetzungsmechanismus eines solchen Systems betrachtet werden.[402]

2. Konventionsrechtliche Anforderungen an die einfach-gesetzliche Formulierung der Voraussetzungen

Im Rahmen der national verfassungsrechtlichen Darstellung wurde bereits einmal auf die Konventionsrechte Rekurs genommen, wie sie eine Ergänzung des nationalen Schutzes ermöglichen (s. hierzu unter B. I. 1. a]). Dort wurde daran angeknüpft, dass der Disput um die Ausdehnung bzw. Beschränkung des Schutzes des Art. 6 I EMRK in Ansehung steuerrechtlicher Streitigkeiten an Bedeutung verliert, wenn man für einen konventionsrechtlichen Justizgewährleistungsanspruch eintritt, der

399 *Mayer*, in: Karpenstein/ders., EMRK, 2. Auflage, Einleitung Rn. 80.

400 *Ehlers*, in: ders., EuGR, 4. Auflage, § 2 Rn. 123; dort auch zum folgenden Text.

401 Ein prominentes Beispiel hierfür stellt die Entscheidung zur Sicherungsverwahrung durch das BVerfG v. 4.5.2011, 2 BvR 2333/08 u.a., BVerfGE 128, 326, in der das BVerfG eine rechtserhebliche Änderung ausdrücklich bekräftigt hat.

402 S. i.Ü. bei *Meyer-Ladewig*, EMRK, 3. Auflage, 2011, Art. 34 Rn. 24 f. zur Individualbeschwerde unmittelbar gegen ein Gesetz.

aus einem Zusammenspiel von Art. 6 I und Art. 13 EMRK zu entwickeln ist. Setzt man sodann auch hier mit dieser Maßgabe an, ist wie folgt vorzugehen. In einem *ersten Schritt* öffnet das Konventionsrecht aus Art. 1 ZP I EMRK in Ansehung des Steuerzugriffs den Anwendungsbereich des Art. 13 EMRK, womit die wertungsoffene und konkretisierungsfähige Rechtsfolgenanordnung der wirksamen innerstaatlichen Beschwerde aktiviert wird. In Anknüpfung an die ausformulierten Einzelrechte des Art. 6 I EMRK ist diese zugunsten des Rechts auf Erledigung eines gerichtlichen Verfahrens in angemessener Dauer zu konkretisieren. In einem *zweiten Schritt* ist dieses Recht sodann steuerrechtlich anzuleiten. Die steuerrechtliche Anleitung ermöglicht die *Integration steuerspezifischer Wertungen* in die Rechtsfolgenanordnung des Art. 13 EMRK. Dies geschieht durch die Bezugnahme auf Art. 1 ZP I EMRK, der den steuerrechtlichen Schutz ausspricht und zugleich den Anwendungsbereich des Art. 13 EMRK eröffnet hat.[403] Art. 1 ZP I EMRK sichert seinerseits formal rechtsstaatliche Mindeststandards ab. Einer dieser Standards ist die Rechtssicherheit.[404] Ein Element der Rechtssicherheit ist der Vertrauensschutz. Im Anwendungsbereich des staatlichen Steuerzugriffs wird dieser allgemeine Vertrauensschutzgedanken in Bezug auf das steuerspezifische Schutzgut des Art. 1 ZP I EMRK durch einen steuerspezifischen *Dispositionsschutz* konkretisiert. (s. dazu bereits eingehend unter B.). Demzufolge fließt der Aspekt des steuerspezifischen Dispositionsschutzes aus Art. 1 ZP I EMRK in die steuerspezifisch zu konkretisierende Rechtfolgenanordnung des Art. 13 EMRK mit ein.[405]

Im *Ergebnis* deckt sich der Befund sodann mit dem auf national verfassungsrechtlicher Ebene identifizierten. Dementsprechend fordert die steuerspezifisch konkretisierte Rechtsfolgenanordnung des Art. 13 EMRK ebenfalls eine einfach-gesetzliche Formulierung der Voraussetzungen ein, die das erforderliche Planungsmaterial für eine steuerliche Disposition zur Verfügung stellt und dem

403 Dies entspricht einer konkurrenziellen Betrachtung, wie sie auch auf national verfassungsrechtlicher Ebene zugrundegelegt wurde. Zur Ableitung verfahrensrechtlicher Positionen für das Steuerrecht: *Engler*, Steuerverfassungsrecht im Mehrebenensystem, Diss., 2014, S. 198 f.

404 *Engler*, Steuerverfassungsrecht im Mehrebenensystem, Diss., 2014, S. 175 ff.

405 Auf die Darstellung des akzessorischen Diskriminierungsverbots aus Art. 14 EMRK kann an dieser Stelle verzichtet werden. Als rein relativem Diskriminierungsverbot kann Art. 14 EMRK kein abstraktes Gebot steuerlicher Gerechtigkeit entnommen werden, s. dazu bei *Engler*, Steuerverfassungsrecht im Mehrebenensystem, Diss., 2014, S. 212 ff.

Steuerbürger so eine Voraussehbarkeit in zeitlicher Hinsicht ermöglicht.[406] Wie bereits ausgeführt, vermag der hiesige Prüfungsgegenstand eine solche Formulierung weder in Ansehung der Voraussetzungen des Primär- noch des Sekundärrechtsschutzes aufzuweisen. An dieser Stelle weist die legislative Ausgestaltung daher (auch) ein *konventionsrechtliches* Defizit aus. Bisher sah sich der EGMR noch nicht dazu veranlasst, die Ausgestaltung der „angemessenen Frist" abstrakt zu überprüfen.[407] Gleichzeitig hat er sich eine solche damit aber auch ausdrücklich offengehalten. Dementsprechend ist ein *erstes Einfallstor* identifiziert, dass eine ultima ratio Prüfung durch den EGMR ermöglicht.

3. *Konventionsrechtliche Anforderungen an die einfach-gesetzliche Ausgestaltung des Durchsetzungsmechanismus*

Bemüht man sodann den zweiten konventionsrechtlichen Anknüpfungspunkt in Ansehung des Durchsetzungsmechanismus, lässt sich folgendes Bild nachzeichnen. Der Anwendungsbereich des Art. 13 EMRK ist stets eröffnet, wenn ein Konventionsrecht (potentiell) verletzt ist. Das hier interessierende Recht, wie es unter 2. herausgearbeitet wurde, ist ein solches. Es entstammt der steuerspezifisch konkretisierten Rechtsfolgenanordnung des Art. 13 EMRK. Dementsprechend öffnet dieses Konventionsrecht seinerseits (wieder) den Anwendungsbereich des Art. 13 EMRK und aktiviert dessen Rechtsfolgenanordnung erneut. Dies entspricht der im national verfassungsrechtlichen Kontext herausgearbeiteten *Doppelwirkung* des Art. 19 IV GG (s. hierzu unter § 2 E.). Auf der *ersten Stufe* wird die Rechtsfolgenanordnung des Art. 13 EMRK zur Durchsetzung des Art. 1 ZP I EMRK aktiviert. Auf der *zweiten Stufe* wird sie sodann zur Durchsetzung des unter 2. herausgearbeiteten Rechts aktiviert. Damit ist die einfach-gesetzliche Ausgestaltung des Durchsetzungsmechanismus an den Maßstäben zu messen, die Art. 13 EMRK zur Durchsetzung des Rechts auf Erledigung eines steuerprozessualen Verfahrens in angemessener Dauer einfordert.

Der EGMR hat sich zum Durchsetzungsmechanismus des hiesigen Prüfungsgegenstandes in den Entscheidungen vom 29.5.2012 und vom 15.1.2015

406 Ohne die dargestellte steuerspezifische Einfärbung gelangt der EGMR in ständiger Rechtsprechung – wie auch das BVerfG – zu dem Ergebnis, dass die Unangemessenheit in Abhängigkeit zum jeweiligen Einzelfall zu bestimmen ist, s. *Steinbeiß-Winkelmann*, in: dies./Ott, Rechtsschutz bei überlangen Gerichtsverfahren, Einführung Rn. 26; *Hofmarksrichter*, Rechtsschutz bei überlangen Gerichtsverfahren im Lichte der Vorgaben des EGMR, DIss., 2017, S. 138 ff.

407 EGMR v. 29.5.2012, 53126/07, NVwZ 2013, 47, 48.

geäußert (s. hierzu unter § 4 C. III.). Der Gerichtshof legt eine differenzierte Betrachtung vor. In der Entscheidung vom 15.1.2015 führt er wie folgt aus:

> *„Der Gerichtshof weist erneut daraufhin, dass er bereits festgestellt hat, dass kein Grund für die Annahme besteht, der neue Rechtsbehelf werde einem Beschwerdeführer nicht die Möglichkeit bieten, angemessene und hinreichende Entschädigung für seine berechtigten Klagen zu erlangen [m.w.N. auf die Entscheidung v. 29.5.2012]. Allerdings hat er nicht die Frage geprüft, ob das Rechtsschutzgesetz auch als wirksames Mittel zur Verfahrensbeschleunigung angesehen werden kann […].“*[408]

Der EGMR differenziert zwischen dem *präventiven Primärrechtsschutz*, der der Verfahrensbeschleunigung dient und dem *kompensatorischen Sekundärrechtsschutz*, der der Entschädigung dient. Gleichzeitig erweist sich damit aber auch allein die Ausgestaltung des Primärrechtsschutzes als mögliches Einfallstor für eine ultima ratio Kontrolle durch den EGMR.[409] In der Entscheidung vom 15.1.2015 kommt der Gerichtshof letztlich zu dem Ergebnis, dass das neue Rechtsschutzsystem in Ansehung seines präventiven primärrechtsschützenden Elements *nicht* wirksam im Sinne des Art. 13 EMRK ist. Er führt aus, dass ein Rechtsbehelf gegen eine überlange Verfahrensdauer wirksam im Sinne des Art. 13 EMRK sei, wenn er entweder dazu verwendet werden könne, eine schnellere Entscheidung durch die mit dem Fall befassten Gerichte zu erwirken oder der Prozesspartei eine angemessene Wiedergutmachung für bereits eingetretene Verzögerungen zukommen lasse.[410] Mit anderen Worten fordert der Gerichtshof im Grundsatz ein *„Entweder-Oder-Modell“* ein: Entweder einen wirksamen Primär- oder einen wirksamen Sekundärrechtsschutz. Etwas anderes gelte jedoch, wenn nicht allein Art. 13 EMRK, sondern zudem eine *weitere*

---

408 EGMR v. 15.1.2015, 62198/11, juris Rn. 139.

409 Auch wenn der EGMR dem Prinzip einer (nur) angemessenen Entschädigung nahesteht, wird nicht ganz klar, wie sich der EGMR dazu verhält, wenn sich die Kompensationsleistung in einer bloßen Feststellung erschöpft. In der Rechtssache *Sürmeli* v. 8.6.2006, 75529/01, NJW 2006, 2389, 2391 hat der Gerichtshof noch ausgeführt, dass eine Verfassungsbeschwerde nicht wirksam im Sinne der EMRK sei, weil sie sich auf eine bloße Feststellung beschränke. Zur diesbezüglichen Motivation des Gesetzgebers unter Berücksichtigung der Rechtsprechung des EGMR, s. *Steinbeiß-Winkelmann*, in: dies./Ott, Rechtsschutz bei überlangen Gerichtsverfahren, Einführung Rn. 256 ff. Zum Effektivitätsverständnis des EGMR s. auch bei: *Hofmarksrichter*, Rechtsschutz bei überlangen Gerichtsverfahren im Lichte der Vorgaben des EGMR, Diss., 2017, S. 167 ff.

410 EGMR v. 15.1.2015, 62198/11, juris Rn. 137. Dort auch zum folgenden Text.

Garantie hinzutrete, die einen strengeren Maßstab formuliere. Erforderlich sei dann ein Rechtsbehelf, der gleichzeitig präventiv *und* kompensatorisch wirke. Im dort entschiedenen Fall trat das Recht auf Achtung des Privat- und Familienlebens aus Art. 8 EMRK hinzu. Hierfür bekräftigte der EGMR sodann eine Wirksamkeitsforderung aus Art. 13 EMRK i.V.m. Art. 8 EMRK, die sich nicht allein auf eine monetäre Wiedergutmachung zurückziehen kann, sondern auch eine Beschleunigung bewirke. Im entschiedenen Fall stellt der Gerichtshof auf dieser Grundlage sodann fest:

> *„Was die Warnfunktion angeht, die die beschwerdegegnerische Regierung der Verzögerungsrüge zuspricht, erkennt der Gerichtshof an, dass die Rüge ein Gericht in einem konkreten Fall zu Verfahrensbeschleunigung veranlassen könnte. Er stellt jedoch fest, dass das Rechtsschutzgesetz andernfalls keine andere Sanktionierung vorsieht als die Möglichkeit, einen Entschädigungsanspruch geltend zu machen. Des Weiteren ist der Gerichtshof nicht davon überzeugt, dass man davon ausgehen kann, die Möglichkeit, einen Entschädigungsanspruch geltend zu machen, habe eine hinreichend beschleunigte Wirkung auf laufende Verfahren, bei denen es um das Recht auf Umgang mit kleinen Kinder geht, und sofern dies notwendig ist, um eine Verletzung des Rechts auf Achtung des Familienlebens zu verhindern.“*[411]

Übersetzt man dieses Judikat für den hier interessierenden Prüfungsgegenstand, ist die Frage zur Beantwortung zu stellen, ob eine Wirksamkeitsforderung aus Art. 13 EMRK i.V.m. Art. 1 ZP I EMRK geboten ist, die ebenfalls den formulierten *strengen Maßstab* begründet. Setzt man hierzu mit der hier vertretenen *Doppelwirkung* des Art. 13 EMRK an, ist von Folgendem auszugehen. Die wertungsoffene und konkretisierungsfähige Wirksamkeitsanordnung in Art. 13 EMRK wird von dem Recht auf Erledigung eines steuerprozessualen Verfahrens in angemessener Dauer angeleitet. Dieses entstammt seinerseits der Wirksamkeitsanordnung in Art. 13 EMRK, wie sie durch Art. 1 ZP I EMRK steuerspezifisch angeleitet wurde. Demensprechend wirkt Art. 1 ZP I EMRK – anders als auf der ersten Stufe der Doppelwirkung – auf der hier interessierenden *zweiten Stufe* mittelbar fort.[412] Gerade diese steuerspezifische (Fort-) Wirkung muss dann den strengeren Maßstab rechtfertigen können. Überträgt man hierzu den Gedanken aus der

---

411 EGMR v. 15.1.2015, 62198/11, juris Rn. 140.

412 Dementsprechend müsste es bei Anwendung der Doppelwirkung eigentlich heißen: Art. 13 EMRK i.V.m. Art. 13 EMRK (in seiner steuerspezifischen Konkretisierung). Inhaltlich unterscheidet sich dieser Ansatz von dem, der Art. 13 EMRK i.V.m. Art. 1 ZP I EMRK bemüht, nicht. Der hier vertretene Ansatz hat jedoch den Vorzug, dass er die verfahrensrechtlichen Garantien dem Normbestand zuweist, dessen originäre Funktion die Zusicherung entsprechender Garantien ist und dementsprechend

vorbezeichneten Entscheidung des Gerichtshofs, ist nach folgender Maßgabe zu argumentieren. Die gerichtliche Verfahrensdauer bzw. dessen Unangemessenheit wirkt sich auf das steuerrechtliche Programm des Steuerbürgers aus, indem es den Zeitpunkt definiert, zu dem eine abschließende Akzeptanzentscheidung zu erwarten ist. Die gerichtliche Akzeptanzentscheidung dient dem Steuerbürger als Planungsgrundlage (s. hierzu eingehend unter B.). Die Möglichkeit einer hierauf aufbauenden gesicherten steuerlichen Planung droht illusorisch zu werden, wenn dem Beteiligten vom Gesetzgeber lediglich ein kompensatorischer Rechtsbehelf zur Verfügung gestellt wird, der ausschließlich eine nachträgliche monetäre Entschädigung zur Folge haben kann. Dem Steuerbürger würde das Recht auf steuerliche Planung schlichtweg abgekauft. Dass ein solcher *„Ablasshandel"* zugleich eine Rechtsposition entwertet, ist offensichtlich. Oder um die Worte des EGMR in entsprechender Weise zu wiederholen: Das steuerspezifische Recht auf Dispositionsschutz auf der Grundlage einer gerichtlichen Akzeptanzentscheidung droht illusorisch zu werden, wenn dem Beteiligten vom Gesetzgeber lediglich ein kompensatorischer Rechtsbehelf zur Verfügung gestellt wird, der ausschließlich eine nachträgliche monetäre Entschädigung zur Folge haben kann. Die steuerliche (Fort-) Wirkung rechtfertigt den strengeren Maßstab. Dementsprechend ist ein *zweites Einfallstor* für eine ultima ratio Prüfung durch den EGMR identifiziert.

E. Erweiterung um den „vorwirkenden Rechtsschutz" bei überlangen finanzbehördlichen Verfahren

Ausweislich des Titels der vorliegenden Untersuchung liegt der Schwerpunkt der Betrachtung in den Regelungen zum Rechtsschutz bei *steuerprozessualen* Verfahren vor Gericht. Dem steuerprozessualen Verfahren vor Gericht ist regelmäßig das außergerichtliche – *behördliche* – Einspruchsverfahren der §§ 347 ff. AO vorgeschaltet. Daraus resultiert eine *Verbindung* des gerichtlichen mit dem behördlichen Verfahrensabschnitt. Die Fragestellungen rund um die Problematik der normativen Bewältigung überlanger steuerprozessualer Verfahren, wie sie zuvor eingehend erörtert wurde, spielt erst nach Durchlaufen des behördlichen Verfahrens eine Rolle. Damit drängt sich die Frage auf, wie der Steuerbürger normativ reagieren kann, um einem überlangen finanzbehördlichen Verfahren entgegenzuwirken und ob das hierzu zur Verfügung stehende Normmaterial des steuerlichen Verfahrensrechts seinerseits den (steuer-) verfassungsrechtlichen Anforderungen entspricht.

---

insoweit eine überlegene Normstruktur aufweist. Gleichzeitig wird eine Lösung angeboten, die das Konkurrenzverhältnis interpretatorisch glättet.

I. Ausgangspunkt: Steuerrechtliches Programm und Grundrechtsbindung

Das bereits zuvor unter B. I. 1. a) angesprochene *steuerrechtliche Programm* soll hier erneut aufgegriffen, vertieft und sodann als Ausgangspunkt der nachfolgenden Darstellung gewählt werden. Das steuerrechtliche Programm setzt sich aus drei Abschnitten zusammen. Der *erste* Abschnitt setzt dort an, wo die *Besteuerungsfolge ins Werk gesetzt* wird. Die Besteuerungsfolge wird durch die Legislative ins Werk gesetzt.[413] Sie formuliert einen abstrakt-generellen materiellen Besteuerungstatbestand. Diesen Tatbestand verwirklicht der Steuerbürger in konkret-individueller Hinsicht. Der *zweite* Abschnitt des steuerrechtlichen Programms kommt im *behördlichen Vollzug* der Besteuerungsfolge zum Ausdruck.[414] Die Legislative formuliert einen abstrakt-generellen formellen Vollzugstatbestand, auf dessen Grundlage und mit dessen Hilfe die Exekutive eine konkret-individuelle Besteuerungsfolge gegenüber dem Steuerbürger ausspricht.[415] Der *dritte* und letzte Abschnitt schließt mit der *gerichtlichen Durchsetzung* der Rechte des Steuerbürgers gegenüber dem Steuerstaat ab; m. a. W. mit dem gerichtlichen Angriff gegen die Besteuerungsfolge. Auch hier formuliert die Legislative einen einfach-gesetzlichen formellen Durchsetzungstatbestand in abstrakt-genereller Hinsicht, der von der Judikative bzw. im Rahmen der Vorwirkung auch von der Exekutive konkret-individuell angewendet wird.

Das *gesamte* steuerrechtliche Programm ist dabei *stets* an die materiellen Hauptgrundrechte des Steuerrechts aus Art. 3 I und Art. 14 I GG gebunden (s. hierzu unter § 2 D. II. 1.).[416] Der abstrakt-generelle Besteuerungstatbestand, der Vollzug der Steuerbehörde wie auch der gerichtliche Angriff des Steuerbürgers stehen in einem *untrennbaren* Zusammenhang mit dem Charakter einer

413 Zum steuerrechtlichen Legalitätsprinzip: *Hey*, in: Tipke/Lang, Steuerrecht, 22. Auflage, § 3 Rn. 230 ff.

414 Zum Vollzugsbegriff s. *Seer*, DStJG 31 (2008), 2.

415 Zur Abgrenzung von materiellem Schuld- und formellem Verfahrensrecht: *Seer*, in: Tipke/Lang, Steuerrecht, 22. Auflage, § 1 Rn. 63 u. 67 sowie § 6 Rn. 1 f.

416 Dabei kommen Art. 3 I und Art. 14 I GG in den ersten beiden Abschnitten direkt zur Anwendung. Der dritte Abschnitt ist von der Besonderheit gekennzeichnet, dass Art. 3 I und Art. 14 I GG in die modale Struktur des Art. 19 IV GG aufgenommen werden und auf diesem Wege zur Anwendung gelangen (s. hierzu unter § 2 D. III.). Letzteres gilt sodann auch für die Vorwirkung auf das finanzbehördliche Verfahren. Darüber hinaus bietet insbesondere der steuerliche Vollzug durch seine Verfahrensvorschriften weitere (freiheits-)grundrechtliche Anknüpfungspunkte, s. *Hey*, in: Tipke/Lang, Steuerrecht, 22. Auflage, § 3 Rn. 180 ff.

Steuer als Geldleistungspflicht des Bürgers. Deshalb ist nicht nur der erste Abschnitt, wie er eine materielle Besteuerungsfolge in abstrakt-genereller Hinsicht formuliert, an die materiellen Hauptgrundrechte des Steuerrechts gebunden. Erst das behördliche und gerichtliche Verfahren *transportieren* jene papierende Besteuerungsfolge in die *Lebenswirklichkeit*. Hierzu muss das Verfahrensrecht Rechte und Pflichten auf Seiten des Steuerstaates wie auch auf Seiten des Steuerbürgers bestimmen und einen ordnungsgemäßen Verfahrensablauf sichern.[417] Das von *Klaus Tipke* angesprochene Rechte- und Pflichtenprogramm lässt sich in Ansehung der Bedeutung der materiellen Hauptgrundrechte des Steuerrechts nach der Maßgabe *strukturieren*, dass das behördliche Verfahrensrecht von einem „Übergewicht" zugunsten des Steuerstaates und das gerichtliche Verfahrensrecht von einem „Übergewicht" zugunsten des Steuerbürgers gekennzeichnet ist. Der nicht selbst wirtschaftende Steuerstaat muss die papierende Besteuerungsfolge mit Hilfe des *behördlichen Verfahrensrechts* realisieren können. Der Steuerstaat ist auf Angaben angewiesen, die vom Grunde her außerhalb seiner – nämlich der bürgerlichen – Sphäre liegen. Um diese Angaben vollständig und wahrheitsgemäß zu erhalten, muss er den Bürger zur Angabe verpflichten und selbst in die Lage versetzt werden, diese zu ermitteln. Sodann muss der Steuerstaat in die Lage versetzt werden, auf der Grundlage dieser Stoffsammlung eine konkret-individuelle Besteuerungsfolge festzusetzen und die hieraus resultierende Geldleistungspflicht einzufordern und notfalls auch mit Zwang durchzusetzen (= *Übergewicht des Steuerstaates*).[418] Den materiellen Hauptgrundrechten kommt hier die Aufgabe zu, die dem Steuerbürger auferlegten Pflichten zu begrenzen und seine Rechte zu stärken. Auf diesem Weg wird das „Übergewicht" des Steuerstaates im behördlichen Verfahren *ausgeglichen*. Darüber hinaus darf der Steuerbürger der staatlichen Besteuerungsaktivität nicht schutzlos gegenüber stehen. Dies leistet das *gerichtliche Verfahren*. Dort, wo der Steuerstaat bei seiner Besteuerungsaktivität an die materiellen Hauptgrundrechte gebunden ist, muss der Steuerbürger diese auch ihm gegenüber durchsetzen können. Ist der Steuerstaat einerseits in der Lage, den Steueranspruch im Rahmen des behördlichen Verfahrens durchzusetzen, ist der Steuerbürger andererseits in der Lage, seine Rechte im gerichtlichen Verfahren durchzusetzen. Deshalb besteht hier ein *„Übergewicht" zugunsten des Steuerbürgers*. Insoweit ist es Aufgabe der

417 *Tipke*, StuW 2004, 3, 4.

418 Das behördliche Steuerverfahren wird damit seinerseits in unterschiedliche Abschnitte unterteilt, s. dazu: *Seer*, Verständigungen in Steuerverfahren, Habil., 1996, S. 7.

materiellen Hauptgrundrechte, dieses „Übergewicht“ *abzusichern*, indem es die Rechte des Steuerbürgers stärkt und seine Pflichten begrenzt.

Trotz der inneren Verbindung über das steuerrechtliche Programm geht die vorliegende Untersuchung von einer *getrennten Betrachtung* aus. Der Weg über eine Art „Zurechnungssystem“ soll nicht verfolgt werden. Jeder Abschnitt ist stets an die materiellen Hauptgrundrechte gebunden. Dementsprechend kann auch in *jedem* Abschnitt ein Verstoß begründet werden. Geht man davon aus, dass dieser Verstoß auf den materiellen Besteuerungstatbestand zurückwirkt (*sog. strukturelles Vollzugsdefizit*), wird der Verstoß nicht dort behoben, wo er entstanden ist. Der „eigentliche Übeltäter“ bleibt schadlos[419]; im Fall des sog. strukturellen Vollzugsdefizits also die jeweilige Verfahrensnorm selbst. Der Steuerbürger hat stets ein subjektives Recht auf ein gleichheitsgewährleistendes Steuerverfahren[420]; und, was zu ergänzen ist, auf ein eigentumsfreiheitsgewährleistendes Steuerverfahren.[421] Dieses Recht wird *allein* durch das staatliche Verhalten verletzt, das im unmittelbaren Zusammenhang mit der jeweiligen Verfahrensnorm steht; z. B. die legislative Ausgestaltung einer Verfahrensnorm, die vorsieht, dass Ermittlungen im Zusammenhang mit der Einkunftsart X nicht durchgeführt werden oder Rechtsschutz insoweit nicht gewährt wird. Eine solche Ausgestaltung würde das Recht auf ein gleichheitsgewährleistendes Steuerverfahren verletzen. Das pflichtwidrige staatliche Verhalten aktiviert den Beeinträchtigungs-Tatbestand des Art. 3 I GG und löst sodann dessen Hilfsrechte auf Prävention, Repression und Kompensation aus (s. allgemein hierzu unter § 2 B. III.). Dementsprechend ist nicht nur die jeweilige abstrakt-generelle Verfahrensnorm, sondern auch der Inhalt des konkret-individuellen Steuerbescheids zu *korrigieren*, wenn dieser unter dem Regime der besagten Verfahrensnorm ergangen ist und der materielle Steueranspruch hiervon beeinflusst wird.[422]

---

419 *Hey*, in: Tipke/Lang, Steuerrecht, 22. Auflage, § 3 Rn. 114.

420 Eingehend: *Funke,* AöR 132 (2007), 167, 203 ff.

421 Grundlegend *Häberle*, VVDStRL 30 (1972), 43, 86 ff.: „status activus processualis“.

422 So auch: *Funke,* AöR 132 (2007), 168, 212 f. Für den hier interessierenden Fall der unangemessenen Dauer ist regelmäßig von keiner Beeinflussung des materiellen Steueranspruchs auszugehen. Dieser Fall ist daher grundsätzlich einem isolierten Rechtschutz zu unterstellen, wie er bereits eingehend erörtert wurde. S. dazu auch unter § 4 B. I. 4. sowie jüngst auch BFH v. 27.4.2016, X R 1/15, BFHE 253, 306, 311 f.

II. Bewältigung überlanger finanzbehördlicher Verfahren

1. *Funktion(en) des „behördlichen Rechtsschutzes"*

Das außergerichtliche – behördliche – Einspruchsverfahren ist in den §§ 347 ff. AO geregelt. Schon die Positionierung innerhalb der AO verdeutlicht den Charakter eines *verlängerten Verwaltungsverfahrens*, das dem gerichtlichen Verfahren in seinem Anwendungsbereich als sog. Vorverfahren vorgeschaltet ist (s. § 44 FGO).[423] Demensprechend dient das behördliche Einspruchsverfahren, anders als das allein auf Individualrechtsschutz fokussierte gerichtliche Verfahren, mehreren Zwecken zugleich.[424] Zunächst dient es auch dem *Individualrechtsschutz des Steuerbürgers*. Allein der „beschwerte" Steuerbürger entscheidet über die Verlängerung des behördlichen Verfahrens (s. § 350 AO).[425] Diese Rechtsschutzfunktion findet ihre Grundlage in Art. 19 IV GG, wie er auf das behördliche Verfahren vorwirkt, (s. hierzu unter § 2 F. V.). Der Steuerbürger, der sich durch die Steuerbehörde in seinen Rechten beschwert fühlt, kann das Verwaltungsverfahren verlängern, um eine Korrektur zu erwirken. Anders als das allein dem Individualrechtsschutz dienende gerichtliche Verfahren, bewirkt diese Verlängerung jedoch zugleich auch die Möglichkeit einer vollständigen *Selbstkontrolle der Verwaltung* (s. § 367 II 1 AO). Hierdurch wird der Charakter eines originären Verwaltungsverfahrens deutlich. Es findet eine Kontrolle auf derselben Ebene statt. Die behördliche Ebene wird nicht verlassen, sondern bloß verlängert. Der erstgenannte Zweck zielt also auf den Steuerbürger und der zuletzt genannte auf die Steuerbehörde. Ein dritter Zweck zielt auf die Finanzgerichte. Die grundsätzlich obligatorische Vorschaltung des Einspruchsverfahrens vor dem Klageverfahren bewirkt eine *Entlastung der Gerichte*. Gerade das Steuerrecht als eine Rechtsmaterie, die von seiner Komplexität und Schwierigkeit gekennzeichnet ist, ist fehleranfällig. Diese Fehleranfälligkeit potenziert mit dem Charakter als

423 *Seer*, in: Tipke/Lang, Steuerrecht, 22. Auflage, § 22 Rn. 9. Ein Vorverfahren ist damit grundsätzlich bei sämtlichen verwaltungsakt- und fristbezogenen Klagen (Anfechtungs- u. Verpflichtungsklage) erforderlich. Zu Ausnahmen s. §§ 45 u. 46 FGO.

424 *Seer*, in: Tipke/Lang, Steuerrecht, 22. Auflage, § 22 Rn. 9.

425 Der Begriff der „Beschwer" geht über den Begriff der Rechtsverletzung hinaus, als sie auch die fehlerhafte Anwendung einer Verwaltungsvorschrift sowie die unzweckmäßige Ermessensausübung mit einschließt. Damit wird eine weitergehende Kontrolle als im gerichtlichen Rechtsschutzverfahren ermöglicht, was in Ansehung des Charakters als verlängertes Verwaltungsverfahren konsequent ist. S. hierzu: *Seer*, in: Tipke/Lang, 22. Auflage, § 22 Rn. 15.

Massenfallrecht begründet die Gefahr eines Massen*un*fallrechts. Um nicht jeden potentiell fehlerhaften Steuerverwaltungsakt direkt dem Gericht zur Prüfung vorzulegen, soll zunächst die Behörde selbst nochmals in die Pflicht genommen werden, ihr Ergebnis zu überdenken. Für den vorliegenden Untersuchungsgegenstand ist der erstgenannte Zweck der dargestellten Trias von Bedeutung. Die Wirkung des Art. 19 IV GG für das steuerprozessuale Verfahren kann sich überhaupt erst dann voll entfalten, wenn sie zugleich auch auf das behördliche Vorverfahren vorwirkt. Er soll deshalb in der Folge aufgegriffen und in den Mittelpunkt der Überlegungen treten. Gleichwohl ist stets daran zu erinnern, dass er nicht der einzige Zweck ist.

2. *Normative Anknüpfungspunkte in § 46 I FGO und § 347 I 2 AO*[426]

Geht man einen Schritt weiter und begibt sich auf die Suche nach normativen Anknüpfungspunkten für eine Bewältigung des Phänomens überlanger finanzbehördlicher Verfahren im steuerlichen Verfahrensrecht, treten § 46 I FGO und § 347 I 2 AO in den Fokus. § 46 I 1 FGO suspendiert von der Durchführung eines *behördlichen Vorverfahrens* als Zulässigkeitsvoraussetzung der Anfechtungs- und Verpflichtungsklage, wenn über den außergerichtlichen Rechtsbehelf ohne Mitteilung eines zureichenden Grundes in angemessener Frist sachlich nicht entschieden worden ist. Es handelt sich hierbei also entgegen der Bezeichnung als „Untätigkeitsklage" nicht um eine selbständige Klageart. § 46 I FGO will dem Rechtsschutzsuchenden zu gerichtlichem Rechtsschutz verhelfen, wenn die zuständige Behörde dem Anfechtungs- oder Verpflichtungsbegehren außergerichtlich pflichtwidrig mit Untätigkeit begegnet.[427] Wäre der Steuerbürger stattdessen gezwungen, zu warten, bis die Finanzbehörde eine Entscheidung getroffen hat, wäre ihm der Klageweg erst dann eröffnet. Das ob und wann eines gerichtlichen Rechtsschutzes im Sinne des Art. 19 IV GG stünde in der Disposition der Finanzbehörde. Art. 19 IV GG wirkt in das behördliche (Einspruchs-) Verwaltungsverfahren vor, damit der Steuerbürger einen effektiven gerichtlichen

---

426 Zur Anwendung des Zollkodexes in derartigen Fällen, s. bei: *Steinhauff*, in: Hübschmann/Hepp/Spitaler, § 46 FGO Rn. 16., Stand 8/2016. Für die Fälle der Aussetzung der Vollziehung suspendiert § 69 IV S. 2 Nr. 1 FGO von dem vorherigen Antrag an die Behörde; naturgemäß ist die dort formulierte angemessene Frist an den Bedingungen des Eilverfahrens auszurichten, s. *Seer*, in: Tipke/Kruse, § 69 FGO Rn. 75 ff., Stand 7/2015.

427 *Levedag*, in: Gräber, FGO, 8. Auflage, 2015, § 46 Rn. 1. Zur missverständlichen Bezeichnung als „Untätigkeitsklage" s. *Seer*, in: Tipke/Kruse, § 46 FGO Rn. 1, Stand 10/2014.

Rechtsschutz überhaupt erst in Anspruch nehmen kann.[428] Was aber passiert, wenn die Untätigkeit bereits im *ursprünglichen Verwaltungsverfahren* wurzelt? Hierfür hält § 347 I 2 AO eine Regelung bereit. Ein Einspruch ist auch statthaft, wenn der Steuerbürger geltend macht, dass in den in § 347 I 1 AO bezeichneten Angelegenheiten (insb. Verwaltungsakte in Steuerangelegenheiten, s. Nr. 1) über einen von ihm gestellten Antrag auf Erlass eines Verwaltungsaktes ohne Mitteilung eines zureichenden Grundes binnen angemessener Frist nicht entschieden worden ist (sog. „Untätigkeitseinspruch"). § 347 I 2 AO will den Rechtsschutzsuchenden davor schützen, dass eine Behörde es pflichtwidrig unterlässt, den von ihm beantragten Verwaltungsakt nicht zu erlassen.[429] In diesem Sinne kann auch ein *Steuerbescheid* ein solcher Verwaltungsakt sein. Im Normalfall ist ein Steuerbescheid gem. § 155 I 1 AO von der Finanzbehörde zu erlassen, wenn der Steuerbürger einen steuerlich-relevanten Sachverhalt verwirklicht hat.[430] Aus § 155 I 3 AO folgt, dass der Steuerbürger auch den Erlass eines Steuerbescheids beantragen kann. Grundsätzlich hat der Steuerbürger zwar *keinen Anspruch* auf einen Steuerbescheid.[431] Offensichtlich - so könnte man meinen - wird er in Ansehung der steuerlichen Geldleistungspflichten auch gar kein Interesse hieran haben. Anders liegt der Fall jedoch, wenn er ein solches *Interesse* hat. Das typische Beispiel ist die Erstattung von Steuerabzugsbeträgen (z. B. Lohnsteuer) im Rahmen der mit dem Steuerbescheid verbundenen Anrechnungsverfügung.[432] Ein Interesse lässt sich jedoch zugunsten des zur Zahlung seiner steuerlichen Geldleistungspflichten bereiten redlichen Steuerbürgers rekonstruieren, wenn man hier dessen *Dispositionsinteresse* bemüht. Bestand und Bedeutung des steuerlichen Dispositionsschutzes wurden bereits unter B. herausgearbeitet. Auf dieser Grundlage besteht sodann ein berechtigtes Interesse des Steuerbürgers auf Erlass des Steuerbescheids. Der erforderliche Antrag liegt hier in der Abgabe der Steuererklärung.[433] Um vor dem geschilderten Hintergrund ein Unterlassen zu verhindern, sieht § 347 I 2 AO den Einspruch auch gegen jene Untätigkeit(en) vor. § 347 I 2 AO akzentuiert die Rechtsschutzfunktion des außergerichtlichen Rechtsbehelfsverfahrens, indem dem Steuerbürger die Möglichkeit gegeben wird, die ursprüngliche Untätigkeit (verwaltungsintern) anzugreifen. Gleichzeitig wird damit die Grundlage für eine gerichtliche Kontrolle geschaffen, dessen

428 *v. Beckerath*, in: Beermann/Gosch, § 46 FGO Rn. 17, Stand 6/2010.
429 *Tappe*, in: Hübschmann/Hepp/Spitaler, § 347 AO Rn. 203, Stand 11/2014.
430 *Seer*, in: Tipke/Kruse, § 155 AO Rn. 5, Stand 8/2013.
431 *Rüsken*, in: Klein, AO, 13. Auflage, § 155 AO Rn. 7.
432 *Seer*, in: Tipke/Kruse, § 155 AO Rn. 5, Stand 8/2013.
433 *Rüsken*, in: Klein, AO, 13. Auflage, § 155 AO Rn. 27.

grundsätzliche Voraussetzung das erfolglose außergerichtliche Rechtsbehelfsverfahren ist. Könnte die Behörde im ursprünglichen Verwaltungsverfahren über den Erlass des betreffenden Verwaltungsaktes nach Belieben entscheiden, stünde es auch hier in ihrer Disposition, ob und wann der Steuerbürger hiergegen gerichtlichen Rechtsschutz im Sinne des Art. 19 IV GG erlangen kann. Art. 19 IV GG wirkt deshalb auch in das ursprüngliche behördliche Verwaltungsverfahren vor, damit der Steuerbürger einen effektiven gerichtlichen Rechtsschutz überhaupt erst in Anspruch nehmen kann. Darüber hinaus ist § 347 I 2 AO mit § 46 I FGO in den Fällen sog. *„doppelter Untätigkeit“* verbunden. Hiermit sind Fälle erfasst, in denen ein pflichtwidriges Unterlassen auf der Ebene des ursprünglichen Verwaltungsverfahrens und sodann auch auf der Ebene des verlängerten (Einspruchs-) Verwaltungsverfahrens eintreten.[434] Für die verbleibenden *nicht verwaltungsaktbezogenen Handlungen* enthalten die dargestellten Normen keine Regelung. Dies ist auch soweit nachvollziehbar, wie hier kein obligatorisches Vorverfahren zu durchlaufen ist. Gleichwohl wendet sich der Steuerbürger auch diesbezüglich zunächst an die Steuerbehörde (z. B. beim Gesuch auf Akteneinsichtnahme). Regelmäßig wird man hier jedoch bereits in der Entscheidung über den Antrag auf Vornahme der tatsächlichen Handlung einen Verwaltungsakt sehen können, so dass ohnehin das verwaltungsaktbezogene Normprogramm in Bezug auf die Entscheidung über den Antrag Anwendung findet.[435] In allen anderen Fällen sollte jedenfalls der Rechtsgedanke des § 347 I 2 AO entsprechend zur Anwendung kommen, so dass sich die Steuerbehörde grundsätzlich innerhalb von 6 Monaten zu erklären bzw. eine Handlung vorzunehmen hat. Der Rechtsgedanke aus § 347 I 2 AO wird so zu einer allgemeinen Überlegungs- und Bearbeitungsfrist der Finanzbehörde abstrahiert.

3. Entstehungsgeschichtlicher Hintergrund von § 46 I FGO und § 347 I 2 AO

Die *Reichsabgabenordnung* enthielt zunächst keine Regelung über die Untätigkeit der Verwaltung.[436] Ihren normativen Ursprung finden die eingangs bezeichneten Vorschriften im Entwurf einer *Finanzgerichtsordnung* vom 2.8.1963 in den §§ 44 FGO-E und 165 FGO-E i.V.m. 230 II RAO, die als § 46 I FGO und

434 *Seer*, in: Tipke/Kruse, § 46 FGO Rn. 1, Stand 10/2014.

435 *Seer*, in: Tipke/Kruse, § 118 AO Rn. 14, Stand 10/2015.

436 *Steinhauff*, in: Hübschmann/Hepp/Spitaler, § 46 FGO Rn. 4 f., Stand 8/2016. Dort auch zu den Lösungsansätzen in der Rechtsprechung.

als § 230 II RAO[437] mit Datum vom 6.10.1965 im Bundesgesetzblatt verkündet wurden.[438] Ausweislich der Begründung des Entwurfs war eine Anpassung an das bereits zuvor verabschiedete *Modellgesetz der VwGO* explizit (auch hier) beabsichtigt.[439] Vorliegend ist § 75 VwGO das maßgebliche Modell, der als Teil der Verwaltungsgerichtsordnung vom 21.1.1960 im Bundesgesetzblatt verkündet wurde.[440] Anders jedoch als im System der VwGO, sieht die FGO eine *Trennung* hinsichtlich des ursprünglichen Verwaltungsverfahrens und des verlängerten Verwaltungsverfahrens vor. Für den Fall einer Untätigkeit bereits im ursprünglichen Verwaltungsverfahren sieht das System der FGO zunächst den Untätigkeitseinspruch nach § 347 I 2 AO und nicht direkt die Untätigkeitsklage nach § 46 I FGO vor.[441] Unabhängig davon knüpft die FGO hier gleichwohl an den *Grundgedanken* der VwGO, wie er in der dortigen Begründung zu § 75 wie folgt zum Ausdruck kommt, an:

> *„Im Interesse der Beschleunigung des Verwaltungsrechtsschutzes mußte ein Weg gefunden werden, der die Klage ohne Widerspruchsbescheid ermöglicht, wenn die Behörde diesen Bescheid ungebührlich hinauszögert. Die Regelung des südd. VGG[442] erscheint trotz der vielen Zweifelsfragen, die sich an sie anknüpfen, zur Übernahme in abgewandelter Form am geeignetsten. Bei der eigentlichen Untätigkeitsklage ist die Vorschrift für den Beginn der Klagefrist genau den Regeln für den Fall des ungebührlich hinausgezögerten Widerspruchsbescheids angepaßt, da beide Fälle im wesentlichen gleich gelagert sind. In beiden Fällen ist als Regelfrist eine Zeit von drei Monaten festgesetzt, die aber vom Gericht*

---

437 Der direkte Nachfolger der Untätigkeitsbeschwerde des § 230 II RAO in der AO 1977 v. 16.3.1976, BGBl. I 613, war zunächst § 349 II AO. Dieser wurde im Zuge der Reformierung des außergerichtlichen Rechtsbehelfsverfahrens durch das Grenzpendlergesetz v. 24.6.1994, BGBl. I 1395 zum heutigen Untätigkeitseinspruch in § 347 I 2 AO geändert.

438 S. hierzu den Entwurf einer Finanzgerichtsordnung v. 2.8. 1963, BT-Drucksache IV/1446 sowie den Bericht des Rechtsausschusses v. 9. 6. 1965, BT-Drucksache IV/3523. Erst dieser – dritte – Anlauf verhalf der Finanzgerichtsordnung letztendlich zu normativer Geltung indem sie als FGO v. 6.10.1965 im BGBl. I 1447 verkündet wurde. Eingehend zur Historie der Finanzgerichtsbarkeit und zur Entstehung der FGO: *Sunder-Plassmann,* in: Hübschmann/Hepp/Spitaler, Einführung zur FGO, Stand 11/2012.

439 Entwurf einer Finanzgerichtsordnung v. 2.8. 1963, BT-Drucksache IV/1446, 35 u. 47.

440 VwGO v. 21.1.1960, BGBl. I 1960, 17.

441 Zu diesen und weiteren Unterschieden s. bei: *v. Beckerath,* in: Beermann/Gosch, § 46 FGO Rn. 21 ff., Stand 6/2010. Zu den Fällen sog. doppelter Untätigkeit s. bereits unter 2.

442 S. hierzu z. B. das Gesetz Nr. 39 abgedruckt im Bayerischen Gesetz- und Verordnungsblatt Nr. 19 v. 15.10.1946.

verkürzt oder verlängert werden kann, um den besonderen Umständen des Falles gerecht zu werden. Läßt sich eine Angelegenheit trotz eifrigen Bemühens nicht innerhalb von drei Monaten erledigen, so wird ein zureichender Grund für die Verzögerung vorliegen und sich ein gerichtliches Eingreifen erübrigen. Diese Regelung schließt sich eng an § 4 der Ersten Landesverordnung zur Durchführung des VGG in Rheinland-Pfalz[443] *an.*"[444]

Ausweislich der Begründung sind folgende Grundgedanken des Regelungssystems der VwGO auch mit Wirkung für das System der FGO zu identifizieren. Die Vorwirkung des Art. 19 IV GG auf das behördliche Verfahren wird *ausdrücklich* herausgestellt. Zugleich wird die zeitliche Dimension der Vorwirkung akzentuiert. Damit erhält das Regelungssystem seinen *dogmatischen Unterbau.* Ferner wird die zeitliche Dimension der Vorwirkung *konkretisiert.* Der Gesetzgeber verfolgt die Intention, für behördliche Verzögerungen unabhängig davon, ob sie im ursprünglichen Verwaltungs- oder im verlängerten Verwaltungsverfahren wurzeln, eine zeitliche Vorgabe zu fixieren. Diese kommt in einer *Regelfrist* zum Ausdruck. Die Intention wirkt in das Regelungssystem der FGO fort. Die Aufteilung in § 46 I FGO und § 347 I 2 AO vermag dem nicht entgegenzustehen. Vielmehr sind beide Regelungen als *normatives Gesamtprodukt* zu lesen, das sich in Ansehung der Vorwirkung des Art. 19 IV GG verpflichtet hat, behördliche Verzögerungen zu verhindern. Anderenfalls ließe sich die von Art. 19 IV GG ausgehende Vorwirkung nicht folgerichtig verwirklichen und bliebe lückenhaft. Deshalb haftet die Intention einer Regelfrist nicht allein dem § 46 I FGO, sondern auch dem § 347 I 2 AO an. Die systematischen Unterschiede in der VwGO und der FGO dürfen nicht darüber hinweg täuschen, dass beide Systeme im Interesse der Beschleunigung des Rechtsschutzes geschaffen wurden und beide Systeme mit dem Modell des süddeutschen VGG einen gemeinsamen normativen Ahnen aufweisen. Die Ausgestaltung der Regelfrist im Einzelnen kann dabei naturgemäß nicht einheitlich beschieden werden. In diesem Punkt dürfen und müssen sich die Systeme unterscheiden. Dies ändert jedoch nichts an der Intention einer Regelfrist im Allgemeinen.

---

443 Wiedergegeben von *Bettermann,* NJW 1960, 1081, 1085.

444 Entwurf einer Verwaltungsgerichtsordnung v. 15.4.1953, BT-Drucksache I/4278, 41 (noch als § 76 VwGO-E). Die VwGO hat ähnlich wie auch die FGO mehrere Anläufe bis zur endgültigen normativen Verbindlichkeit nehmen müssen; s. eingehend zur Historie der Verwaltungsgerichtsbarkeit und zur Entstehung der VwGO: *Schmidt-Aßmann/Schenk,* in: Schoch/Schneider/Bier, Einleitung zur VwGO Rn. 70 ff., Stand 1/2012.

4. *Zeitliche Unangemessenheit im Sinne von § 46 I FGO und § 347 I 2 AO*

§ 46 I FGO wie auch § 347 I 2 AO erfassen die Fälle der zeitlichen Unangemessenheit mit Hilfe des *unbestimmten Rechtsbegriffs* der „angemessenen Frist“.[445] Damit ist die *Parallele* zum zentralen Untersuchungsgegenstand der vorliegenden Untersuchung aufgezeigt. Auch das Regelungssystem im GVG und BVerfGG bedient sich unbestimmter Rechtsbegriffe, um die Fälle der zeitlichen Unangemessenheit zu umschreiben. Überträgt man die dortigen Erkenntnisse auf die hier interessierende Vorwirkung, liegt Folgendes auf der Hand: Fordert die steuerspezifisch konkretisierte Rechtsfolgenanordnung des Art. 19 IV GG eine dispositionsschützende Ausgestaltung für die Fälle der *gerichtlichen* Bearbeitung, so fordert dessen Vorwirkung auf das behördliche Verfahren auch eine dispositionsschützende Ausgestaltung für die Fälle der *behördlichen* Bearbeitung. Denn der obligatorische Zwischenschritt des behördlichen Verfahrens ist Teil des steuerrechtlichen Rechtsschutzprogramms. In seiner Gesamtheit kann das steuerrechtliche Rechtsschutzprogramm jedoch nur dann dem Steuerbürger den herausgearbeiteten Dispositionsschutz vermitteln, wenn es auch in seiner Gesamtheit hieran gebunden ist. Dabei ist auch auf der Ebene des behördlichen Verfahrens eine Differenzierung hinsichtlich der Fälle drohender und tatsächlicher Unangemessenheit angezeigt. Der in §§ 46 I FGO und 347 I 2 AO hierzu ausgesprochene Bewältigungsmechanismus bedient die Fälle der *drohenden Unangemessenheit*. Auch hier ist an die Erkenntnisse zum gerichtlichen Verfahren anzuknüpfen. Dementsprechend begründet der Eintritt der *tatsächlichen Unangemessenheit* auch im behördlichen Umfeld einen unwiederbringlichen (rechtswidrigen[446]) Verlust, der zu kompensieren ist. Hierzu dient hier der im Zivilrechtsweg durchzusetzende allgemeine Amtshaftungsanspruch aus § 839 BGB i. V. m. Art. 34 GG.[447] Folgerichtig verbleibt allein die *präventive Komponente*,

445 § 46 I FGO weist daneben noch weitere unbestimmte Rechtsbegriffe auf, die im Zusammenhang mit der zentralen Voraussetzung der angemessenen Frist stehen; s. dazu bei: *Seer*, in: Tipke/Kruse, § 46 FGO Rn. 2, Stand 10/2014.

446 Zur indiziellen Begründung eines Organisationsverschuldens durch Rechtswidrigkeit, s. *Leisner*, in: Sodan, GG, 3. Auflage, Art. 34 Rn. 25.

447 S. dazu bei: *Steinhauff*, in: Hübschmann/Hepp/Spitaler, § 46 FGO Rn. 39 m.w.N., Stand 8/2016. Der als Defizit dargestellte Kompensationsausfall für immaterielle Nachteile ist hier grundsätzlich ebenfalls auszumachen. Hier folgt dieser bereits aus der Anwendung des § 253 BGB. Nimmt man den Grundsatz der Vollkompensation bei staatlicher Verursachung ernst (s. dazu unter B. II. 2. b]), muss dieser folgerichtig auch hier zur Anwendung kommen. Dies ist mit Hilfe einer verfassungsrechtlich

die durch die Fälle der drohenden Unangemessenheit zum Ausdruck kommt, für das steuerverfahrensrechtliche Normprogramm der §§ 46 I FGO und 347 I 2 AO. Dementsprechend ist die Frage zu stellen, ob die Formulierung der drohenden Unangemessenheit in §§ 46 I FGO und 347 I 2 AO in Übereinstimmung mit den Vorgaben des steuerspezifisch konkretisierten Art. 19 IV GG für das behördliche Verfahren übereinstimmen. Wie bereits ausgeführt, wird die Situation normativ mit Hilfe eines unbestimmten Rechtsbegriffs („angemessene Frist") erfasst. Ein unbestimmter Rechtsbegriff ist stets der Auslegung zugänglich. Die Vorrangregel der (steuer-) verfassungskonformen Auslegung kommt zur Anwendung, soweit ihr nicht ein ausdrücklicher Regelungswille des Gesetzgebers entgegensteht (s. hierzu unter D. I.).

Blickt man unter diesem Aspekt zunächst auf die Regelung in § 46 I FGO, die das *verlängerte (Einspruchs-) Verwaltungsverfahren* betrifft, weist diese eine gewisse Parallele zum Regelungssystem im BVerfGG auf. § 46 I 2 FGO formuliert ähnlich wie § 97b I 4 BVerfGG eine Mindestfrist. Anders jedoch als die Regelung im BVerfGG, ist die Mindestfrist in § 46 I 2 FGO mit einer Öffnungsklausel für besondere Umstände verknüpft, die eine kürzere Frist rechtfertigen. Damit stellt sich zunächst die Frage, in welchem Verhältnis diese Regelung mit der in § 46 I 1 FGO steht, die explizit auf die angemessene Frist abstellt. Bemüht man hierzu die Intention des Gesetzgebers, wie sie aus dem Regelungssystem der VwGO stammt und im System der FGO fortwirkt, ist von Folgendem auszugehen. § 46 I 2 FGO *definiert* eine Regelfrist. Das heißt, dass das behördliche Rechtsbehelfsverfahren nach der Intention des Gesetzgebers regelmäßig in 6 Monaten beendet ist bzw. sein muss. Dementsprechend droht ab diesem Zeitpunkt der Eintritt der tatsächlichen Unangemessenheit und eine Klage ist auch ohne das vorherige obligatorische Vorverfahren zulässig. Die Regelwirkung dieser Frist muss deshalb in der Formulierung der Angemessenheit zwangsläufig *mitgelesen* werden. Anderenfalls hätte sie keinerlei Regelwirkung. Mit anderen Worten ausgedrückt: Welche Frist angemessen ist, das bestimmt die Regelfrist in S. 2.[448] Gleichwohl hat § 46 I 1 FGO noch eine eigenständige und wichtige Bedeutung. § 46 I 2 FGO enthält nur eine Öffnungsklausel für die Fälle in denen eine kürzere

gebotenen Durchbrechung des § 253 BGB zu realisieren, wie sie bereits im Zusammenhang mit dem Ersatz immaterieller Nachteile bei Verletzungen des Allgemeinen Persönlichkeitsrechts in ständiger Rechtsprechung geübt wird (s. z. B. in BGH v. 15.11.1994, VI ZR 56/94, BGHZ 128, 1, 15 unter Ziffer 4.). Der die Durchbrechung rechtfertigende verfassungsrechtliche Ansatz folgt hier dann nicht aus Art. 2 I i.V.m. 1 I GG sondern folgerichtig aus Art. 19 IV 1 GG.

448 So ausdrücklich zu § 75 VwGO: *Bettermann*, NJW 1960, 1081, 1085.

Frist geboten ist. In den Fälle, in denen jedoch umgekehrt eine *längere Frist* geboten ist, ist eine Öffnung mit Hilfe des § 46 I 1 FGO erforderlich. Diese doppelte Öffnung entspricht der Intention des Gesetzgebers, der eine Regelfrist vor Augen hatte, die verkürzt und verlängert werden kann.[449] Legt man die „angemessene Frist" in § 46 I 1 FGO in diesem Sinne aus, ist dies im Ergebnis nichts anderes als die Implementierung einer durch *Gegenbeweis* widerlegbaren bzw. zu entkräftenden *Typisierung durch Auslegung.*[450] Das eine den Einzelfall vollständig überspielende Typisierung den Anforderungen des steuerspezifisch konkretisierten Art. 19 IV GG entspricht, wurde bereits im Zusammenhang mit dem gerichtlichen Verfahren dargestellt.[451] Nichts anderes gilt sodann auch für dessen Vorwirkung auf das behördliche Verfahren. Ungeachtet dessen wäre die *ausdrückliche Formulierung* einer Typisierung im Gesetzestext verbunden mit einer gesetzlichen Vermutung, die (nur) durch den Beweis des Gegenteils entkräftet werden kann, aber auch hier das *Mittel der Wahl* gewesen (s. dazu auch noch sogleich unter § 6).[452] Gleichwohl begründet die hiesige Ausgestaltung aufgrund der aufgezeigten Auslegungsmöglichkeit nicht die Verfassungswidrigkeit.[453] Anders nämlich als im Regelungssystem des GVG und BVerfG ist hier *kein* ausdrücklicher Gesetzeswille ersichtlich, der eine solche Auslegung sperrt. Vielmehr vermag er diese sogar zu

449 Entwurf einer Verwaltungsgerichtsordnung v. 15.4.1953, BT-Drucksache I/4278, 41 (noch als § 76 VwGO-E). M.E. ist die Regelung des § 46 I 3 FGO in diese Betrachtung nicht mit einzubeziehen, sondern allein für die Fälle zu reservieren, in denen eine die Zulässigkeit der Klage ermöglichende Überlänge vorliegt, das Gericht jedoch der Ansicht ist, dass die Behörde z. B. aufgrund ihrer Vorarbeiten i.E. dennoch schneller in der Lage sein wird, die ausstehende Maßnahme zu bedienen. Gleichwohl muss hier stets berücksichtigt werden, dass eine tatsächliche Unangemessenheit von behördlicher Seite droht.

450 S. hierzu bei *Brockmeyer*, in: FS Offerhaus, 13, 17 f.

451 S. eingehend unter B.

452 Zurecht wird daher von *Seer*, in: Tipke/Kruse, § 46 FGO Rn. 2, Stand 10/2014 de lege ferenda eine feste Frist vorgeschlagen. *Seer* stützt seine Argumentation vorwiegend auf den Kernbereich von Art. 19 IV GG unter Zuhilfenahme von BVerfG v. 11.8.1954, 2 BvK 2/54, BVerfGE 4, 31, 37 (= „Fristenklarheit"). Die vorliegende Untersuchung stützt ihr Ergebnis hingegen auf eine steuerspezifische Konkretisierung des Art. 19 IV GG.

453 Vgl. hierzu – jedoch ohne Auseinandersetzung in der Sache – BVerfG v. 20.10.1971, 2 BvR 546/70, HFR 1971, 118 als sog. Dreier-Ausschuss (jetzt Kammer) im Rahmen eines Nichtannahmebeschlusses.

bekräftigen. Dieses Auslegungsergebnis wird sodann von der Vorrangregel der steuerverfassungskonformen Auslegung abgesichert.[454]

Widmet man sich sodann dem *ursprünglichen Verwaltungsverfahren* und der Regelung in § 347 I 2 AO, ist zunächst zu konstatieren, dass eine ausdrücklich kodifizierte Regelfrist hier *nicht* vorhanden ist. Jedoch wirkt auch insoweit die Intention einer Regelfrist fort, wie sie vom Gesetzgeber nicht nur für den Fall der Überlänge im verlängerten sondern auch für den im ursprünglichen Verwaltungsverfahren ausdrücklich ausgesprochen wurde.[455] Die zuletzt genannten Fälle werden normativ von § 347 I 2 AO bedient. Damit wirkt die Intention zwangsläufig auch in diese Regelung fort. Oder anders ausgedrückt: Die Intention einer Regelfrist haftet (auch) dem ursprünglichen Verwaltungsverfahren an, unabhängig von dessen Positionierung in der Rechtsordnung. Demensprechend ist die „angemessene Frist" in § 347 I 2 AO ebenfalls im Sinne einer *Typisierung* auszulegen. Auch hier steht ein ausdrücklicher Gesetzeswille dem *nicht* entgegen, so dass die Vorrangregel der steuerverfassungskonformen Auslegung zur Anwendung kommt.[456] Jedoch fehlt die Vorgabe eines *Richtwertes*, wie er durch § 46 I 2 FGO für die Fälle des verlängerten Verwaltungsverfahrens definiert wird. Gleichwohl liefert der Richtwert in § 46 I 2 FGO auch einen tauglichen Anknüpfungspunkt für die Auslegung des § 347 I 2 AO.[457] Beide Fälle spielen sich verwaltungsintern ab, beide Fälle verfolgen denselben Zweck und sind derselben Intention verpflichtet. Dieser gemeinsame Ursprung rechtfertigt sodann auch einen *gemeinsamen Richtwert*.[458] Dieser kann sodann zweimal zur Anwendung gelangen. Erstens in Ansehung des ursprünglichen Verwaltungsverfahrens und § 347 I 2 AO sowie zweitens in Ansehung des verlängerten Verwaltungsverfahrens und § 46 I FGO.

---

454 Auch *Seer*, a.a.O. spricht sich für eine verfassungskonforme Auslegung aus.

455 Entwurf einer Verwaltungsgerichtsordnung v. 15.4.1953, BT-Drucksache I/4278, 41. (noch als § 76 VwGO-E).

456 Zurecht hat *Streck*, Der Steuerstreit, 2. Auflage, Rn. 739 noch zur Untätigkeitsbeschwerde nach § 349 AO darauf hingewiesen, dass ihre Voraussetzungen zu unpräzise formuliert sein, um sie effektiv nutzen zu können. Gerade hier will der vorliegende Auslegungsansatz Abhilfe schaffen.

457 So auch *Tappe*, in: Hübschmann/Hepp/Spitaler, § 347 AO Rn. 210, Stand 11/2014; a.A. *Seer*, in: Tipke/Kruse, § 347 AO Rn. 27, Stand 5/2015 jeweils m.w.N.

458 Dies entspricht der Umsetzung in der VwGO, wie diese die ausdrückliche Intention eines gemeinsamen Richtwertes in § 75 S. 2 VwGO umgesetzt hat. Die Intention des Modellgesetzes kann sodann auch hier zugunsten eines gemeinsamen Richtwertes fortwirken.

III. Der „vorwirkende Rechtsschutz" als (erster) Baustein der Gesamtlänge

Nach alledem bilden die Regelungen der §§ 46 I FGO und 347 I 2 AO einen ersten (normativen) Baustein, mit dessen Hilfe die Gesamtlänge des steuerrechtlichen Programms voraussehbar wird. Nicht erst das steuerprozessuale Verfahren vor Gericht ist dem Gedanken des Dispositionsschutzes unterstellt, sondern bereits das finanzbehördliche Vorverfahren. Denn Dispositionsschutz allein im gerichtlichen Verfahren ist wertlos, wenn das Erreichen dieses Verfahrens in der zeitlichen Verfügungsgewalt des Steuerstaates stünde, indem das behördliche Verfahren nicht zum Abschluss gelangt. Der „vorwirkende Rechtsschutz" nach § 46 I FGO und § 347 I 2 AO in der hier vertretenen (steuer-) verfassungskonformen Auslegung will gerade dieser Gefahr entgegenwirken. Unter § 6 werden nun die weiteren (normativen) Bausteine folgen, die dem Abschnitt des steuerprozessualen Verfahrens zuzuordnen sind.

§ 6 (Steuer-) Verfassungskonformer Ausgestaltungsvorschlag

Der (steuer-) verfassungsrechtliche Ausgestaltungsvorschlag knüpft an die unter § 5 identifizierten Defizite der Regelungen des Rechtsschutzes bei überlangen steuerprozessualen Verfahren an. Diese sind unter Berücksichtigung gegenläufiger Interessen zu beseitigen. Hierzu werden die Defizite erneut aufgegriffen, um nach Maßgabe der Erkenntnisse unter § 5 einen (steuer-) verfassungskonformen Rahmen zu erstellen, der sodann normativ konkretisiert wird. Zielsetzung ist es, es dem Steuerbürger zusammen mit den (steuer-) verfassungskonform ausgelegten Regelungen der §§ 46 I FGO und 347 I 2 AO zu ermöglichen, vorauszusehen, wann das ihn betreffende steuerrechtliche Programm abgeschlossen sein wird.

A. (Steuer-) Verfassungsrechtlicher Ausgestaltungsrahmen

I. Ausgestaltungsrahmen für ein Primärrechtsschutzsystem

1. Die *Voraussetzungen des Primärrechtschutzes* kommen in der Formulierung der drohenden Unangemessenheit zum Ausdruck. Das Defizit manifestiert sich in der strikten Einzelfallbetrachtung, die mit Hilfe unbestimmter Rechtsbegriffe normativ übersetzt wird. Der Steuerbürger ist nicht in der Lage, vorauszusehen, wann sein steuerrechtliches Programm mit einer abschließenden richterlichen Akzeptanzentscheidung belegt sein wird, die ihm sodann als Planungsgrundlage zur Verfügung steht. Um dieses Defizit zu beseitigen, bedarf es einer *normativen Ausgestaltung*, die Planungsmaterial zur Verfügung stellt, um eben diese zeitliche Voraussehbarkeit zu ermöglichen. Gleichzeitig müssen die widerstreitenden Interessen der sachlichen richterlichen Unabhängigkeit in Verbindung mit der Einzelfallgerechtigkeit ausreichend berücksichtigt werden. Der Maßstab dieses Intressensausgleichs ist die sog. praktische Konkordanz, wie sie einen bestmöglichen Ausgleich einfordert. Der *konzeptionelle Gegenentwurf* zu einer strikten Einzelfallbetrachtung, die auf einem unbestimmten Rechtsbegriff aufbaut, ist die Generalisierung, die zu einem bestimmt gefassten Rechtsbegriff abstrahiert, der eine feste zeitliche Frist definiert. Es kommt zum bereits angesprochenen *Konflikt* von Einzelfallgerechtigkeit und Rechtssicherheit. Unter Zugrundelegung eines bestmöglichen Ausgleichs ist dem Konflikt mit Hilfe einer gesetzlichen Typisierung zu begegnen, die mit einer gesetzlichen Vermutung verknüpft wird. *Gesetzliche Typisierungen* knüpfen an die überwiegende Mehrheit der Fälle

an und abstrahieren zu einem (empirischen) Realtypus.[459] Ein so verstandener Typisierungsvorgang schränkt die Einzelfallgerechtigkeit zunächst ein und schafft ein Mehr an Rechtssicherheit.[460] Gleichzeitig fordert ein bestmöglicher Ausgleich aber auch, dass der Einzelfallgerechtigkeit ausreichend Raum geboten wird. Dies leistet die Verknüpfung mit einer *gesetzlichen Vermutung*. Der Realtypus wird nicht für sämtliche Fälle unwiderlegbar vermutet. Stattdessen wird der *Beweis des Gegenteils* zugelassen. So verstanden erweist sich die gesetzliche Typisierung im Verbund mit einer gesetzlichen Vermutung als „Konfliktlöser" im Sinne praktischer Konkordanz; indem sie einen (empirischen) Realtypus widerlegbar vermutet, ermöglicht sie ein rechtssicheres Kodifikat. Gleichzeitig ist dies nicht final. Der (erfolgreiche) Beweis des Gegenteils widerlegt den (empirischen) Realtypus zugunsten des jeweiligen Einzelfalls.

2. Die *Rechtsfolgen des Primärrechtsschutzes* kommen in der prozessualen Wirkung der Verzögerungsrüge zum Ausdruck. Das Defizit manifestiert sich in der Absage an eine Bescheidungspflicht sowie in dem Umstand, dass das Ausgangsgericht hier in eigener Sache judiziert. Auch insoweit ist dem Defizit nach Maßgabe eines bestmöglichen Ausgleichs sich widerstreitender Interessen im Sinne praktischer Konkordanz zu begegnen. Eine Bescheidung (-spflicht) durch ein anderes als das Ausgangsgericht ist *unantastbarer Mindeststandard* des Rechtsschutzes.[461] Anderenfalls würde man den Rechtsschutz der Aushöhlung preisgeben. Es wäre dann dem „good will" desjenigen überlassen, ob er sich der Sache annimmt, die gleichzeitig ihn selbst betrifft. Von Rechtsschutz oder gar effektivem Rechtsschutz könnte dann keine Rede mehr sein. Diesen unantastbaren Mindeststandard muss auch der Gesetzgeber stets berücksichtigen. Die Frage nach einem bestmöglichen Ausgleich der hier im Widerstreit befindlichen Interessen verlagert sich damit zwangsläufig in den *Entscheidungsinhalt* des iudex ad quem gegenüber dem iudex a quo. Betrachtet man den hiesigen Untersuchungsgegenstand, lassen sich drei Intensitätsstufen abbilden. Die *Feststellung* der drohenden Unangemessenheit gegenüber dem Ausgangsgericht; die *Anordnung* gegenüber dem Ausgangsgericht in einer bestimmten Frist das Verfahren zu beenden sowie ein unmittelbares

459 *Brockmeyer*, in: FS Offerhaus, 13, 15; *Eckhoff*, Rechtsanwendungsgleichheit im Steuerrecht, Habil., 1999, S. 87 ff.

460 Dazu: *Krumm*, Steuerliche Bewertung als Rechtsproblem, Habil., 2014, S. 362 ff. u. 389 f. m.w.N.

461 S. dazu bereits unter § 2 E.

Durchentscheiden des iudex ad quem.[462] Legt man einen bestmöglichen Ausgleich zugrunde, scheint der „*Mittelweg*" prädestiniert. Er bietet mehr als eine bloße Feststellung – die sich im Ergebnis von einer bloßen Ermahnung nicht wesentlich unterscheidet – indem das Ausgangsgericht verbindlich mit einer konkreten Frist adressiert wird. Gleichzeitig wird die Autonomie des Ausgangsgerichts gewahrt. Allein dieses trifft die inhaltliche Entscheidung. Hierbei ist es in zeitlicher Hinsicht jedoch an die Vorgaben des iudex ad quem gebunden.

Die (einfach-gesetzlichen) Vorgaben des § 26 II DRiG können hiergegen nicht ins Feld geführt werden. Dieser bedient zeitliche Aspekte der richterlichen Dienstaufsicht. Der Richter untersteht der Dienstaufsicht nur, soweit nicht seine Unabhängigkeit beeinträchtigt wird (s. § 26 I DRiG). § 26 II DRiG eröffnet – vorbehaltlich des § 26 I DRiG – auch die Befugnis, die ordnungswidrige Art der Ausführung eines Amtsgeschäfts vorzuhalten und zu ordnungsgemäßer, unverzögerter Erledigung der Amtsgeschäfte zu ermahnen. Eine Maßnahme der Dienstaufsicht wird sodann wegen Beeinträchtigung der richterlichen Unabhängigkeit als unzulässig eingestuft, wenn sie auf eine direkte oder indirekte Weisung, wie der Richter entscheiden oder verfahren soll, hinausläuft.[463] Hiermit ist jedoch allein in Ansehung des § 26 I DRiG ein Maßstab definiert. Das DRiG projiziert Art. 97 I GG ohne sachliche Unterschiede auf die einfach-gesetzliche Ebene.[464] Wenn § 26 I DRiG also von „beeinträchtigt" spricht, wird allein die Voraussetzung eines Eingriffs in Art. 97 I GG zum Ausdruck gebracht. Dass der Eingriff allein jedoch nicht über die finale Reichweite des verfassungsrechtlichen Schutzes bestimmt, ist grundrechtsdogmatisches Allgemeingut. Erst mit der Herausarbeitung des definitiven Schutzniveaus ist eine diesbezügliche Aussage getroffen (s. dazu unter § 2 B.). Deshalb steht das hier nach Maßgabe praktischer Konkordanz gefundene Ergebnis in Form eines „Mittelwegs" möglicher Entscheidungsinhalte auch nicht im Widerspruch zur (einfach-gesetzlichen) Wertung des § 26 II DRiG.

II. Ausgestaltungsrahmen für ein Sekundärrechtsschutzsystem

1. Die Ausgestaltung der *Voraussetzungen des Sekundärrechtsschutzes* teilt den defizitären Befund, wie die Fälle tatsächlicher Unangemessenheit einfachgesetzlich normativ übersetzt werden. Die Überlegungen unter I. 1. kommen

462 Zu denkbaren Entscheidungsinhalten einer Untätigkeitsbeschwerde: *Jakob*, ZZP 119 (2006) 303, 323 ff.

463 DGH Stuttgart v. 17.4.2015, DGH 1/13, juris, Rn. 103.

464 *Schmidt-Räntsch*, DRiG, 6. Auflage, § 25 Rn. 2.

hier entsprechend zum Tragen. Die gesetzliche Typisierung verbunden mit einer gesetzlichen Vermutung ermöglicht auch in Ansehung der tatsächlichen Unangemessenheit einen bestmöglichen Ausgleich der widerstreitenden Interessen.

2. Die *Rechtsfolgen des Sekundärrechtsschutzes* kommen in der prozessualen Wirkung der (eingeschränkten) Kompensationsregelung durch die Entschädigungsklage bzw. die Verzögerungsbeschwerde zum Ausdruck. Die Einschränkung der Vollkompensation, wie sie in Ansehung der materiellen Nachteile durch die Bezugnahme auf eine „angemessene Entschädigung" und in Ansehung der immateriellen Nachteile durch ein Regel-Ausnahme-Verhältnis zugunsten einer bloßen Feststellung zum Ausdruck kommt, setzt die Defizite ins Werk. Hierzu wurde bereits herausgearbeitet, dass allein die der Entschädigungsfrage vorangestellte Feststellung der tatsächlichen Unangemessenheit für Art. 97 I GG von Bedeutung ist.[465] Die Einschränkung der Vollkompensation ist damit bereits gar nicht durch einen Widerstreit mit Art. 97 I GG zu rechtfertigen. Es muss vielmehr beim aufgestellten Grundsatz der Vollkompensation verbleiben.

Abseits dessen ist zu fragen, wie mit Fällen umzugehen ist, in denen im Wege des Primärrechtsschutzes eine Entscheidungsfrist erzielt wurde, diese jetzt aber erfolglos *verstrichen* ist. Unter I. 2. wurde eine Trias möglicher Entscheidungsinhalte nachgezeichnet. Der Trias liegt eine *ansteigende Effektivitätskurve* zugrunde. Die bloße *Feststellung* ist das am *wenigsten effektivste* und deshalb in Ansehung des Art. 97 I GG am *wenigsten intensivste* Mittel. Die verbindliche *Anordnung* einer konkreten Entscheidungsfrist definiert einen *bestmöglichen Ausgleich* im Sinne praktischer Konkordanz. Ein *Durchentscheiden* des iudex ad quem ist das *effektivste* und damit zugleich in Ansehung des Art. 97 I GG das *intensivste* Mittel. Lässt das Ausgangsgericht die ihm gesetzte Entscheidungsfrist verstreichen, übertritt es die Schwelle zur tatsächlichen Unangemessenheit und setzt einen unwiederbringlichen Rechtsverlust ins Werk.[466] Für die Entscheidung des iudex ad quem bzw. dessen Inhalt hat dies folgende Bedeutung. Zunächst begründet der Fristablauf die tatsächliche Unangemessenheit. Eine Kompensation ist ab jetzt *zwingend* erforderlich. Ferner ist das Ausgangsgericht der ihm gegenüber ausgesprochenen Verpflichtung nicht nachgekommen. Ein bestmöglicher Ausgleich der im Widerstreit befindlichen Interessen ist jetzt nicht mehr angezeigt. Das Interesse des Rechtsschutzsuchenden auf Abschluss eines bereits

---

465 S. § 5 B. II. 2. c).

466 Das Recht auf Erledigung eines (steuer-) prozessualen Verfahrens ist unwiederbringlich verletzt, indem die Unangemessenheit nun final eingetreten ist (s. hierzu unter § 5 A.).

unangemessen langen Verfahrens *überwiegt* dem Interesse aus Art. 97 I GG. Folgerichtig ist der iudex ad quem nicht mehr daran gehindert selbst durchzuentscheiden, um das unangemessen lange Verfahren unter gleichzeitigem Fortlauf des Kompensationsanspruchs nicht noch länger andauern zu lassen. In einem derartigen „Notfall" muss der iudex ad quem diejenige Entscheidung treffen können, die der Rechtsschutzsuchende vom untätigen Ausgangsgericht erwarten darf.[467]

B. (Steuer-) Verfassungsrechtliche Ausgestaltung

I. Ausgestaltung des Primärrechtsschutzsystems

1. Um die einfach-gesetzliche Formulierung der Voraussetzungen des Primärrechtsschutzes mit einer gesetzlichen Typisierung in zeitlicher Hinsicht zu belegen ist es erforderlich, den *empirischen Realtypus* für die Fälle *drohender Unangemessenheit* zu bestimmen. Diesen gilt es sodann normativ in einen bestimmt gefassten Rechtsbegriff, der eine feste Frist ausweist, zu übersetzen und mit der erforderlichen gesetzlichen Vermutungsregel zu verknüpfen. Dementsprechend ist es nur folgerichtig, dass nachfolgende Ausgestaltung nicht – wie die vom Gesetzgeber gewählte – verfahrensartübergreifend, sondern *verfahrensartspezifisch* zu kodifizieren ist. Ausgangspunkt ist die Annäherung an den empirischen Realtypus. In Abgrenzung zum atypischen Fall ist der typische, durchschnittliche bzw. übliche Fall zu bestimmen.[468] Dass eine hierauf aufbauende Definition der drohenden Unangemessenheit möglich ist, stellt bereits die Regelung des § 97b I 4 BVerfGG unter Beweis. Auch wenn die dort normierte Mindestfrist dem steuerverfassungsrechtlichen Defizit nicht entgegenwirken kann, baut sie doch auf einem empirischen Realtypus in zeitlicher Hinsicht auf. In der Begründung zum Gesetzentwurf heißt es hierzu:

---

467 Zum unmittelbaren und mittelbaren Durchentscheiden des iudex ad quem, s. *Jakob*, ZZP 119 (2006), 303, 323 ff. Eine solche Entscheidung zugunsten des klagenden Steuerbürgers ist gerechtfertigt. Das Interesse der beklagten Finanzbehörde tritt dahinter zurück. Ebenso wie das mit dem steuerprozessualen Verfahren betraute Gericht, ist auch sie Teil des Steuerstaates, dem der Steuerbürger in Gänze gegenübersteht. Verursacht das Gericht sodann eine Rechtsverletzung durch eine überlange Verfahrensdauer, tritt das Interesse der beklagten Finanzbehörde an einer ihr günstigen Entscheidung zurück.

468 *Diepenbrock*, in: FS Offerhaus, 299, 312.

„[...ist] eine Verfahrensdauer von einem Jahr noch nicht als unangemessen lang anzusehen. So wurden im Durchschnitt der Jahre 2000 bis 2009 gut zwei Drittel aller Verfassungsbeschwerdeverfahren innerhalb eines Jahres erledigt.“[469]

Einen ähnlichen Ansatz verfolgt auch § 46 I FGO für das behördliche Einspruchsverfahren, in dessen S. 2 ebenfalls eine Regelfrist definiert wird (s. hierzu bereits unter § 5 E. II.). § 97b I 4 BVerfGG wie auch § 46 I 2 FGO stellen damit unter Beweis, dass die Ausgestaltung eines festen zeitlichen (Mindest- oder Regel-) Wertes auf der Grundlage eines empirischen Realtypus *möglich* ist.[470]

Die Grundlage für die Ermittlung des empirischen Realtypus liefern in Ansehung des hiesigen Untersuchungsgegenstandes zunächst die sog. *Destatis-Fachserien.*[471] Dort ist der Geschäftsanfall nebst -erledigungsstatistik ausgewiesen. Hier finden sich u. a. auch Angaben über die Verfahrensdauer der Finanzgerichte und des BFH. Im Durchschnitt der dort einsehbaren vergangenen Jahre (2011–2014) wurden gut zwei Drittel aller Klageverfahren vor den *Finanzgerichten* in 18 Monaten sowie gut zwei Drittel aller Revisionsverfahren vor dem *BFH* in 20 Monaten erledigt. Das Vorgehen entspricht damit dem des Gesetzgebers in Ansehung verfassungsgerichtlicher Verfahren, wo der sog. Mindestfrist ebenfalls explizit ein *statistischer Wert* aus einem *typischen Verfahren* zugrundegelegt wird. Gleichzeitig wird der Rekurs auf einen solchen zwei Drittel-Wert auch der erforderlichen *Abgrenzung* von drohender und tatsächlicher Unangemessenheit gerecht. Die auf

---

469 Entwurf eines Gesetzes über den Rechtsschutz bei überlangen Gerichtsverfahren und strafrechtlichen Ermittlungsverfahren v. 17.11.2010, BT-Drucksache 17/3802, 27. Das Regelungssystem im BVerfGG gilt gleichwohl für sämtliche verfassungsgerichtliche Verfahren. Der Gesetzgeber hat die Verfassungsbeschwerdeverfahren hier also lediglich als (ein) „typisches Verfahren“ herausgestellt.

470 So auch schon: *Otto,* Der Anspruch auf ein Verfahren innerhalb angemessener Zeit, Diss., 1995, S. 180 f.; *Stöcker,* in: FS Felix, 429, 440 ff. Zurückhaltender aber i.E. ebenfalls für eine zeitliche Vorgabe: *Tipke*, Steuerrechtsordnung III, 1. Auflage, S. 1374: *„Welche Zeit für die Erledigung eines Rechtsstreits angemessen ist, hängt vom Umfang und von der Kompliziertheit des Falles ab [...]. Jedoch sollten Finanzgerichte über Fälle, die nicht ganz außergewöhnlich liegen, im allgemeinen nach spätestens zwei Jahren entschieden haben.“*; *Kirchhof,* DStJG 18 (1995), 17, 36: *„In gesetzlicher nicht verfassungsrechtlicher Wertung mag die für den Normalentscheid eines außergerichtlichen Rechtsbehelfs genannte Frist von 6 Monaten für die Zulässigkeit einer Untätigkeitsklage (§ 46 Abs. 1 S. 2 FGO) als Anhaltspunkt für den Zeitpunkt gelten, in dem die Verwaltungsbehörde – und entsprechend modifiziert das Gericht – die Rechtslage geklärt haben müsste“.*

471 Online abrufbar unter: https://www.destatis.de/DE/Publikationen/Thematisch/Rechtspflege/GerichtePersonal/Finanzgerichte.html.

der Ebene des Primärrechtsschutzes interessierenden Fälle drohender Unangemessenheit sind mit dem empirischen Realtypus des zeitlichen zwei Drittel-Wertes zu erfassen. Damit ist zugleich ein *Zeitfenster* eröffnet, in dem noch Abhilfe geleistet werden kann. Erst wenn dieses Fenster geschlossen ist, ist die Schwelle zur tatsächlichen Unangemessenheit überschritten.[472] Dem möglichen Einwand, dass ein solcher zwei Drittel-Wert seinerseits ja bereits *tatsächlich* unangemessen sein könnte, ist mit den einleitenden Worten der Gesetzesbegründung zum Entwurf des im Fokus dieser Untersuchung stehenden Gesetzes zu begegnen. Wenn es dort heißt, dass Gefährdungen oder Verletzungen des Rechts auf Rechtsschutz in angemessener Zeit „*in der Praxis eine Ausnahme*"[473] sind, bedeutet dies sogleich, dass die o.g. Verfahrensdauer noch nicht unangemessen ist. Hierfür hätte es dann heißen müssen, dass überlange Gerichtsverfahren bzw. die Gefährdung oder Verletzung des Rechts hierauf bereits die Regel seien. Wäre dies der Fall, so wäre zwangsläufig auch die o.g. Verfahrensdauer nicht mehr angemessen. Dies ist jedoch nach den Bekundungen des Gesetzgebers offensichtlich nicht der Fall. Der für die Finanzgerichte und den BFH auf diesem Weg ermittelte Realtypus lässt die *Verschiedenartigkeit* möglicher Steuerstreitverfahren naturgemäß unberücksichtigt. Zwar geht der BFH von einer grundsätzlich „homogenen Fallstruktur" und von einer „relativ einheitlichen Bearbeitungsweise" in der Finanzgerichtsbarkeit aus.[474] Die angesprochene Homogenität und Einheitlichkeit wird jedoch zunächst nur in Abhängigkeit der jeweiligen Verfahrensart und dem zur Entscheidung berufenen Instanz- oder Revisionsgericht realisiert. So droht eine Unangemessenheit bei speziellen *Eil- und Nebenverfahren* weitaus früher als bei allgemeinen Hauptsacheverfahren.[475] Die gesetzliche Typisierung verbunden mit einer gesetzlichen Vermutung ermöglicht nicht nur den Beweis des Gegenteils durch den Steuerstaat zugunsten einer *längeren* Angemessenheitsphase, sondern vice versa

---

472 Einen ähnlichen Ansatz verfolgt *Roller*, DRiZ Beilage Juni 2012, 1, 7 mit dem von ihm vorgeschlagenen ersten von zwei Prüfungsschritten. Als Orientierungswert für das Vorliegen tatsächlicher Unangemessenheit schlägt er einen Zeitpunkt vor, der sich von den durchschnittlichen Werten lt. Statistik abhebt und eine übliche regelmäßige Verfahrensdauer definiert, die dort zu finden sei, wo der allergrößte Teil aller Verfahren (ca. 90–95%) beendet sind.

473 Entwurf eines Gesetzes über den Rechtsschutz bei überlangen Gerichtsverfahren und strafrechtlichen Ermittlungsverfahren v. 17.11.2010, BT-Drucksache 17/3802 unter A. Problem und Ziel.

474 So ausdrücklich BFH v. 7.11.2013, X K 13/12, BStBl. II 2014, 179, 186.

475 *Kulosa*, jM 2014, 293, 298. S. dazu jüngst auch BFH v. 7.2.2017, X S 31–36/16 (PKH) u.a., BFH/NV 2017, 612 zur Angemessenheit der Dauer von Verfahren der Nichtzulassungsbeschwerde und sonstigen Beschwerdeverfahren vor dem BFH.

auch den Beweis des Gegenteils durch den Steuerbürger zugunsten einer *kürzeren* Angemessenheitsphase. Gerade hier zeigt sich die Wirkung der praktischen Konkordanz, wie sie einen „Mittelweg" zwischen Rechtssicherheit und Einzelfallgerechtigkeit vorgibt. Darüber hinaus ist eine *Trennung* zwischen Finanzgericht und BFH angezeigt. Anders als das Modell des Gesetzgebers, ist *keine* einheitliche Gesamtverfahrensdauer zugrundezulegen, die beispielsweise ein „Aufholen in zweiter Instanz"[476] ermöglicht. Droht bereits für ein erstinstanzliches finanzgerichtliches Klageverfahren eine unangemessene Verfahrensdauer, dann muss der Rechtsschutzsuchende auch unmittelbar diese drohende Rechtsverletzung mit den Mitteln eines effektiven präventiv wirkenden Primärrechtsschutzes angreifen können. Letztlich ist dann noch die Ebene des *BVerfG* hinsichtlich steuerrechtlicher Verfahren abzubilden. Hier hat der Gesetzgeber den empirischen Realtypus bereits bestimmt. Diese Erkenntnisse lassen sich dann für die Formulierung der gesetzlichen Typisierung nutzbar machen. Ebenso wird das BVerfG bereits im jetzigen System grundsätzlich nicht in die Gesamtverfahrensdauer einbezogen. Dies entspricht dem Wesen als spezialgesetzliche Vollregelung, die auf einen selbständigen Entschädigungsanspruch gerichtet ist.[477] Hieran ist sodann ebenfalls festzuhalten ist.

Im Folgenden werden exemplarisch *Fallgestaltungen* gebildet, anhand derer die Wirkungsweise des hier vorgeschlagenen Systems verdeutlicht werden soll. Ausgangspunkt ist die normative Bewältigung mittels einer gesetzlichen Typisierung verbunden mit einer gesetzlichen Vermutung. Hieraus folgt eine volle *Beweislastumkehr* für denjenigen, der eine Abweichung zu seinen Gunsten einfordert. Wie bereits ausgeführt, fordert diese Konstruktion den *Beweis des Gegenteils* ein. Er ist seiner Natur nach Hauptbeweis, also erst dann geführt, wenn die Unwahrheit der Vermutung (hauptbeweislich) voll bewiesen ist. Das hiesige Modell unterscheidet sich damit von dem Regelungssystem der §§ 46 I FGO, 347 I 2 AO. Dort wurde im Wege der (steuer-) verfassungskonformen Auslegung eine Typisierung durch Auslegung erzeugt. Anders als eine gesetzliche Typisierung formuliert eine Typisierung durch Auslegung keine volle Beweislastumkehr, sondern (nur) eine *Beweiserleichterung* in der Art eines Anscheinsbeweises. Deshalb bedarf es zur Widerlegung der Typisierung durch Auslegung auch keines Beweis des Gegenteils, sondern (nur) eines *Gegenbeweises*. Der Gegenbeweis ist seiner

---

476 Dazu: *Ott*, in: Steinbeiß-Winkelmann/ders., Rechtsschutz bei überlangen Gerichtsverfahren, § 97a BVerfGG Rn. 101 f.

477 *Benda/Klein*, Verfassungsprozessrecht, § 37 Rn. 1297. Zu denkbaren Beeinflussungen durch die Dauer instanzgerichtlicher Verfahren s. *Ott*, in: Steinbeiß-Winkelmann/ders., Rechtsschutz bei überlangen Gerichtsverfahren, § 97a BVerfGG Rn. 10.

Natur nach nicht Hauptbeweis; er ist bereits geführt, wenn die Überzeugung des Gerichts von der Wahrheit der Vermutung erschüttert ist (s. hierzu bereits unter § 5 E. II. 4.). Gleichwohl kann für den Beweis des Gegenteils und für den Gegenbeweis derselbe *Anknüpfungsmoment* gewählt werden. Blendet man das unterschiedliche Beweisniveau aus, geht es dem Steuerbürger darum, zu überzeugen, dass ein Abweichen vom empirischen Realtypus zugunsten einer kürzeren Angemessenheitsdauer im Einzelfall erforderlich ist. Auf der anderen Seite geht es dem Steuerstaat darum, zu überzeugen, dass ein Abweichen vom empirischen Realtypus zugunsten einer längeren Angemessenheitsdauer im Einzelfall erforderlich ist. Mit anderen Worten kommt erst jetzt der *Einzelfallbetrachtung* Bedeutung zu, wie sie an die Stelle der Vermutung treten kann. Dementsprechend können die vom Gesetzgeber herangezogenen Kriterien zur Bestimmung des Einzelfalls auf dieser Ebene zur Bildung von Fallgestaltungen herangezogen werden.[478] Der Gesetzgeber hat in § 198 I 2 GVG zu erkennen gegeben, dass er insbesondere die Schwierigkeit und die Bedeutung des Verfahrens sowie das Verhalten der Verfahrensbeteiligten und Dritter berücksichtigt. Es findet also eine Differenzierung nach *sachlichen*, das Verfahren betreffenden und *persönlichen*, die Beteiligten betreffenden, Kriterien statt. Den Beteiligten ist dabei das Verhalten Dritter zuzurechnen, wenn und soweit sie in „ihrem Lager" stehen.[479] Hierbei ist zu berücksichtigen, dass sich der Steuerbürger im Rahmen des ihn adressierenden steuerrechtlichen Programms dem Steuerstaat in Gänze gegenübersieht. Im Abschnitt des steuerprozessualen Verfahrens wird letzterer von den Gerichten „vertreten" (s. hierzu bereits unter § 5 E. I.).

Wendet man sich zunächst den *sachlichen*, das Verfahren betreffenden Kriterien zu, so ist hier zuallererst eine Fallgestaltung für *besondere Eil- und Nebenverfahren* (v.a. Aussetzung der Vollziehung §§ 361 AO, 69 FGO) zu bilden. Diese haben im Rahmen der empirischen Realtypusbildung keine Berücksichtigung gefunden (s. o.). Gerade deshalb kann der Steuerbürger hier ein Abweichen vom empirischen Realtypus zugunsten einer kürzeren Angemessenheitsdauer einführen.[480] Eine weitere das Verfahren betreffende Fallgestaltung knüpft an

478 S. hierzu die umfassende und mit zahlreichen Belegen versehende Darstellung bei: *Ott,* in: Steinbeiß-Winkelmann/ders., Rechtsschutz bei überlangen Gerichtsverfahren, § 198 GVG Rn. 103 ff., an der sich auch die nachfolgenden Fallgestaltungen orientieren.

479 Zum Begriff s. *Ott,* in: Steinbeiß-Winkelmann/ders., Rechtsschutz bei überlangen Gerichtsverfahren, § 198 GVG, Rn. 113.

480 Auf der Ebene des finanzbehördlichen Verfahrens findet dieser Gedanke über § 69 IV S. 2 Nr. 1 FGO Berücksichtigung. Die dort formulierte angemessene Frist muss

die zur Entscheidung stehende(n) *Rechtsfrage(n)* an. Kann der Steuerbürger auf der Grundlage bereits ergangener Judikate eine „gefestigte Rechtsprechung" für sich in Anspruch nehmen, kann er diesen Umstand zugunsten einer Abweichung vom Realtypus hin zu einer kürzeren Angemessenheitsdauer einführen.[481] Gleiches gilt sodann für einfachgelagertes „rechtliches Alltagsgeschäft". Auf der anderen Seite darf es dem Steuerstaat vertreten durch die Gerichte dann aber auch nicht verwehrt werden, eine Abweichung vom Realtypus zugunsten einer längeren Angemessenheitsdauer für sich in Anspruch zu nehmen, wenn etwa eine Abweichung oder eine Änderung der Rechtsprechung in Betracht kommt, so dass ein besonderer Überlegungs- und Begründungsaufwand besteht. Ein besonderer Überlegungs- und Begründungsaufwand kann auch bei bisher rechtlich nicht entschiedenen Fragen mit einer gewissen Breitenwirkung bestehen. Dementsprechend bleiben auch Aussetzungszeiten nach § 74 FGO und Art. 100 I 1 GG bzw. entsprechende Zeiten nach Art. 267 AEUV sowie Zeiten einvernehmlichen Ruhens nach §§ 155 FGO, 251 ZPO bereits von vornherein unberücksichtigt. Aber auch das allein vom Gericht initiierte zeitliche Zurückstellen eines Verfahrens, z. B. aufgrund eines Musterprozesses vor dem BFH, kann u. U. eine längere Angemessenheitsdauer rechtfertigen, wenn sich die vorrübergehende Zurückstellung im Ergebnis beschleunigend auf das zunächst zurückgestellte Verfahren auswirkt, weil eine zeitnahe Entscheidung des Musterprozesses zu erwarten ist und der erkennende Spruchkörper zu erkennen gibt, sich dieser anschließen zu wollen. Eine weitere das Verfahren betreffende Fallgestaltung knüpft mit derselben Überlegung an den zu ermittelnden *Tatsachenstoff* an. Ist dieser eher einfach gelagert, nicht sonderlich komplex oder vollständig und übereinstimmend vorgetragen, kann der Steuerbürger diesen Umstand zugunsten einer kürzeren Angemessenheitsdauer einführen. Vice versa ermöglicht eine besonders aufwändige Sachverhaltsaufklärung, z. B. die Einvernahme vieler Zeugen oder die Notwendigkeit mehrerer Sachverständigengutachten, eine längere Angemessenheitsdauer zugunsten der Gerichte. Naturgemäß können sich die dargestellten Fallgruppen auch überschneiden, beispielsweise dort, wo neben einer Rechtsfrage auch der entscheidungserhebliche Sachverhalt im Streit steht. Hier speist sich die Argumentation dann aus den dargestellten Einzelaspekten.

Neben den sachlichen, das Verfahren betreffenden, Kriterien, stehen die *persönlichen*, das Verhalten der Beteiligten betreffenden, Kriterien. Das steuerliche

---

aufgrund des Eilcharakters deutlich unter der des § 46 I 2 FGO liegen, s. *Seer*, in: Tipke/Kruse, § 69 FGO Rn. 75, Stand 7/2015.

481 Auf der Ebene des finanzbehördlichen Verfahrens findet dieser Gedanke im gewissen Umfang über die sog. Sprungklage des § 45 FGO Berücksichtigung.

Verfahrensrecht lebt von einer kooperativen Verantwortungsteilung (sog. Kooperationsmaxime) zwischen Steuerbürger und Steuerstaat.[482] Für den hiesigen Untersuchungsgegenstand folgt daraus eine *sphärenorientierte Verantwortlichkeit* für die Einhaltung der auf der Grundlage des empirischen Realtypus formulierten Regelfrist. Folgende *Verzögerungsrisikoverteilungs-Regel* ist aufzustellen: Liegt der Grund für eine zeitliche Verzögerung innerhalb der Sphäre des Steuerbürgers, kann diese vom Steuerstaat zugunsten einer längeren Angemessenheitsdauer eingeführt werden; liegt der Grund für eine zeitliche Verzögerung innerhalb der Sphäre des Steuerstaates, kann diese vom Steuerbürger zugunsten einer kürzeren Angemessenheitsdauer eingeführt werden. So begründen z. B. verspätetes Vorbringen, wiederholte Fristverlängerungsanträge, zögerliche Einzahlung von Kosten eine Verantwortlichkeit innerhalb der Sphäre des Steuerbürgers. Der Steuerstaat vertreten durch die Gerichte, kann also diese außerhalb der eigenen Sphäre liegenden Umstände zugunsten einer längeren Angemessenheitsdauer einführen. Auf der anderen Seite kann der Steuerbürger zugunsten einer kürzeren Frist einführen, dass das Gericht das ihm zustehende Verfahrensführungsermessen in zeitlicher Hinsicht fehlerhaft ausgeübt hat. Hier wäre beispielsweise das Setzen zu langer Fristen oder überflüssige bzw. zeitaufwändige(re) gerichtliche Ermittlungen, z. B. durch eine Auswahl des Sachverständigen ohne Berücksichtigung seiner zeitlichen Auslastung (s. §§ 82 FGO, 411 I ZPO) sowie die ineffektive Auswahl gebotener Ordnungsmaßnahmen, z. B. bei Nichterscheinen notwendiger Zeugen (s. §§ 82 FGO, 380 ZPO) denkbare Fallgestaltungen. Folgerichtig haben damit Umstände, die weder der Sphäre des Steuerbürgers noch der des Steuerstaates zugerechnet werden können, keinen Einfluss auf die Angemessenheitsdauer; hier verbleibt es beim empirischen Realtypus. Demzufolge besteht mit Erreichen der Regelfrist eine *Risikohaftung* des Staates. Es ist dem Steuerstaat also erst recht verwehrt, sich auf besondere tatsächliche oder rechtliche Schwierigkeiten zu berufen, die erst durch legislative Unzulänglichkeiten ins Werk gesetzt wurden, um anhand dieser eine längere Angemessenheitsdauer zu rechtfertigen. Abschließend ist sodann auch hier zu konstatieren, dass sich eine trennscharfe Differenzierung sachlicher, das Verfahren betreffender, sowie persönlicher, das Verhalten betreffender, Kriterien nicht realisieren lässt und Überschneidungen vorliegen. Dies vor allem dort, wo das gerichtliche Verfahren in Bezug auf bestimmte rechtliche und/oder tatsächliche Gegebenheiten des

482 Für das behördliche Verfahren: *Seer*, in: Tipke/Lang, Steuerrecht, 22. Auflage, § 21 Rn. 4 m.w.N.; für das gerichtliche Verfahren: *Seer*, in: Tipke/Lang, Steuerrecht, 22. Auflage, § 22 Rn. 190 f. m.w.N.

jeweiligen Verfahrensstoffs Verhaltensspielräume einräumt. Die Argumentation hat dann die dargestellten Einzelaspekte im Sinne einer Gesamtschau in sich aufzunehmen.

2. Einen Anhaltspunkt für eine Ausgestaltung der *Rechtsfolgen des Primärrechtsschutzes* mit dem Ziel einer verbindlichen Fristsetzung durch den iudex ad quem liefert *Wolf-Rüdiger Schenke*. Er schlägt vor, identifizierte Rechsschutzlücken in Anlehnung an die in den jeweiligen Prozessordnungen existenten und akzeptierten Verfahren zu schließen.[483] Die für den Bereich der richterlichen Rechtsfortbildung getroffene Aussage gilt sodann erst recht für den Bereich der Korrektur durch den Gesetzgeber. Damit dient das Beschwerdeverfahren der FGO in §§ 128 ff. FGO als *„Schablone"* für die hiesige Ausgestaltung. Um eine effektive Ausgestaltung gewährleisten zu können, ist auch hier zwischen den Finanzgerichten, dem BFH und dem BVerfG zu *differenzieren*. Auf der Ebene der Finanzgerichte nimmt der BFH die Position des iudex ad quem ein (s. §§ 201 I GVG, 155 S. 2 FGO). Auf der Ebene des BFH – wie auch auf der Ebene des BVerfG – ist ein anderer Weg einzuschlagen. Um hier das Judizieren in eigener Sache zu verhindern, ist es erforderlich, im Wege der *Geschäftsverteilung* eine „unabhängige Zuständigkeit" zu bestimmen, die hierüber zu befinden hat. Dies entspricht dem Ansatz, den der Gesetzgeber zutreffend im Rahmen des Sekundärrechtsschutzes verfolgt. Die Intention wird im Zusammenhang mit dem Regelungssystem des BVerfGG besonders deutlich. § 97c BVerfGG ordnet an, dass eine Beschwerdekammer über die Entschädigung zu befinden habe. In der Begründung heißt es dazu:

> *„Nach § 97c entscheidet das Bundesverfassungsgericht selbst über die Verzögerungsbeschwerde [Anm.: hierbei handelt es sich um das Pendant zur Entschädigungsklage des § 198 V GVG]. Seine Stellung als Verfassungsorgan und als Verfassungsgericht, das selbst keiner nationalen gerichtlichen Kontrolle unterliegt, schließt es aus, dass ein anderes Gericht über die Angemessenheit der Dauer des Verfahrens beim Bundesverfassungsgericht entscheidet. Die Entscheidung ergeht nach Satz 1 durch eine im Bundesverfassungsgericht zu bildende Beschwerdekammer. Sie wird […] mit vier Richtern senatsübergreifend besetzt, um eine höhere Akzeptanz der Entscheidung zu gewährleisten, als sie bei einer bloßen ‚Selbstkontrolle' des zuständigen Senats zu erwarten wäre."*[484]

---

483 *Schenke*, in: Bonner Kommentar zum GG, Art. 19 IV Rn. 111 f. u. 395 f., Stand 2/2009 u. 8/2009. Speziell für steuerprozessuale Verfahren haben *Seer/Thulfault*, BB 2005, 1085, 1086 f. in Ansehung der Anhörungsrüge des § 133a FGO vorgetragen, dass die Anpassung an die Regeln des Beschwerdeverfahrens in §§ 128 ff. FGO eine vorzugswürdige Ausgestaltung gewesen wäre.

484 Entwurf eines Gesetzes über den Rechtsschutz bei überlangen Gerichtsverfahren und strafrechtlichen Ermittlungsverfahren v. 17.11.2010, BT-Drucksache 17/3802, 27.

Auf der Ebene des BFH findet sich diese Intention im Zusammenhang mit der Entschädigungsklage nach § 198 V GVG in entsprechender Weise wieder. Gem. Ziffer 8 der den X. Senat betreffenden Geschäftsverteilungsregelung ist dieser für sämtliche Streitigkeiten im Zusammenhang mit einer Entschädigung nach §§ 198 ff. GVG, 155 FGO zuständig, soweit nicht die Dauer eines Verfahrens des eigenen Senats betroffen ist.[485] Hierfür ist sodann der VII. Senat (s. Ziffer 7 der ihn betreffenden Geschäftsverteilungsregelung) zuständig. Dementsprechend gilt es, diese Ausgestaltung bereits auf der *Ebene des Primärrechtsschutzes* zu realisieren, um dem Judizieren in eigener Sache entgegenzuwirken. Der nach diesem Muster zur Entscheidung über den Primärrechtsschutz Berufene hat sodann die verbindliche Fristsetzung gegenüber dem Ausgangsgericht auszusprechen.

II. Ausgestaltung des Sekundärrechtsschutzsystems

1. Um die einfach-gesetzliche Formulierung der *Voraussetzungen des Sekundärrechtsschutzes* mit einer gesetzlichen Typisierung in zeitlicher Hinsicht zu belegen ist es erforderlich, den *empirischen Realtypus* für die Fälle *tatsächlicher* Unangemessenheit zu bestimmen. Auch diesen gilt es sodann normativ in einen bestimmt gefassten Rechtsbegriff, der eine feste Frist ausweist, zu übersetzen und mit der erforderlichen gesetzlichen Vermutungsregel zu verknüpfen. Ausgangspunkt ist die *Abgrenzung* der drohenden zur tatsächlichen Unangemessenheit. Hierfür ist ein *Zeitfenster* zu definieren, das es ermöglicht, den Eintritt tatsächlicher Unangemessenheit zu verhindern und Abhilfe zu schaffen (s. hierzu unter I. 1.). Der empirische Realtypus ist hier also nicht mehr autonom zu bestimmen, sondern in Abhängigkeit des erforderlichen Zeitfensters für eine Abhilfe. Aus diesem Grund sollen an dieser Stelle nicht (nochmal) die sog. Destatis-Fachserien bemüht werden, um einen Wert für die Fälle tatsächlicher Überlänge zu bestimmen. Stattdessen ist an eine Wertung anzuknüpfen, die das aktuelle Rechtsschutzsystem bereits in sich trägt. Angesprochen sind damit die sog. *Wartefristen* in §§ 198 V GVG bzw. 97b II BVerfGG. Hiernach kann eine Entschädigungsklage bzw. Verzögerungsbeschwerde frühestens sechs Monate nach Erhebung der Verzögerungsrüge erhoben werden. In der Gesetzesbegründung heißt es dazu:

485 Die Geschäftsverteilung des BFH ist abrufbar unter: http://www.bundesfinanzhof.de/gericht/geschaeftsverteilung.

„Die in Satz 1 normierte Frist für die Erhebung einer solchen Klage soll aber dem Gericht des Ausgangsverfahrens hinreichend Zeit geben, auf die Verzögerungsrüge zu reagieren und das Verfahren so zu fördern, dass es in angemessener Zeit beendet werden kann."[486]

Knüpft man isoliert an den hier vorgetragenen Gedanken an, akzeptiert der Gesetzgeber (jedenfalls) einen Zeitraum von *6 Monaten* in dem das Ausgangsgericht eine erfolgreiche Abhilfe leisten kann. Mit anderen Worten: Den Eintritt der tatsächlichen Unangemessenheit verhindern kann. Dieser Gedanke soll hier fortgeführt werden. Er definiert sodann das Zeitfenster, das die Abgrenzung der drohenden zur tatsächlichen Unangemessenheit demarkiert.[487] Dementsprechend ist eine Verfahrensdauer vor den *Finanzgerichten* von 24 Monaten, vor dem *BFH* von 26 Monaten und vor dem *BVerfG* von 18 Monaten in der Regel unangemessen lange. Naturgemäß schlägt die erfolgreiche Widerlegung der gesetzlichen Vermutung des auf der Ebene des Primärrechtschutzes dargestellten Realtypus zugunsten des jeweiligen Einzelfalls sodann auch hier zugunsten einer Einzelfallbetrachtung durch und verdrängt den Regelwert.

2. Auch auf der Ebene des Sekundärrechtsschutzes ließe sich hinsichtlich der *Ausgestaltung der Rechtsfolgen* zunächst der Gedanke fruchtbar machen, an ein existierendes und akzeptiertes Regelungsmodell anzuknüpfen, um dieses als Orientierungshilfe zu nutzen. Im Zusammenhang mit dem allgemeinen Staatshaftungsrecht bzw. der hier interessierenden Staatsunrechtshaftung lässt sich ein solches Modell jedoch *nicht* identifizieren. Das Staatshaftungsrecht ist in weiten Teilen richter- und/oder gewohnheitsrechtlich geprägt. Ein allgemein kodifiziertes System konnte bisher nicht verwirklicht werden.[488] Auch sonst erweist sich der aktuelle Zustand des allgemeinen Staatshaftungsrechts als wenig konsistent. Es

486 Entwurf eines Gesetzes über den Rechtsschutz bei überlangen Gerichtsverfahren und strafrechtlichen Ermittlungsverfahren v. 17.11.2010, BT-Drucksache 17/3802, 22. Darüber hinaus misst der Gesetzgeber der Frist auch eine Wertung bei, für die Fälle in denen nach dem jetzigen Rechtsschutzsystem bereits die Schwelle zur tatsächlichen Unangemessenheit überschritten ist. Naturgemäß kommt diesem Gedanke im hier vorgestellten Ansatz keinerlei Wirkung zu.

487 Einen ähnlichen Ansatz verfolgt jüngst auch der BFH v. 6.4.2016, X K 1/15, BStBl. II 2016, 694, 699 wie er den Zeitraum des Dulde und Liquidiere zu bestimmen versucht.

488 Das sog. Staatshaftungsgesetz v. 26.6.1981 wurde mangels Gesetzgebungskompetenz vom BVerfG v. 19.10.1982, 2 BvF 1/81, BVerfGE 61, 149 für verfassungswidrig und nichtig erklärt. Für den vorliegenden Untersuchungsgegenstand folgt die Gesetzgebungskompetenz des Bundes aus Art. 74 I Nr. 25 u. Nr. 1 GG (s. BT-Drucksache 17/3802, 17). Zustimmend: *Guckelberger*, DÖV 2012, 289, 292.

fehlt an einer erkennbaren Systematik und Dogmatik.[489] Eine Orientierungshilfe liegt damit nicht vor. Die Ausgestaltung ist dem *Grundgedanken* einer Staatsunrechtshaftung verpflichtet. Dieser kommt im Grundsatz der Vollkompensation zum Ausdruck. Der Gesetzgeber ist verpflichtet, den Grundsatz der Vollkompensation (auch) auf der Ebene des prozessualen Rechtsdurchsetzungsmechanismus *folgerichtig* umzusetzen. Hierfür bedarf es jedoch zunächst einer dem Grundsatz der Vollkompensation entsprechenden (materiellen) „Anspruchsnorm", die sodann nachfolgend prozessual durchgesetzt werden kann. Auch insoweit ist der Gesetzgeber also in der Pflicht (s. hierzu unter § 2 F. II. „zweitens" sowie den Hinweis in Fn. 355).[490] Gleichzeitig wird eine Durchentscheidemöglichkeit des Entschädigungsgerichts erforderlich, um das tatsächlich unangemessen lange Verfahren bei Nichtbeachtung der gesetzten Frist beenden zu können. Der kompensatorische Sekundärrechtsschutz wird so um Aspekte des repressiven Primärrechtsschutzes *ergänzt*, dessen Aufgabe er hier mit zu übernehmen hat.[491]

Abschließend werden auch hier exemplarisch *Fallgruppen* gebildet, um den Begriff der Vollkompensation zu verdeutlichen. *Vollkompensation* bedeutet, dass sämtliche Nachteile auszugleichen sind; materieller wie auch immaterieller Art. Insbesondere darf die Kompensation dabei nicht – wie in dem vom Gesetzgeber gewählten System – hinsichtlich der materiellen Nachteile die Ersatzfähigkeit entgangenen Gewinnes aussparen sowie hinsichtlich der immateriellen Nachteile ein Regel-Ausnahme-Verhältnis zugunsten einer bloßen Feststellung verfolgen. Die Frage der Kompensation ist dabei strikt von der Frage nach der inhaltlichen Auswirkung der überlangen Verfahrensdauer auf das Ausgangsverfahren zu trennen. Die Kompensation einer überlangen Verfahrensdauer gleicht die Nachteile aus, die aufgrund einer überlangen Verfahrensdauer begründet wurden. Die Kompensation regelt hingegen nicht die Fälle, in denen sich die überlange Verfahrensdauer auf das Ergebnis des Ausgangsverfahrens in der Sache auswirkt (s. hierzu unter § 4 B. I. 4. a]). Hinsichtlich der *materiellen Nachteile* kommen zunächst *Zusatzkosten* in Betracht, die auf die überlange Verfahrensdauer des steuerprozessualen

489 *Höfling*, VVDStRL 61 (2002), 261, 264. In der Literatur wird z. B. vorgeschlagen, den vorliegenden Untersuchungsgegenstand als „Aufopferungsanspruch sui generis" zu erfassen (s. *Zuck*, NVwZ 2012, 265, 268). Würde man sich sodann an der „Dogmatik" des Aufopferungsanspruchs orientieren, wäre der Grundsatz der Vollkompensation wiederum gefährdet.

490 Ein isolierter Umsetzungsfehler allein auf der Ebene der prozessualen Rechtsdurchsetzung läge z. B. bei Nichtaufgriffsgrenzen vor, die die prozessuale Rechtsdurchsetzung des Entschädigungsanspruchs von dessen Höhe abhängig machen würde.

491 S. hierzu bereits den Hinweis in Fn. 307.

Ausgangsverfahrens zurückzuführen sind. Hierzu zählen beispielsweise die notwendigen Anwaltskosten für die vorprozessuale Verfolgung des Entschädigungsanspruchs, wie auch Kostenerhöhungen im Ausgangsverfahren selbst.[492] Darüber hinaus kommt auch ein materieller *Zinsnachteil* in Betracht, der auf die überlange steuerprozessuale Verfahrensdauer zurückzuführen ist.[493] Hier sind *zwei Konstellationen* zu unterscheiden. In der *ersten* verfügt der Steuerbürger über die Mittel, um die streitige steuerliche Geldleistungspflicht zu erfüllen. Ein überlanges steuerprozessuales Verfahren führt hier dazu, dass die vorhandenen Mittel, die zur Erfüllung der streitigen steuerlichen Geldleistungspflicht erforderlich sind, gebunden sind. Sie können in dieser Zeit nicht wirtschaftlich – zinsbringend – verwendet werden. Der auf die Überlänge entfallende Zinsausfall begründet einen kausalen Zinsnachteil. In der *zweiten* Konstellation verfügt der Steuerbürger nicht über die Mittel, um die streitige steuerliche Geldleistungspflicht zu erfüllen. Ein überlanges steuerprozessuales Verfahren führt hier dazu, dass die Mittel, die zur Erfüllung der streitigen steuerlichen Geldleistungspflicht erforderlich sind, unter Aufwendung von Zinsen beschafft werden müssen. Die während der Überlänge anfallenden Zinsen begründen einen kausalen Zinsnachteil. In beiden Konstellationen ist es sodann aber geboten, dass etwaige kausale *Zinsvorteile* z. B. durch § 236 AO, die während der Überlange entstehen, gegengerechnet werden. Auch steht in beiden Konstellationen die Möglichkeit der *Aussetzung der Vollziehung* zur Verfügung. Wird diese gewährt, führt dies dazu, dass in beiden Konstellationen während der Überlänge die aufgezeigten Zinsnachteile nicht entstehen. Ein kausaler Zinsnachteil kann hier jedoch während der Überlänge durch die Zinslast des § 237 AO entstehen. Auch ein solcher ist sodann im Wege der Vollkompensation auszugleichen. Letztlich sind auch *sonstige* materielle Nachteile zu kompensieren, die auf die überlange steuerprozessuale Verfahrensdauer zurückzuführen sind. Denkbar sind hier beispielsweise Konstellationen, in denen der Steuerbürger außerstande ist, eine wirtschaftlich bedeutsame Entscheidung mit Zukunftswirkung zu treffen, weil die hierzu als Planungsgrundlage erforderliche richterliche Akzeptanzentscheidung überlange auf sich warten lässt. Hierdurch können z. B. lukrative Geschäftschancen verfallen. Mit Blick auf die *immateriellen Nachteile* ist

492 S. hierzu bereits im Zusammenhang mit der Regelung in § 198 GVG: BVerwG v. 27.2.2014, 5 C 1/13 D, NVwZ 2014, 1523 sowie *Ott,* in: Steinbeiß-Winkelmann/ders., Rechtsschutz bei überlangen Gerichtsverfahren, § 198 GVG, Rn. 146 f.

493 S. hierzu bereits im Zusammenhang mit der Regelung in § 198 GVG: *Böcker*, DStR 2011, 2173, 2177.

vor allem die unangemessene *psychische Belastung* zu nennen.[494] Eine solche kann auch durch ein überlanges steuerprozessuales Verfahren entstehen. Der Steuerstreit ist nicht selten existenzieller Natur; geht es hier doch um die Höhe einer Geldleistungspflicht. Aufgrund der Ungewissheit über den Verfahrensausgang nimmt die psychische Belastung mit der Dauer eines steuerprozessualen Verfahrens zu. Dauert ein steuerprozessuales Verfahren unangemessen lange, begründet dies zugleich eine unangemessene psychische Belastung. Naturgemäß ist hier eine Bezifferung des dadurch hervorgerufenen Nachteils nur schwierig möglich. Der vom Gesetzgeber insoweit gewählte Ansatz, einen immateriellen Nachteil mit Eintritt der Überlänge zu vermuten und diesen mit einem pauschalen Geldwert zu kompensieren, verdient Zustimmung. Wie bereits aufgezeigt verdient es jedoch keine Zustimmung, wenn der Gesetzgeber einen monetären Ausgleich gleichwohl nur ausnahmsweise gewähren will. Hier kann allein ein Regel-Ausnahme-Verhältnis zugunsten eines monetären Ausgleichs dem Grundsatz der Vollkompensation entsprechen.

494 S. hierzu bereits im Zusammenhang mit der Regelung in § 198 GVG: *Ott,* in: Steinbeiß-Winkelmann/ders., Rechtsschutz bei überlangen Gerichtsverfahren, § 198 GVG, Rn. 146 f.

§ 7 Zusammenfassung der wesentlichen Ergebnisse

Teil 1 der Untersuchung:

I. Der Justizgewährleistungsanspruch ist doppelt subjektiv-rechtlich gekennzeichnet. Im Verhältnis des Bürgers zum Staat verhilft er einem subjektiv-öffentlichen Recht des Bürgers zur Durchsetzung, indem er den Bürger mit subjektiv-öffentlichen justiziellen Rechten ausstattet.

II. Dem grundrechtlichen Gewährleistungssatz wohnt ein subjektiv-öffentliches Rechtebündel inne. Dieses besteht zuallererst aus dem Hauptrecht als dem inneren Kern des grundrechtlichen Gewährleistungssatzes. Das Hauptrecht wird von ergänzenden Hilfsrechten flankiert, die den grundrechtlichen Gewährleistungssatz interpretatorisch erweitern. Tritt ein pflichtwidriges staatliches Verhalten hinzu, das dem Hauptrecht oder den ergänzenden Hilfsrechten zuwiderläuft, werden weitere Hilfsrechte begründet. Diese wirken präventiv, um einen unumkehrbaren Zustand zu verhindern, repressiv, um einen eingetretenen Zustand zu korrigieren und kompensatorisch, um einen nicht mehr korrigierbaren Zustand auszugleichen.

III. Ein grundrechtlicher Justizgewährleistungsanspruch kann zunächst eigenständig als bezugloses formelles Grundrecht modelliert werden. Darüber hinaus kann der Gewährleistungssatz eines (jeden) materiellen Grundrechts im Wege interpretatorischer Erweiterung um justizielle Hilfsrechte ergänzt werden, die der Durchsetzung (allein) der diesem materiellen Grundrecht innewohnenden Rechtebündel dient.

IV. Der als formelles Hauptgrundrecht bezeichnete Art. 19 IV GG verkörpert die Struktur eines Justizgewährleistungsanspruchs par excellence. Art. 3 I GG und Art. 14 I GG sind die materiellen Hauptgrundrechte des Steuerrechts. Die ihnen innewohnenden justiziellen Hilfsrechte bewirken eine steuerspezifische Konkretisierung des gerichtlichen Organisations- und Verfahrensrechts. Das sodann bestehende Konkurrenzverhältnis ist zugunsten des Art. 19 IV GG aufzulösen, indem die modale Struktur des formellen Hauptgrundrechts steuerspezifisch konkretisiert wird.

V. Art. 19 IV GG stattet den Bürger zur Durchsetzung seiner subjektiv-öffentlichen (Grund-) Rechte mit subjektiv-öffentlichen Justizgrundrechten aus. Das Gericht, das eine Entscheidung über die Frage trifft, ob das staatliche Ausgangsverhalten gegen die subjektiv-öffentlichen (Grund-) Rechte verstößt, kann dabei selbst gegen die subjektiv-öffentlichen Justizgrundrechte verstoßen. Ein solcher Verstoß begründet einen selbständigen Streitgegenstand, der von Rechtsstaatswegen von einem (anderen) unabhängigen Gericht zu überprüfen ist. In der hier interessierenden Konstellation wird Art. 19 IV GG zweimal nacheinander angesprochen. Erstens zur Durchsetzung eines (steuerspezifischen) materiellen Grundrechts. Zweitens zur Durchsetzung eines bereichsspezifisch konkretisierten justiziellen Grundrechts; mithin zur Durchsetzung seiner selbst (= Doppelwirkung).

VI. Die Ergebnisse zu den ausgewählten Problemstellungen im Kontext des Art. 19 IV GG:

1. Als normgeprägtes Grundrecht fordert Art. 19 IV GG eine Ausgestaltung durch die Legislative. Das Erfordernis einer gesetzlichen Ausgestaltungsgrundlage erfüllt vier Funktionen. Erstens eine Erlaubnisfunktion zugunsten des Staates, indem dem Gesetzgeber ein Ausgestaltungsspielraum (= Unterlassungsvorbehalt) zugestanden wird. Zweitens eine Verbotsfunktion zulasten des Staates, die dem Schutz des Berechtigten aufgrund der Grundrechtswesentlichkeit dient. Drittens eine Verbotsfunktion zulasten des Staates, die dem Schutz eines Dritten vor Eingriffen ohne gesetzliche Grundlage dient. Viertens dem Postulat der Rechtsmittelklarheit.
2. Die auf Prävention und Repression abzielenden Rechte werden mit Hilfe des Primärrechtsschutzes prozessual durchgesetzt. Das auf Repression abzielende Recht wird mit Hilfe des Sekundärrechtsschutzes prozessual durchgesetzt. Es besteht ein natürlicher Vorrang des Primärrechtsschutzes. Art. 19 IV GG umfasst sowohl den Primär- als auch den Sekundärrechtsschutz.
3. Der Begriff der öffentlichen Gewalt in Art. 19 IV GG erfasst neben der Exekutive auch die Judikative und die Legislative.
4. Der Primat der Fachgerichtsbarkeit besteht nur dann, wenn das Fachgericht neben der erforderlichen Prüfungs- auch die erforderliche Verwerfungskompetenz besitzt. Dies ist in Ansehung eines allein von der Legislative ausgelösten (abstrakt-generellen) Streitgegenstandes nicht der Fall. Ist der (konkret-individuelle) Streitgegenstand von der Exekutive oder der Judikative ausgelöst, greift der Primat der Fachgerichtsbarkeit ein, wenn diese einen eigenen Spielraum ausnutzen.

5. Die Rechtsfolgenanordnung des Art. 19 IV GG ist nicht auf eine Wirkung im (öffentlich-rechtlichen) gerichtlichen Verfahren limitiert. Sie wirkt auch in das Verfahren der Exekutive und Legislative vor.
6. Art. 19 IV GG ist seinerseits in den rechtsstaatlichen Kontrollmechanismus zu integrieren. Die Frage nach dem Primat der Fachgerichtsbarkeit ist hier nach derselben Maßgabe zu beantworten wie zuvor unter 4.

VII. Art. 19 IV GG steht in einem Konkurrenzverhältnis zum unionalen Justizgewährleistungsanspruch in Art. 47 I, II GR-Charta, wenn die Bundesrepublik als EU-Mitgliedstaat Unionsrecht im Sinne von Art. 51 I 1 GR-Charta durchführt. Eine Durchführung liegt nur vor, wenn ein konkreter Bezug zu einer normativen Grundlage des unionalen Integrationsprogramms besteht, die die nationale Integrationsmaßnahme in Bezug auf die konkrete Fallgestaltung determiniert. Die prozessuale Durchsetzung eines Rechts ist als dessen Verwirklichungsmodus dem nicht determinierten Bereich zugewiesen. Dementsprechend ist das Konkurrenzverhältnis grundsätzlich zugunsten des Art.19 IV GG aufzulösen.

VIII. Art. 19 IV GG steht in einem Ergänzungs- und Subsidiaritätsverhältnis zum konventionsrechtlichen Justizgewährleistungsanspruch in Art. 6 I und Art. 13 EMRK. Der konventionsrechtliche Justizgewährleistungsanspruch ergänzt Art. 19 IV GG im Rahmen völkerrechtsfreundlicher Auslegung. Gleichzeitig ist das EMRK-eigene Rechtsschutzsystem in Ansehung des konventionsrechtlichen Justizgewährleistungsanspruchs erst nach Erschöpfung aller innerstaatlichen Rechtsbehelfe (einschl. solcher zum BVerfG) eröffnet.

Teil 2 der Untersuchung:

I. Dem Gesetz über den Rechtsschutz bei überlangen Gerichtsverfahren und strafrechtlichen Ermittlungsverfahren vom 2.12.2011 ist ein steiniger Rezeptionsprozess vorangegangen. Erst die Entscheidung des EGMR in der Rechtsache Rumpf vom 2.9.2010 unter Zuhilfenahme des sog. Pilotverfahrens konnte ausreichend „Druck" aufbauen, um die bereits seit langem bekannte Rechtsschutzlücke legislatorisch zu schließen.

II. Um die identifizierte Rechtsschutzlücke zu schließen, hat der Gesetzgeber dem Gerichtsverfassungsgesetz die §§ 198–201 hinzugefügt, die über Verweistechnik verfahrensartübergreifend wirken. Von zentraler Bedeutung ist die Kernnorm des § 198 GVG. Auf Tatbestandsseite soll ein unbestimmter Rechtsbegriff eine einzelfallabhängige Prüfung ermöglichen. Auf

Rechtsfolgenseite ist sodann eine angemessene Entschädigung vorgesehen, der jedoch eine beim Ausgangsgericht zu erhebende Verzögerungsrüge als zusätzliche tatbestandliche Obliegenheit vorgeschaltet ist. Das Bundesverfassungsgerichtsgesetz enthält in §§ 97a ff. BVerfGG eine spezialgesetzliche Vollregelung, die sich hinsichtlich ihrer Kernnorm(en) in § 97a und b BVerfGG in wesentlichen Teilen mit dem Regelungssystem im Gerichtsverfassungsgesetz deckt.

III. Das neue Gesetz wird – seiner verfahrensartübergreifenden Intention entsprechend – sodann von den jeweiligen Fachgerichten auch unterschiedlich interpretiert. Dies betrifft insbesondere die Auslegung des Begriffs der unangemessenen Dauer. Der BFH hat eine zeitraumbezogene Konkretisierung vorgenommen und setzt für das erstinstanzliche finanzgerichtliche Klageverfahren mit einem Drei-Phasen-Modell an. Hiernach spreche eine Vermutung dafür, dass die Dauer eines solchen Verfahrens angemessen sei, wenn das Gericht gut zwei Jahre nach dem Eingang der Klage mit Maßnahmen beginne, die das Verfahren einer Entscheidung zuführen sollen und die damit begonnene dritte Phase nicht durch nennenswerte Zeiträume unterbrochen werde, in denen das Gericht die Akte nicht bearbeite. Es ist jedoch zu unterstreichen, dass der BFH im Ergebnis der Einzelfallbetrachtung stets den Vorzug einräumt, indem er die dritte Phase des Verfahrensablaufs von einer zeitlichen Konkretisierung freistellt.

IV. Die (steuer-) verfassungsrechtliche Überprüfung des neuen Rechtsschutzgesetzes findet anhand von vier (steuer-) verfassungsrechtlichen Anknüpfungspunkten statt:

1. Die Formulierung einer drohenden Unangemessenheit muss der Vorgabe des steuerspezifisch konkretisierten Art. 19 IV 1 GG entsprechen (= Ausgestaltungsdirektive für die Voraussetzungen des Primärrechtsschutzsystems).
2. Der primärrechtsschützende Durchsetzungsmechanismus muss den (gesamten) Vorgaben des Art. 19 IV 1 GG entsprechen (= Ausgestaltungsdirektive für die Rechtsfolgen des Primärrechtsschutzsystems).
3. Die Formulierung einer tatsächlichen Unangemessenheit muss der Vorgabe des steuerspezifisch konkretisierten Art. 19 IV 1 GG entsprechen (= Ausgestaltungsdirektive für die Voraussetzungen des Sekundärrechtsschutzsystems).
4. Der sekundärrechtsschützende Durchsetzungsmechanismus muss den (gesamten) Vorgaben des Art. 19 IV 1 GG entsprechen (= Ausgestaltungsdirektive für die Rechtsfolgen des Sekundärrechtsschutzsystems).

V. Die (steuer-) verfassungsrechtliche Überprüfung des neuen Rechtsschutzgesetzes hat auf der Ebene des GVG zu folgenden Ergebnissen geführt:

1. Der Ausgestaltungsauftrag besteht hinsichtlich der Formulierung der Voraussetzungen des Primärrechtsschutzes weiterhin fort. Die strikte Einzelfallbetrachtung, die normativ mit Hilfe eines unbestimmten Rechtsbegriffs übersetzt wird, steht dem steuerspezifischen Dispositionsschutz entgegen.
2. Der Ausgestaltungsauftrag besteht hinsichtlich der Rechtsfolgen des Primärrechtsschutzes weiterhin fort. Die prozessuale Wirkung der Verzögerungsrüge erschöpft sich in dem „good will" des Ausgangsgerichts. Von einem effektiven Primärrechtsschutz kann keine Rede sein.
3. Der Ausgestaltungsauftrag besteht hinsichtlich der Formulierung der Voraussetzungen des Sekundärrechtsschutzes weiterhin fort. Die strikte Einzelfallbetrachtung, die normativ mit Hilfe eines unbestimmten Rechtsbegriffs übersetzt wird, steht dem steuerspezifischen Dispositionsschutz entgegen.
4. Der Ausgestaltungsauftrag besteht hinsichtlich der Rechtsfolgen des Sekundärrechtsschutzes weiterhin fort. Die prozessuale Wirkung der (eingeschränkten) Kompensationsregelung durch die Entschädigungsklage widerspricht dem Grundsatz der Vollkompensation.

VI. Das Regelungssystem im BVerfGG weist im wesentlichen die selben Defizite auf, die auch das Regelungssystem im GVG aufweist. Der Ausgestaltungsauftrag besteht hier ebenfalls hinsichtlich der Voraussetzungen des Primär- und Sekundärrechtsschutzes sowie der diesbezüglichen Rechtsfolgen fort. Hervorzuheben ist, dass die im Regelungssystem des BVerfGG normierte Mindestfrist kein abweichendes Ergebnis begründet.

VII. In Ansehung der (individualrechtsschützenden) Möglichkeiten, die identifizierten Defizite zu beseitigen, ist die Untersuchung zu folgenden Ergebnissen gelangt:

1. Ein (steuer-) verfassungskonformes Rechtsfindungsergebnis lässt sich in Ansehung der aufgedeckten Defizite aufgrund eines ausdrücklichen Regelungswillens des Gesetzgebers nicht erzeugen. Eine Korrektur durch den Gesetzgeber ist erforderlich.
2. Als originär individualrechtsschützendes Instrument gegen legislatives Unterlassen ist die Normerlassverfassungsbeschwerde statthaft.
3. Als ultima ratio ist die Individualbeschwerde zum EGMR statthaft.

VIII. Als Folge der Vorwirkung des Art.19 IV GG in das behördliche Verfahren werden überlange finanzbehördliche Verfahren normativ mit § 46 I FGO und § 347 I 2 AO erfasst. Ihnen kommt eine präventive Wirkung zu. Entstehungsgeschichtlich sind beide Regelungen an dem Modell des § 75 VwGO ausgerichtet, dessen Intention sie teilen. Die zeitliche Unangemessenheit wird in § 46 I FGO wie auch in § 347 I 2 AO mit Hilfe eines unbestimmten Rechtsbegriffs normativ übersetzt. In Anbetracht einer steuerverfassungskonformen Auslegung sind beide Regelungen im Sinne einer Typisierung auszulegen, die ein Zeitfenster von 6 Monaten definiert.

IX. Für das steuerprozessuale Verfahren wird folgende (steuer-) verfassungskonforme Ausgestaltung vorgeschlagen:

1. Die Voraussetzungen des Primärrechtsschutzes sind mit einer gesetzlichen Typisierung verbunden mit einer gesetzlichen Vermutung auszuformulieren. Für das Verfahren der Finanzgerichte ist ein Zeitraum von 18 Monaten anzusetzen und für das Verfahren des BFH ein Zeitraum von 20 Monaten.
2. Die Rechtsfolgen des Primärrechtsschutzes sind in Anlehnung an das Beschwerdeverfahren zugunsten einer Entscheidung durch den iudex ad quem auszugestalten. Dieser kann eine verbindliche Anordnung gegenüber dem iudex a quo aussprechen, in der das Verfahren zu beenden ist.
3. Die Voraussetzungen des Sekundärrechtsschutzes sind mit einer gesetzlichen Typisierung verbunden mit einer gesetzlichen Vermutung auszuformulieren. Um den Zeitraum der drohenden zur tatsächlichen Unangemessenheit abzugrenzen, ist ein Zeitfenster von 6 Monaten angezeigt.
4. Die Rechtsfolgen des Sekundärrechtschutzes sind nach Maßgabe des Grundsatzes der Vollkompensation auszugestalten. Dabei ist der Kompensationsgedanke um einen Repressionsgedanken zu erweitern, wenn der iudex a quo die ihm gesetzte Frist hat verstreichen lassen.

X. Der hier vertretene Dispositionsschutz-Ansatz ermöglicht es, dass der Steuerbürger voraussieht, wann das ihn betreffende steuerrechtliche Programm abgeschlossen sein wird. Dabei wird der Dispositionsschutz durch verschiedene (normative) Bausteine (s. VIII u. IX) realisiert, die in ihrer Zusammenschau eine Gesamtlänge des steuerrechtlichen Programms definieren.

Literaturverzeichnis

Alexy, Robert: Theorie der Grundrechte, Habilitation, Göttingen 1985;

Axer, Peter: Primär- und Sekundärrechtsschutz im Öffentlichen Recht, in: DVBl. 2001, S. 1322 ff.;

Barczak, Tristan: Rechtsschutz bei Verzögerung verfassungsgerichtlicher Verfahren, in: AöR 138 (2013), S. 536 ff.;

Benda, Ernst/Klein, Eckart/Klein, Oliver: Verfassungsprozessrecht, Ein Lehr- und Handbuch, 3. Auflage, München 2012;

Beermann, Albert/Gosch, Dietmar: Abgabenordnung – Finanzgerichtsordnung, Kommentar, 122. Ergänzungslieferung März 2016, Bonn u.a., zit.: *Bearbeiter*, in: Beermann/Gosch …;

Bettermann, Karl-August: Der verwaltungsgerichtliche Rechtsschutz bei Nichtbescheidung des Widerspruchs oder des Vornahmeantrags, in: NJW 1960, S. 1081 ff.;

Bezgovsek, Rok: Art. 6 Ziff. 1 und das steuerrechtliche Verfahren, Dissertation, Zürich u.a. 2002;

Bonner Kommentar zum Grundgesetz, hrsg. v. Wolfgang Kahl u.a., 181. Ergänzungslieferung Oktober 2016, Heidelberg, zit.: *Bearbeiter*, in: Bonner Kommentar zum GG …;

Borowski, Martin: Grundrechte als Prinzipien, Dissertation, 2. Auflage, Baden-Baden 2007;

Böcker, Thomas: Neuer Rechtsschutz gegen die überlange Dauer finanzgerichtlicher Verfahren, in: DStR 2011, S. 2173 ff.;

Brett, Angela: Verfahrensdauer bei Verfassungsbeschwerdeverfahren im Horizont der Rechtsprechung des Europäischen Gerichtshofs für Menschenrechte zu Art. 6 Abs. 1 S. 1 EMRK, Dissertation, Berlin, 2009;

Brockmeyer, Hans Bernhard: Typisierungen im Einkommensteuerrecht durch die Rechtsprechung des Bundesfinanzhofs, in: Festschrift für Klaus Offerhaus zum 65. Geburtstag hrsg. v. Paul Kirchhof u.a., Köln 1999;

Bühler, Ottmar: Die subjektiven öffentlichen Rechte und ihr Schutz in der deutschen Verwaltungsrechtsprechung, Berlin u.a., 1914;

Calliess, Christian/Ruffert, Matthias: EUV/AEUV – Das Verfassungsrecht der Europäischen Union mit Europäischer Grundrechtecharta, Kommentar, 5. Auflage, München 2016, zit.: *Bearbeiter*, in: Calliess/Ruffert, EUV/AEUV;

Canaris, Claus-Wilhelm: Die Feststellung von Lücken im Gesetz, Dissertation, 2. Auflage, Berlin 1983;

Cremer, Wolfram: Freiheitsgrundrechte, Habilitation, Tübingen 2003;

ders.: Der programmierte Verfassungskonflikt: Zur Bindung der Mitgliedstaaten an die Charta der Grundrechte der Europäischen Union nach dem Konventsentwurf für eine Europäische Verfassung, in: NvWZ 2003, S. 1452 ff.;

ders.: Grundrechtsverpflichtete und Grundrechtsdimensionen nach der Charta der Grundrechte der Europäischen Union, in: EuGRZ 2011, S. 545 ff.;

Detterbeck, Steffen: Allgemeines Verwaltungsrecht mit Verwaltungsprozessrecht, 14. Auflage, München 2016;

Diepenbrock, Johannes Wolff: Der Beitrag der Finanzrechtsprechung zur Kompliziertheit und zur Vereinfachung des Steuerrechts, in: Festschrift für Klaus Offerhaus zum 65. Geburtstag hrsg. v. Paul Kirchhof u.a., Köln 1999;

Dörr, Oliver: Der europäisierte Rechtsschutzauftrag deutscher Gerichte, Habilitation, Tübingen 2003;

Eckhoff, Rolf: Rechtsanwendungsgleichheit im Steuerrecht, Habilitation, Köln 1999;

Ehlers, Dirk: Europäische Grundrechte und Grundfreiheiten, 4. Auflage, Berlin u.a. 2014, zit.: *Bearbeiter*, in: Ehlers, EuGR …;

Engisch, Karl: Einführung in das juristische Denken, 11. Auflage, Stuttgart 2010;

Engler, Friederike: Steuerverfassungsrecht im Mehrebenensystem: ein Vergleich des Schutzes vor Besteuerung durch EMRK, Grundrechtecharta und die nationale Grundrechtsordnung, Dissertation, Baden-Baden 2014;

Epping, Volker: Grundrechte, 6. Auflage, Heidelberg u.a. 2015;

Erbguth, Wilfried: Primär- und Sekundärrechtsschutz im Öffentlichen Recht, in: Verfassungsrecht und einfaches Recht – Verfassungsgerichtsbarkeit und Fachgerichtsbarkeit. Primär- und Sekundärrechtsschutz im Öffentlichen Recht, hrsg. v. Robert Alexy u.a., Veröffentlichungen der Vereinigung der Deutschen Staatsrechtslehrer, Bd. 61 (2002), S. 221 ff.;

Funke, Andreas: Gleichbehandlungsgrundsatz und Verwaltungsverfahren – Die Rechtsprechung des BVerfG zu strukturell bedingten Vollzugsdefiziten, in: AöR 132 (2007), S. 168 ff.;

Gerhardinger, Andreas: Die Umsetzung an einen effektiven Rechtsbehelf gegen überlange Verfahren in der deutschen Rechtsordnung, Dissertation, Hamburg, 2014;

Grabenwarter, Christoph/Pabel, Katharina: Europäische Menschenrechtskonvention, Ein Studienbuch, 6. Auflage, München 2014;

Gräber, Fritz: Finanzgerichtsordnung, Kommentar, 8. Auflage, München 2015, zit.: *Bearbeiter*, in: Gräber, FGO …;

Guckelberger, Annette: Der neue staatshaftungsrechtliche Entschädigungsanspruch bei überlangen Verfahren, in: DÖV 2012, S. 289 ff.;

Handbuch der Grundrechte, hrsg. v. Detlef Merten und Hans-Jürgen Papier, Band V, Grundrechte in Deutschland – Einzelgrundrechte II, Heidelberg u.a. 2013, zit.: *Bearbeiter*, in: Handbuch der Grundrechte, Band V …;

Handbuch des Staatsrechts, hrsg. v. Josef Isensee und Paul Kirchhof, Band VIII, Grundrechte: Wirtschaft, Verfahren, Gleichheit, 3. Auflage, Heidelberg u.a. 2010, zit.: *Bearbeiter*, in: Handbuch des Staatsrechts, Band VIII …;

Häberle, Peter: Grundrechte im Leistungsstaat, in: Grundrechte im Leistungsstaat. Die Dogmatik des Verwaltungsrechts vor den Gegenwartsaufgaben der Verwaltung, Veröffentlichungen der Vereinigung der Deutschen Staatsrechtslehrer, Bd. 30 (1972), S. 43 ff.;

Hermes, Georg: Das Grundrecht auf Schutz von Leben und Gesundheit: Schutzpflicht u. Schutzanspruch aus Art. 2 Abs. 2 Satz 1 GG, Dissertation, Heidelberg 1987;

Hey, Johanna: Steuerplanungssicherheit als Rechtsproblem, Habilitation, Köln 2002;

Höfling, Wolfram: Primär- und Sekundärrechtsschutz im Öffentlichen Recht, in: Verfassungsrecht und einfaches Recht – Verfassungsgerichtsbarkeit und Fachgerichtsbarkeit. Primär- und Sekundärrechtsschutz im Öffentlichen Recht, hrsg. v. Robert Alexy u.a., Veröffentlichungen der Vereinigung der Deutschen Staatsrechtslehrer, Bd. 61 (2002), S. 260 ff.;

Hofmarksrichter, Lucia: Rechtsschutz bei überlangen Gerichtsverfahren im Lichte der Vorgaben des EGMR, Dissertation, Tübingen, 2017;

Huber, Peter: Auslegung und Anwendung der Charta der Grundrechte, in: NJW 2011, S. 2385 ff.;

Hübschmann, Walter/Hepp, Ernst/ Spitaler, Armin: Abgabenordnung – Finanzgerichtsordnung, Kommentar, 239. Ergänzungslieferung September 2016, Köln, zit.: *Beaerbeiter*, in: Hübschmann/Hepp/Spitaler …;

Jakob, Dominique: Zulässigkeit und Zukunft der Untätigkeitsbeschwerde im Zivilprozess, in: ZZP 119 (2006), S. 303 ff.;

Jarass, Hans: Bausteine einer umfassenden Grundrechtsdogmatik, in: AöR 120 (1995), S. 345 ff.;

ders.: Charta der Grundrechte der Europäischen Union, Kommentar, 3. Auflage, München 2016;

ders.: Bedeutung der EU-Rechtsschutzgewährleistung für nationale und EU-Gerichte in: NJW 2011, S. 1393 ff.;

Karpenstein, Ulrich/Mayer, Franz: Konvention zum Schutz der Menschenrechte und Grundfreiheiten, Kommentar, 2. Auflage, München 2015, zit.: *Bearbeiter,* in: Karpenstein/Mayer, EMRK …;

Kingreen, Thorsten: Die Unionsgrundrechte, in: JURA 2014, S. 295 ff.;

Kirchhof, Ferdinand: Grundrechtsschutz durch europäische und nationale Gerichte, in: NJW 2011, S. 3681 ff.;

Kirchhof, Paul: Rechtsstaatliche Anforderungen an den Rechtsschutz in Steuersachen, in: Der Rechtsschutz in Steuersachen, hrsg. v. Christoph Trzaskalik, Deutsche Steuerjuristische Gesellschaft, Bd. 18 (1995), S. 17 ff.;

ders.: Verfassungsrechtliche Maßstäbe für die Verfahrensdauer und für die Rechtsmittel, in: DStZ 1989, S. 55 ff.;

Klein, Franz: Abgabenordnung, Kommentar, 13. Auflage, München 2016, zit.: *Bearbeiter,* in: Klein, AO …;

Klein, Friedrich: Tragweite der Generalklausel des Art. 19 Abs. 4 des Bonner Grundgesetzes, in: Kabinettsfrage und Gesetzgebungsnotstand nach dem Bonner Grundgesetz – Tragweite der Generalklausel des Art. 19 Abs. 4 des Bonner Grundgesetzes, Veröffentlichungen der Vereinigung der Deutschen Staatsrechtslehrer, Bd. 8 (1950), S. 67 ff.;

Krumm, Marcel: Steuerliche Bewertung als Rechtsproblem, Habilitation, Köln 2014;

ders.: Besondere Verbrauchsteuern im Lichte des verfassungs- und unionsrechtlichen Gleichheitssatzes, in: ZfZ 2014, S. 281 ff.;

Kulosa, Egmont: Entschädigungsklagen wegen überlanger Verfahrensdauer in der Finanzgerichtsbarkeit, in: jM 2014, S. 293 ff.;

Larenz, Karl: Methodenlehre der Rechtswissenschaften, 6. Auflage, Berlin u.a. 1991;

Lorenz, Dieter: Der Rechtsschutz des Bürgers und die Rechtsweggarantie, Habilitation, München 1973;

ders.: Der grundrechtliche Anspruch auf effektiven Rechtsschutz, in: AöR 105 (1980), S. 623 ff.;

v. Mangoldt, Herrmann/Klein, Friedrich/Starck, Christian: Grundgesetz, Kommentar, Band 1, Präambel, Art. 1–19, 6. Auflage, München 2010, zit.; *Bearbeiter,* in: v. Mangoldt/Klein/Starck, GG …;

Marx, Martin/Roderfeld, Werner: Rechtsschutz bei überlangen Gerichts- und Ermittlungsverfahren, Handkommentar, Baden-Baden 2013;

Maunz, Theodor/Schmidt-Bleibtreu, Bruno/Klein, Franz/Bethge, Herbert: Bundesverfassungsgerichtsgesetz, Kommentar, 48. Ergänzungslieferung Februar

2016, München, zit.: *Bearbeiter*, in: Maunz/Schmidt-Bleibtreu/Klein/Bethge, BVerfGG ...;

Meyer-Ladewig, Jens: Europäische Menschenrechtskonvention, Handkommentar, 3. Auflage, Basel 2011, zit.: *Bearbeiter,* in: Meyer-Ladewig/Nettesheim/Raumer, EMRK ...;

v. Münch, Ingo/Kunig, Philip: Grundgesetz, Kommentar, Band 1, Präambel, Art. 1–69, 6. Auflage, München 2012, zit.: *Bearbeiter,* in: v. Münch/Kunig, GG ...;

Neuendorf, Andreas: Bedeutung und Rezeption des Art. 6 Abs. 1 EMRK im deutschen und englischen Steuerrecht, Dissertation, Frankfurt 2013;

Niesler, Lars: Angemessene Verfahrensdauer im Verwaltungsprozeß, Dissertation, Hamburg, 2005;

Ohlendorf, Lutz: Grundrechte als Maßstab des Steuerrechts in der Europäischen Union, Dissertation, Tübingen 2015;

Ohrloff, Maximilian: Der Rechtsschutz bei überlangen Gerichtsverfahren, Dissertation, Frankfurt am Main, 2014;

Olgemöller, Herbert: Überlange Verfahrensdauer in Abgabensachen, in: AG 2013, S. 249 ff.;

Ossenbühl, Fritz: Staatshaftung bei überlangen Gerichtsverfahren, in: DVBl. 2012, S. 857 ff.;

Ossenbühl, Fritz/Cornils, Matthias: Staatshaftungsrecht, 6. Auflage, München 2013;

Otto, Kai-Andreas: Der Anspruch auf ein Verfahren innerhalb angemessener Zeit, Dissertation, Pfaffenweiler 1995;

Pickenpack, Vanessa: Rechtsschutz bei Verletzung von Verfahrensgrundrechten und bei Untätigkeit der Gerichte, Dissertation, Frankfurt am Main u.a. 2012;

Pieroth, Bodo/Schlink, Bernhard/Kingreen, Thorsten/Poscher, Ralf: Staatsrecht II, Grundrechte, 31. Auflage, Heidelberg 2015;

Pietron, Danielle: Die Effektivität des Rechtsschutzes gegen überlange Verfahrensdauer: eine kritische Betrachtung der §§ 198 ff. GVG aus konventions- und verfassungsrechtlicher Sicht, Dissertation, Hamburg, 2016;

Plankemann, Juliane: Überlange Verfahrensdauer im Strafverfahren: Bestimmung – Kompensation – Rechtsschutz, Dissertation, Berlin, 2015;

Roller, Stefan: Unangemessene Dauer von Gerichtsverfahren und richterliche Unabhängigkeit, in: DRiZ Beilage Juni 2012, S. 1 ff.;

Sachs, Michael: Grundgesetz, Kommentar, 7. Auflage, München 2014, zit.: *Bearbeiter*, in: Sachs, GG ...;

Schenke, Wolf-Rüdiger: Rechtsschutz bei normativem Unrecht, Habilitation, Berlin 1979;

Schilken, Eberhard: Gerichtsverfassungsrecht, 4. Auflage, Köln/München 2007;

Schmidt-Räntsch, Günther: Deutsches Richtergesetz, Kommentar, 6. Auflage, München 2009;

Schoch, Friedrich/Schneider, Jens-Peter/ Bier, Wolfgang: Verwaltungsgerichtsordnung, Kommentar, 31. Ergänzungslieferung Juni 2016, München, zit.: *Bearbeiter,* in: *Schoch/Schneider/Bier,* VwGO …;

Seer, Roman: Verständigungen in Steuerverfahren, Habilitation, Köln 1996;

ders.: Defizite im finanzgerichtlichen Rechtsschutz, in: StuW 2001, S. 3 ff.;

ders.: Die Unvereinbarkeitserklärung des BVerfG am Beispiel seiner Rechtsprechung zum Abgabenrecht, in: NJW 1996, S. 285 ff.;

ders.: Steuervollzug im Rechtsstaat – Eröffnung der Jahrestagung und Rechtfertigung des Themas, in: Steuervollzug im Rechtsstaat hrsg. v. Werner Widmann, Deutsche Steuerjuristische Gesellschaft, Bd. 31 (2008), S. 1 ff.;

Seer, Roman/Krumm, Marcel: Die Bedeutung des Art. 6 der Europäischen Menschenrechtskonvention für ein steuerverfahrensrechtliches Zuschlagsystem, in: StuW 2006, S. 346 ff.;

Seer, Roman/Thulfault, Kai: Die neue Anhörungsrüge als außerordentlicher Rechtsbehelf im Steuerprozess, in: BB 2005, S. 1085 ff.;

Sodan, Helge: Grundgesetz, Kommentar, 3. Auflage, München 2015, zit.: *Bearbeiter,* in: Sodan, GG …;

Spielmann, Christoph: Konkurrenz von Grundrechtsnormen, Dissertation, Baden-Baden 2008;

Stahnecker, Thomas: Entschädigung bei überlangen Gerichtsverfahren, München 2013;

Steger, Andreas: Überlange Verfahrensdauer bei öffentlich-rechtlichen Streitigkeiten vor deutschen und europäischen Gerichten, Dissertation, Berlin, 2008;

Steinbeiß-Winkelmann, Christine/Ott, Georg: Rechtsschutz bei überlangen Gerichtsverfahren, Kommentar zu dem Gesetz über den Rechtsschutz bei überlangen Gerichtsverfahren und strafrechtlichen Ermittlungsverfahren, Köln 2013;

Stern, Klaus: Das Staatsrecht der Bundesrepublik Deutschland, Band III/1, München 1988, zit.: *Bearbeiter*, in: Stern, Staatsrecht, Band III/1 …;

ders.: Das Staatsrecht der Bundesrepublik Deutschland, Band III/2, München 1994, zit.: *Bearbeiter*, in: Stern, Staatsrecht, Band III/2 …;

ders.: Das Staatsrecht der Bundesrepublik Deutschland, Band IV/2, München 2011, zit.: *Bearbeiter*, in: Stern, Staatsrecht, Band IV/2 …;

Stöcker, Erhard: Verfahrensrechtliche Konsequenzen für den Kläger aus der überlangen Dauer von Steuerprozessen, in: Festschrift für Günther Felix zum 60. Geburtstag hrsg. v. Dieter Carlé u.a., Köln 1989;

Streck, Michael: Der Steuerstreit, 2. Auflage, Köln 1994;

Streinz, Rudolf: Primär- und Sekundärrechtsschutz im Öffentlichen Recht, in: Verfassungsrecht und einfaches Recht – Verfassungsgerichtsbarkeit und Fachgerichtsbarkeit. Primär- und Sekundärrechtsschutz im Öffentlichen Recht, hrsg. v. Robert Alexy u.a., Veröffentlichungen der Vereinigung der Deutschen Staatsrechtslehrer, Bd. 61 (2002), S. 300 ff.;

Tipke, Klaus: Die Steuerrechtsordnung, Band I, 2. Auflage, Köln 2012;

ders.: Die Steuerrechtsordnung, Band III, 1. Auflage, Köln, 1993;

ders.: Zwischen materiellem Steuerrecht und Steuerverfahrensrecht, in: StuW 2004, S. 3 ff.;

Tipke, Klaus/Kruse, Heinrich Wilhelm: Abgabenordnung – Finanzgerichtsordnung, Kommentar, 146. Ergänzungslieferung Oktober 2016, Köln, zit.: *Bearbeiter*, in: Tipke/Kruse …;

Tipke, Klaus/Lang, Joachim: Steuerrecht, 22. Auflage, Köln 2015, zit.: *Bearbeiter*, in: Tipke/Lang, Steuerrecht …;

Tiwisina, Constanze: Rechtsfragen überlanger Verfahrensdauer nach nationalem Recht und der EMRK, Dissertation, Baden-Baden 2010;

Voßkuhle, Andreas: Rechtsschutz gegen den Richter, Dissertation, München 1993;

ders.: Bruch mit einem Dogma – Die Verfassung garantiert Rechtsschutz gegen den Richter, in: NJW 2003, S. 2193 ff.;

Wolf, Manfred: Gerichtsverfassungsrecht aller Verfahrenszweige, Ein Studienbuch, 6. Auflage, München 1987;

Zuck, Rüdiger: Rechtsschutz bei überlangen Gerichtsverfahren vor dem BVerfG, in: NVwZ 2012, S. 265 ff.

Bochumer Schriften zum Steuerrecht

Herausgegeben von Roman Seer

Band 1 Roman Seer / Burkhard Kämper (Hrsg.): Bochumer Kirchensteuertag. Grundlagen, Gestaltung und Zukunft der Kirchensteuer. 2004.

Band 2 Roman Seer (Hrsg.): Bochumer Lohnsteuertag. Die Lohnsteuer im Spannungsfeld zwischen Unternehmerfreiheit und Fiskalinteresse. 2005.

Band 3 Frank-André Mönkemöller: Die Zurechnung der Überschusseinkünfte bei Personengesellschaften. 2005.

Band 4 Kai Thulfaut: Die Besteuerung international tätiger Anwaltssozietäten. 2005.

Band 5 Jens Hoffmann: Die Besteuerung von Kapitalgesellschaften und ihren Anteilseignern in Irland im Vergleich zu Deutschland. Zugleich ein Beitrag zu den Grenzen des Steuerwettbewerbs in der Europäischen Union. 2005.

Band 6 Theresa Franz: Körperschaftsteuerliche Behandlung der grenzüberschreitenden Betätigung von Kapitalgesellschaften innerhalb der EG. Eine Betrachtung unter Berücksichtigung der Rechtsprechung des EuGH, der geplanten 14. gesellschaftsrechtlichen Richtlinie und der Societas Europaea. 2006.

Band 7 Jan Michaelis: Die territoriale Zuordnung von Beteiligungsaufwand im Europäischen Unternehmenssteuerrecht. Zugleich zur Verfassungsmäßigkeit des § 8b Abs. 5 KStG in der Fassung des ProtErklG. 2006.

Band 8 Hans Anders: Die Überschussrechnung nach § 4 Abs. 3 EStG im System der steuerlichen Einkünfteermittlung. 2007.

Band 9 Björn Kahler: Die Freistellungsmethode in deutschen Doppelbesteuerungsabkommen und ihre Vereinbarkeit mit dem EG-Vertrag. Betrachtung der Freistellungsmethode in deutschen Doppelbesteuerungsabkommen, Untersuchung ihrer Folgen im Ertragsteuerrecht und Prüfung ihrer Vereinbarkeit mit dem EG-Vertrag. 2007.

Band 10 Lars Rehfeld: Die Vereinbarkeit des Außensteuergesetzes mit den Grundfreiheiten des EG-Vertrags. 2008.

Band 11 Heike Rüping: Die Umsatzsteuer-Nachschau nach § 27b UStG. 2008.

Band 12 Marius Frederik Schumann: Das Dispensverfahren im europäischen Mehrwertsteuerrecht. Grenzen nationaler Alleingänge nach Art. 395 der Mehrwertsteuersystemrichtlinie in der Betrugsbekämpfung. 2008.

Band 13 Daniela Zuschlag: Die pauschalierte Gewerbesteueranrechnung nach § 35 EStG. 2009.

Band 14 Napoleão Dagnese: Verrechnungspreise und die Aufzeichnungspflicht im brasilianischen und deutschen Steuerrecht. 2009.

Band 15 Marcel Krumm: Steuervollzug und formelle Insolvenz. 2009.

Band 16 Martin Karl Plappert: Gemeinnützigkeits- und Spendenrecht: Ein steuersystematischer Rechtsvergleich zwischen den USA und Deutschland. 2009.

Band 17 Karina Grundmann: Das Recht auf Akteneinsicht im Besteuerungsverfahren. 2009.

Band 18 Claus Möllenbeck: Das Verhältnis der EG-Amtshilfe zu den erweiterten Mitwirkungspflichten bei internationalen Steuerfällen. 2010.

Band 19 Sibyl Tanja Rieper: Steuerverfehlungen als Tatbestandsmerkmale von AO-Vorschriften. 2010.

Band 20 Kristina Frankus: Die Verlustverrechnung von Körperschaften nach § 8 Abs. 4 KStG, § 8c KStG im Rechtsvergleich mit dem US-amerikanischen Steuerrecht. 2010.

Band 21 Timo Höller: Eine kritische Analyse der Unternehmensteuerreform 2008 im historischen Kontext. 2011.

Band 22 Björn Schüßler: Der Datenzugriff der Finanzverwaltung im Rahmen der (digitalen) Außenprüfung. 2010.

Band 23 Kristina Dudde: Die Umsatzbesteuerung gemeinnütziger Sportvereine. 2011.

Band 24 Susanne Stiewe: Die verfahrensrechtliche Umsetzung internationaler Verständigungsvereinbarungen (§ 175a AO). 2011.

Band 25 Metin Yilmaz: Das Besteuerungsverfahren der Türkei aus dem Blickwinkel des deutschen Steuerrechts. 2011.

Band 26 Sascha Bleschick: Die Revisionszulassungsgründe des § 115 Abs. 2 Nr. 1 und 2 FGO im Spannungsverhältnis zwischen Individualrechtsschutz und Allgemeininteresse. 2012.

Band 27 Thomas Blum: Bewertungsgleichmaß und Verschonungsregelungen. Gleichmäßigkeit der Besteuerung im Erbschaft- und Schenkungsteuerrecht. 2012.

Band 28 Roman Seer (Hrsg.): Steuern im historischen Kontext. Ein Ausschnitt aus der Steuergeschichte anhand ausgewählter Fragestellungen. 2014.

Band 29 Pascal Thebrath: Die Revisionszulassungsgründe gemäß § 115 Abs. 2 Nrn. 1 und 2 FGO und ihre Darlegung im Rahmen der Nichtzulassungsbeschwerde. 2015.

Band 30 Alexander Witfeld: Das Umsatzsteuerverfahren und die Insolvenz. 2016.

Band 31 Christopher Klotz: Die Abgeltungsteuer. Eine verfassungsrechtliche Analyse unter Einbeziehung rechtspolitischer, steuersystematischer und europarechtlicher Aspekte. 2017.

Band 32 Jendrik Suck: Das Nichtanwendungsgesetz als Instrument der Steuerpolitik. 2018.

Band 33 Dominik Wedel: Rechtsschutz bei überlangen steuerprozessualen Verfahren. Das Gesetz über den Rechtsschutz bei überlangen Gerichtsverfahren und strafrechtlichen Ermittlungsverfahren auf dem (steuer-) verfassungsrechtlichen Prüfstand. 2018.

www.peterlang.com

www.ingramcontent.com/pod-product-compliance
Ingram Content Group UK Ltd.
Pitfield, Milton Keynes, MK11 3LW, UK
UKHW021853290926
8980IPUK00005B/808

9 783631 760628